古代歷史文化研究輯刊

二六編

王明蓀 主編

第 21 冊

粵北歷史文化研究（下）

曾國富 著

國家圖書館出版品預行編目資料

粵北歷史文化研究（下）／曾國富 著 -- 初版 -- 新北市：花
木蘭文化事業有限公司，2021〔民 110〕
目 2+164 面；19×26 公分
（古代歷史文化研究輯刊 二六編；第 21 冊）
ISBN 978-986-518-604-3（精裝）
1. 歷史 2. 廣東省
618   110011829

ISBN-978-986-518-604-3

9 789865 186043

古代歷史文化研究輯刊
二六編　第二一冊　　　　　　　ISBN：978-986-518-604-3

粵北歷史文化研究（下）

作　　者　曾國富
主　　編　王明蓀
總 編 輯　杜潔祥
副總編輯　楊嘉樂
編　　輯　許郁翎、張雅淋、潘玟靜　美術編輯　陳逸婷
出　　版　花木蘭文化事業有限公司
發 行 人　高小娟
聯絡地址　235 新北市中和區中安街七二號十三樓
　　　　　電話：02-2923-1455／傳真：02-2923-1452
網　　址　http://www.huamulan.tw 信箱 service@huamulans.com
印　　刷　普羅文化出版廣告事業
初　　版　2021 年 9 月
全書字數　461904 字
定　　價　二六編 32 冊（精裝）台幣 88,000 元

粵北歷史文化研究（下）

曾國富　著

目

次

下　篇

明清時期粵北地區
社會慈善公益事業管窺

一、序言：粵北地方官慈善救濟思想的產生

　　古代社會，不可預料的自然災害的發生、貧困的生活、每年青黃不接之時，都會使眾多的粵北地區貧困之民流離失所，無依無靠，苟延殘喘。目睹此情此景，粵北地方官形成了有備無患、慈善救濟的思想。這是封建時代緩和社會矛盾、化解危機的有效辦法。一旦遇上自然災害，若有準備，可以開倉賑濟，民眾或可度過難關；若無準備，就只能徒喚奈何，束手無策了。

　　清朝道光十七年（1837），龔耿光奉命來任佛岡縣直隸軍民廳同知。到任才月餘即遇上陰雨連綿，山洪暴發，峽口江河宣泄不及，遂使吉河鄉積水成災，淹沒田禾廬舍無數。龔耿光急忙下鄉視察災情，並捐廉俸賑恤。所幸水災發生於白晝，人員得以及時走避，僅有數人受傷，且秋禾尚可補種，於是，根據水災造成田地、房屋受損情況，分「極貧」、「次貧」等級給錢作為修葺房屋及田地補種之資，民賴以稍安。龔耿光目睹了水災造成的殘破局面，「不勝哀鴻之感」，將自己的所見所聞所感，作成一首長賦以紀其事。賦的篇目是《踏災行》，云：

> 佛岡群山勢阻陷，居民架屋岩下處。煙村零落山之坳，薄田磽確溪之滸。課（占卜）晴問雨年復年，室有蓋藏（存糧）能幾許？今春差（稍）喜陰晴均，曷期（怎料到）農事正麥秋（小麥正揚花結實），滂沱傾注兼旬雨。埋頭恐縮閉門居，暗室梁間走饑鼠。忽聞

萬壑轟雷鳴，水湧沙騰激濤怒。倉皇驚避足不前，回首崩崖壓敗堵
（泥石流沖毀破敗的房屋）。扶傷起視田園間，一片汪洋無寸土。我
來作吏才月餘，顧此哀鴻孰咻噢（處處災黎誰拯救）！乃乘舴艋（小
船）歷災區，乃裹餱糧為安撫。溪灘積漲壅不流，遙見山腰浮破釜。
鳩形露立頹簷旁，面目鷩黑衣藍縷。胡不道路設粥糜，愧無富公倉
萬宇（慚愧不是富翁開倉賑濟使萬民得救）。散錢代粟且權宜（原
注：佛岡自嘉慶十八年設治以來尚無常平倉及社倉積貯，此役不得
不計口授錢也），可憐千錢糴斗粗（糧）。山中野老（老農）為我言，
欲言又止聲悲楚。饔餮莫繼暮與朝，況復田廬沒沙渚（田地、房屋
被泥沙填沒）。山陽憶昔驅牛耕，倐忽高岡變斥鹵（澤國）。不愁遂
絕事育資，但恐逋糧無以補（不憂慮家人生活沒著落，卻憂心去年
沒完成的賦稅任務今年又沒辦法補交）。我聞斯言心為憂（同情，傷
心），目極陰雲氣先沮。虔籲神明列樽俎，再拜稽首致禱語。方今聖
朝恩德普，一夫無或使失所。惟神聽聰篤皇祐，速斂陰霾布和煦。
風雨罔怨十若五，玉燭調勻以穀我士女。（《道光佛岡縣直隸軍民廳志》
卷4《藝文志第十》，第109～110頁）

佛岡縣地處山區，民眾築屋居住生活於群山之坳，在小溪流之畔開墾幾
畝薄田，日出而作，日入而息，年年歲歲靠天吃飯，家有多餘之糧的沒有幾
家，人們生活都很貧困。道光十七年（1837）夏，龔耿光來佛岡直隸軍民廳任
同知，看到天氣情況還好，農民們都在田地裏辛勤勞作，不覺心生喜悅。誰
知天有不測風雲，正當田裏小麥成熟，秋收正忙之際，老天爺接連下起傾盆
大雨，日復一日沒有停歇之時。農民們無法勞作，只能呆在家中等候天晴。
眼看著飢餓的老鼠大白天也到處亂竄覓食，無計可施。連綿暴雨引發洪澇之
災，山洪傾瀉而下，到處可聞轟鳴的水流之聲。許多建築於低窪平坦之處的
民居被淹，人們倉皇離家走避。洪水造成泥石流，沖毀了不少房屋，田地全
然被濁水淹沒，「一片汪洋無寸土」。龔耿光同知乘坐著小船到鄉間去視察災
情，帶著乾糧，安撫民心。水流湍急，行船極困難，滿眼只見民眾乘坐著瓢盆
到處漂流而無計可施。個別地方有幸尚未被水淹浸，只見民眾「鳩形露立頹
簷旁，面目鷩黑衣襤褸」。也許有人會說，為什麼不設粥廠煮粥賑濟災民呢？
怎忍心看著災民飢餓而死？然而，煮粥賑濟說來容易做來難：佛岡縣直隸軍
民廳，從清朝嘉慶十八年（1813）設立以來，還沒有建立常平倉和社倉，因

此，一旦遭遇眼前這樣罕見的水災，沒有餘糧可以支用，只能給災民分發若干錢幣。然而，水災之後糧食奇缺，「可憐千錢糴斗稊（糧）」，一千個銅錢只能買到十斤的米糧，分發幾個銅錢猶如杯水車薪，實際上於事無補。龔同知遇到災民，問他們的生活怎樣？災民說，如今已經傾家蕩產，一無所有，最優慮的不是家人的生活沒有著落，而是官府的賦稅任務無法完成。龔同知聽了這樣的話，心生慚愧，但又無計可施：官府的賦稅不是一個「芝麻綠豆官」說減免就能減免的，只有皇上下詔令減免才有效；不能按時完成賦稅徵收任務，縣官也得「下崗」。眼看著滿天陰雲密布，水災何時能解除尚無法預料，龔耿光同知只能仰望上蒼，求神保祐了，祈望蒼天盡快雲開日出，「速斂陰霾布和煦」，讓民眾可以過上日出而作日入而息的寧靜生活，也讓我這地方官的仕途不致生變，可以持續下去……

二、明清時期官辦民辦慈善事業述略

汲取經驗教訓，古代粵北地區的地方官大多都懂得有備無患的道理。他們在平常時期即早作準備，設立了各種各樣的備災機構及設施。

從方志記載看，明清時期，粵北地區的備災慈善設施及機構有：

（一）育嬰堂（公所）、保嬰堂等

「育嬰堂」或「育嬰公所」是地方官府或富有同情心的義士，出於收養民間棄嬰（以女嬰為主）而建立的慈善機構。古代社會，尤其在明清時期，粵北地區「貴男賤女」、「溺女」之風甚盛。清朝道光年間（1821～1839），曲江縣儒學訓導鄭如松目睹現實，惻隱在心，曾捐獻自己的官俸建成「育嬰公所」一所，收養民間遺棄女嬰以撫養之，並撰寫了《戒溺女書》一卷，旨在普救眾生。

道光年間來任韶州郡守的雲南舉人郭際清獲悉此事後，甚為感動，應邀為鄭如松所著此書寫了一篇序文。序文歷述了粵北地區長期以來盛行的「溺女」之風的陋俗，並對粵北父老鄉親改變這一陋俗寄以了深切的期望。其序文云：

> 蓋聞陰陽健順，乾坤化育之端；怙恃瞻依，父母生成之道。故
> 有天地而男女以降，有男女而夫婦以成；此萬化之原，人倫之始，
> 所當各正性命，保合太和也。惟是命有不齊，數（命運）亦各異。
> 人之誕育，有毗於陽而生男，有毗於陰而生女，須知並育並行，萬

物蕃（繁）衍之常理；引養引恬（安逸、舒適），斯人撫字（撫育）之恒情。豈可稍存偏執之見，妄設貴男賤女之心乎！乃有無識愚民囿於惡習，或因似續（為延續「香火」）而憎生女之頻仍；或吝妝奩而厭嫁女之糜費，竟以骨月（肉）視若仇讎，甫出於胎輒投於水，之生（出生）而致之死，抑何忍（殘忍）哉！夫古人掩骼埋胔（掩埋屍骸），仁及骷髏，放生戒殺，恩被禽魚，何以離裏（胎生）之人漫無保赤懷少之意，況乎緹縈救父、盧氏衛姑，女亦何負於親而甘令其含冤覆盆（按，此指溺嬰陋俗：父母將初生女嬰置於盆中，讓其隨波逐流，盆覆而溺斃）……

郡守郭際清初來韶州就任，聽說粵東、粵北地區溺女之風盛行，所在皆然，而韶州所屬數縣尤甚，始而恨之，繼而憐之，正設想著如何可以改變地方此種惡習，只因公務繁忙，所謂「簿書旁午」，雖有志而未逮焉。此時正遇上曲江縣儒學訓導鄭如松創建育嬰公所，撰成《戒溺女嬰書》一卷，約請郭郡守為此書寫一篇序言。郭郡守即「捐廉襄助，更勉其梓（刻印）是書而行之」。在序言最後，郭郡守殷切期望：

惟望紳耆士庶閱是編，父戒其子，兄勉其弟，庶幾（這樣才能使）性命各正太和保合以無愧父母生成之道，不悖（違背）乾坤化育之端，而謝庭之玉樹芝蘭、王氏之夔龍劣虎咸鍾毓於一門也，豈不懿（美好，有意義）歟！（《同治韶州府志》卷23《經政略、恤政、英德縣》，第452頁）

亦有稱「保嬰堂」者。如「（郭）中新，字泳霖，同知銜，性慈善，捐地捐款倡建清遠保嬰堂，於是始免溺嬰之慘，邑人德之。」（《民國清遠縣志》卷6《人物·先達》，第195頁）

據縣志記載，清遠育嬰堂為官民合辦，在下濠基，東向，深兩進，廣三檻，原名「保嬰公所」，同治十二年（1873），邑紳郭惠祖、郭中新送地一段並捐銀四百元，郭裕祖、陳國勳等任其事，官紳商民樂捐，湊銀四千餘兩，除建築堂宇外，尚存銀二千六百三十兩，買大頂稅田二百五十餘畝，僚（小屋）六間，迎暘（東向朝陽）街鋪一間；還有車頭僚、葫蘆洲地等，每年租銀俱為招雇乳母，收養嬰孩之用。由是縣屬方免溺女（嬰）之慘。

除了縣城設有育嬰堂之外，清遠縣地方還有「惠嬰堂」、「贊育嬰堂」等不同名目的旨在協助困難家庭（父母）養育嬰幼兒的慈善機構。如，「育嬰堂，

在太平市（鎮），光緒六年（1880）由鄉中善人捐建」；「惠嬰堂，在關前壚，光緒十三年（1887）朱品端等募款置業為收養嬰兒之用」；「贊嬰公堂，在湯塘壚，馮子英等倡建」；「育嬰堂，在龍潭壚。」（《民國清遠縣志》卷 13《民政‧慈善》，第 427 頁）

英德縣的育嬰公所在登雲街中，大約在道光十六年（1836），曲江縣儒學訓導鄭如松以會英書院公置店地改建而成。

（二）義倉、社倉、常平倉、預備倉等
義倉

義倉的設置歷史悠久。早在戰國初期，魏國李悝變法，實行「平糴法」，即國家建立糧倉，豐年儲積糧食，歉年開倉散穀以平衡物價。漢代大臣耿壽昌仿傚之，令邊郡築倉實穀，災荒之時減價出谷以利民。隋朝，長孫平繼續推行這種政策。《隋書‧長孫平傳》記載：「奏令民間每秋家出粟一石以下，貧富差等，儲之里巷，以備凶年，名曰義倉。」後世沿續，歷久不衰。於是，「義倉」之名人人皆知。南宋時，朱熹任地方官，建立「社倉」，隨時斂散倉穀，遇歲荒躪息賑貸：此皆儲其備於無事（豐收）之日而收其效於有事（災荒）之時，法誠善也。地方每在收穫之時向民戶徵糧積儲，以備荒年放賑。因設在里社，由當地人管理，因而亦名社倉。清代規定：州、縣設常平倉；市、鎮設義倉；鄉村設社倉，互相區別。至清咸豐、同治之時，義倉已名存實亡。

關於清遠縣義倉的設置及其意義，《蘇梯雲闔邑創建義倉碑記》對此有較詳細的記述，文謂：

> ……清邑（清遠縣）山環水抱，地雖廣漠而沃壤無多，遇有扎（災）荒屢煩籌策。先是，光緒丁丑（1877），邑之西南隅石角大堤潰缺（決），居民轉徙，待哺嗷嗷。幸而當道列公（上級各官員）暨省之愛育堂善士極力賑撫，始奠安全。歲己卯（1879），玉珊羅明府（羅玉珊縣令）蒞任，中宿（清遠縣，古稱「中宿縣」）承凋敝之後謀休息（祈求休養生息）之方，首則靖盜匪以安閭閻（鄉村），繼則修壇壝（廟宇）以崇祈報。由是安旋人（安撫回歸的民眾），興文教，惠民實政次第舉行，而所注意者尤在建義倉以備緩急。爰（於是）商之（與……商量）在籍紳士麥君雪畦、朱君晴岩。兩司馬僉（都）謂：「粟以指囷而不匱，裘以集腋而可成（建倉積粟就會一年四季都不會缺乏；積累眾多的狐腋之毛才可以織成禦寒的皮衣）」，邑侯（縣

令）首先捐廉為之倡始，而邑中善信源源伙助，集金得一萬四千有
穀（奇），用是（因此）鳩工庀材，於文廟後隙地一區（塊）構東西
兩廠（倉）各數楹為貯奇（貯備多餘之糧）之所。材則務取其樸，
費則盡節其糜（浪費）。落成後買穀一萬零九百一十三石儲之。至是
而凶荒（戰亂或者災荒）始有備焉。是役也，經始於辛巳（1881）
之秋，告成於壬午（1882）之歲，迨（到）乙酉（1885）夏為時甫
屆（剛好）三載，而北江陡漲，待拯者又數十萬災黎矣。北江每逢
水潦，陂障（堤岸）在在（處處）堪虞（憂慮）。本年五月初旬大雨
傾盆，江水驟長，川谷浸淫，民房倒塌以萬計，傷心慘目更不堪言。
侯（羅玉珊縣令）即立命開倉，先行散放，復率同官捐集重款，而
邑賴漸逮（復蘇）。學博（縣儒學博士）暨諸君廣勸四屬（指清遠縣
所屬的捕屬、濱江、潖江、回歧四區）捐助，一律普賑，饑民藉以
不死。事蕆（事後）買穀還倉……侯尹茲土（羅玉珊來任清遠縣令）
於今七年矣，蒞任最久而遺愛亦最深……（《民國清遠縣志》卷 13《民
政·社倉》，第 430～431 頁）

為了使義倉能更好地起到災荒之時救濟生靈，穩定社會秩序的作用，一
些地方還制定了詳細的義倉組織和管理條例。例如清遠縣在建立了義倉之後，
隨即就商議制定了《義倉善後章程》。章程共有十款。第一款是有關管理義倉
的「值事」職守的規定：值事應由捕屬、濱江、潖江、回歧四區每區選舉「公
正殷諳（家境殷實，精通管理事務）紳士」一人，共四人，各管理一年，共四
年；每屆值事輪替之時，須「每年定期二月初三日核算清楚交代，任由當年
值理秉公盤查，如有虧空挪移，稟官查追」；第二款是關於看守義倉的「工伴」，
規定「應由四屬值事隨時酌請妥人典守，外人不得干預」；第三款規定義倉「必
須稟明本縣立案，即將遞年收支生息銀兩若干，及買穀數目等項造冊兩本」，
一本呈繳本縣核查；一存值事以便稽查；第四款規定「義倉當以貯穀為主，
不可徒蓄錢銀以避侵蝕而防急猝」；第五款規定儲穀為防潮濕變質，「必須出
陳入新」，「定以一年一換」，「惟出糶之時宜儲一半以備糶後恐遇時荒得以應
用」，但須稟明本縣令然後舉行；第六款規定義倉之儲不得隨便耗散，「必須
周知眾紳商妥，稟官出示，然後施賑」；亦不得全數散盡，致倉空虛；第七款
規定宜「遞年買穀還倉」，買穀以冬穀為上，早穀次之；第八款規定買穀還倉
之時應避免「貴買賤沽（賣），致貽虧損，擬欲變通辦理，留俟來年然後採買」；

第九款規定義倉必須由紳董核對倉儲數目後封鎖，「其遞年曬晾倉穀亦宜照此辦理，其各倉鎖匙統交值事管理」；第十款規定，如果義倉章程需要變通更改，「必須（由）公眾酌妥簽允方可舉行」，即應徵求眾人同意認可，並稟明「本縣詳記於冊以備存查」。（《民國清遠縣志》卷 13《民政·社倉》，第 432～433 頁）由此可知，義倉的管理制度是較嚴密的。在義倉制度實行的前期，其備災、救災的功能是較為顯著的。

樂昌縣義倉之設始於縣令張祖炳蒞政之時，即明朝萬曆九年（1581）。張祖炳頗有愛民之心，甫蒞任，即首創義倉。楊起元在有關「記」中敘述道：

> 樂昌縣之有義倉，縣大尹龍泉（人）張祖炳（首）創也。倉以「義」名何居？一曰別乎「預備」也，一曰宜（便利、便民）也。尹以愛民之心而倡之於上，民各以自愛而應之於下，其於事也不亦宜乎？故曰「義倉」。

張祖炳初來乍到，先瞭解地方民情。他詢問地方父老：老百姓豐年、歉年皆有「不足」之歎，何故？父老回答說：民眾缺少生聚之計，只依恃稻穀為食。歲歉之時田地之所入盡輸於官府或田主，等到青黃不接生活艱難之時，富有之家又高價出售其儲積之糧，百姓無錢買穀買米，自然得忍饑挨餓；歲豐之時，民眾又將剩餘的稻穀糧米賣給商人以換錢買日用之物，待到缺糧之時，商人又高價出售其儲積之糧。因此，無論是豐年還是歉年，百姓都免不了要餓肚子。於是，張祖炳縣令將縣中富有之人召集來，對他們說：你們憑著自己糧食有餘而利用他人缺乏糧食之機，高抬出售穀糧之價，大發其財，這是合乎正義的行為嗎？眾商人都說「不義」。張縣令又說：我現在提出一個辦法，想利用你們有餘之糧食，來解決民眾百姓缺糧的問題，民眾有所依靠，社會可保安寧，你們願意嗎？富人們都說願意。張祖炳便將自己創建義倉的計劃提出來，得到眾富人的肯定和支持。於是，「上富者出粟百石以上，中富者（出粟）五十石以上，下（富）者（出粟）十石以上，不旬（不過十來天）而邑之致粟者七十餘家為義倉焉。」

樂昌縣義倉的管理辦法是：「立保正一人主其籍（負責保管糧米出入記錄本），保副一人司其鑰（鑰匙），擇子弟之精敏有行者二三人視收放（監督出納）焉。每歲季春朔（春季最後一個月即三月初一）發倉聽貸，秋大熟徵息二（多取十分之二為利息），小饑（徵）息一，大饑免（息）貸。每十人連結，中推二人（作）保；比其收也（待到收成之時），征諸保則民不擾（由保人負

責向借貸之人追還所借之糧）。」義倉管理規則規定：給予借貸需要具備以下三個條件：一是「無恆產而（有）恆心者貸」，即家庭經濟條件雖然較差，但為人忠厚誠實，勤墾力作，不會藉故抵賴，長久拖欠不還者；二是「力農者貸」，即勤力於農耕者，日後收入有保障；三是「有恆產者貸」，即家庭經濟條件本來較好，只因遭遇暫時困難而須借貸以解燃眉之急者。不給予借貸亦有三個條件：一是「游手游食者不貸」，身健力壯卻不事生產，游手或賭博度日者不給借貸；二是「素無信義而人未之結者不貸」，向來不講信義，而又無人願意為之擔保者不給借貸；三是「一次負欠者不貸」，曾經借貸而未償還者不再借貸。通過這樣的借貸辦法，可以體現社會對於正義、道德行為的旌表、嘉獎，對於不義不德行為的排斥與唾棄。樂昌縣義倉穀本共四千五百石有奇。數歲息倍之。以其半貸，以其半糶。貸以三月，糶以五月。遇小歉則不予借貸，旨在激勵民眾勤於農事，有所積儲，勿生依賴之念。樂昌縣在明代末年共建有五處義倉，其中，城內建倉一，匯聚城南、郭東、郭西、河南、柏沙五都之穀貯之；土頭都建倉一，土頭、辛田二都之穀貯之；安口都建倉一，榮村、裏田、安口、曲磜四都之穀貯之；羅家渡建倉一，阪上、阪下二都之穀貯之。

清同治元年（1862），南（雄）、韶（州）、連（州）道方濬頤在郡城韶州北門內直街創建了一所義倉，內有倉廒十座，後設神龕供祀倉神；中建曬坪。前為廳事兩間，左為辦公、住房兩間，翼以廚房、浴室。前為客齋，再前為大門；右廂房兩間。經邑紳許炳章、許炳華、陳受琳、李文昭、邱培瑛等勸捐督辦，官紳商民共捐銀一萬六千六百零兩，除購地建倉，買穀存儲之外，仍存銀一千六百兩，發商生息，遞年支給倉用。同治八年（1869），新任南韶連道林述訓復籌款購買近倉地段，紮行（任命）經管紳士侯遇南、劉多寶董事，曾世卿、張子光等督理，加建大倉四座，增修曬坪，圈築圍牆數十丈，並籌款銀一千六百兩發商生息，補給倉用。

據方濬頤所作《新建韶州義倉記》所載，此倉興建緣起是：方濬頤於咸豐九年（1859）冬奉命分巡南（雄）、韶（州），次年仲秋蒞任。初來乍到，他瞭解到粵北地區地瘠民貧，平時民眾所食米穀來自商販，近年來因為毗鄰的江右、楚南（江西、湖南）屢有賊警，粵北地區不得不加緊防禦，籌餉招兵日不暇給。而城內倉儲闕如，萬一遭遇飢饉，百姓將何以為生？於是，署韶州府知府史樸、曲江縣知縣施紹文議建義倉為先事預防之計，各捐廉俸以為之首倡。商民皆踴躍急公，輸將恐後。遂於城西北隅購宅之爽塏（地形高而乾

燥）者，因其舊而改葺之，增高其門，加厚其牆。邑紳許炳章、許炳華、陳愛琳等黽勉從事，興工於咸豐十一年（1861）八月，至同治元年（1862）五月落成，並制定了義倉的嚴格管理規定：「倉穀無許濫支，慎乃管鑰（鑰匙），房舍毋作公廨（不得用作辦公場所），以時啟閉，詳立規約，俾刊拓（刻於石碑）以垂永久。」《義倉規條》共有六款。其中第一條即明確義倉管理的總原則：「義倉之設原以補官倉之不足，為地方久遠計也。大約以官司（負責）啟閉，民司出納方為經久之長策，而尤要在官得而稽查，官不得而動借；民得而經理，民不得而侵漁。」義倉的啟閉須稟告官府。義倉管理者稱「司事」，「倘有私弊，惟司事是問」。「每年更易司事時稟請道、府、縣派委員到倉，眼同盤驗有無虧短，據實稟覆，以期互相稽查而杜偷漏。」對於義倉經理之人「司事」主張「慎擇」，要求通過「公議」選舉「在城公正紳士及老成殷實鹽（商），當商公舉若干人作為司事，分年輪流管理，不准外占，有經理不妥者隨時經官撤退，另選更替」；「有虧短，查係侵蝕，責令原管之人查出作弊者加倍罰賠。」司事如果擅自出借或挪移，「責令司事賠補，以監守自盜例稟請究治；同事之人失於覺察及絢（私）隱（瞞）者，分別輕重議罰」，以免日久而生廢壞之漸。（《同治韶州府志》卷 22《經政略·積儲·曲江》，第 445～446 頁）

　　義倉之建具有重要意義：「可以廣王制（輔助國家倉儲制度）之所未周；可以輔氣化之所不及（促進社會風氣的優化）；可以使富者得義而益榮（獲得行義的美名而更加榮光）；可以使貧者有所恃而不恐。」（《同治韶州府志》卷 22《經政略·積儲·樂昌》，第 448 頁）

社倉

　　古代為防荒年而在鄉社設置的糧倉。有人認為始於隋唐，也有人認為始於南宋朱熹。有學者認為，社倉即義倉，從其設置目的而言，是為了救濟貧困，故稱「義倉」；從其設置的地點而言，因主要設於鄉社，故又稱「社倉」。但從網上查看義倉與社倉的起源，解釋並不一致，似乎又非完全等同的社會救濟設施。社倉不特指某個糧倉，而是一種儲糧制度。其管理、發放等體制歷代不一。一般沒有專門的倉庫而在祠堂廟宇儲藏糧食，糧食的來源是勸捐或募捐，存豐補欠。糧食的周轉則是借貸的形式，一般春放秋收，利息為十分之二。

　　清遠縣在清代以前未建社倉。自清朝雍正三年（1738）始，各紳商士庶勸捐，每屬（清遠縣時分捕屬、濱江、潖江、回歧四屬）設立社正、副管理。

因未建倉，米穀暫貯社正、社副之家，列冊報案（備）。其穀有已交，有未交者。通縣捐積社穀四千八百六十六石六斗五升，各社正、副分貯出納。湞江社倉在司署左，德盛店鋪地，均係故址。咸豐初年，藩司尚有文劄飭（舊時指上級命令下級）往領，至丁巳（1857），藩庫毀於夷（外國軍隊），此項乃失。（《民國清遠縣志》卷 13《民政・慈善》，第 428 頁）

常平倉

常平倉是古代政府為調節糧價，儲糧備荒以供官需民食而設置的糧倉，以充分發揮穩定糧食市場價值的作用。通常是在豐收之時，官府適當提高糧價大量徵收，儲積於常平倉中；當青黃不接或發生自然災害之時，糧價高企，此時官府開倉，以比市價略低的價格出售糧食。這一措施既可以避免「穀賤傷農」，又防止了「穀貴餓農」，同時也可以增加政府收入，對平抑糧食價格和維持社會穩定，鞏固封建政權起到了積極的作用。

古人早已具有樸素唯物主義思想，已經認識到「所謂守國者守穀耳」，糧食是國計民生的根本。沒有「穀」，沒有經濟基礎，民眾的生活便不能保障，天下必然大亂。故《禮記・王制》篇云：「三年耕必（須）有一年之蓄；九年耕必有三年之蓄。」《管子》也說：「萬鍾之邑必有萬鍾之藏，千鍾之邑必有千鍾之藏。」

佛岡廳有常平倉而無社倉。《道光佛岡縣直隸軍民廳志》卷二《食貨志第三・積貯》有謂：「若夫（致於）水旱凶荒之備非籌於臨事，宜裕（積蓄）於平時。從來積貯之法以常平、社倉為盡善。（佛岡）廳屬吉河與六鄉之人因學籍分隸於清（遠）、英（德）二邑也，猶有畛域之見存焉，故未建社倉；其常平倉則在府署頭門內東偏福德祠後，倉門西向，『西成』之義也。前進屋三間，中祀倉神，左右為倉丁、斗級（主管官倉、務場、局院的役吏）直宿處；後進廒（倉房）一座，毗連三間，皆南向，積貯所也。嘉慶十八年（1813）既設（廳）治，乃建斯（此）倉。二十三年（1818），將清遠縣穀一千三百九十八石四斗八升二合、英德縣穀八百七十四石二斗七升一合二勺撥歸斯倉存貯，共常平額穀二千二百七十二石七斗五升三合二勺……（《道光佛岡縣直隸軍民廳志》卷二《食貨志第三・積貯》，第 39 頁）

仁化縣曾設有「存留倉」（即常平倉）、「義倉」、「預備倉」等不同名目的義倉，皆在縣東。但「義倉」及「預備倉」久已頹廢，唯有「存留倉」存在時間較長。《民國仁化縣志》卷首《建置第三》云：

積貯之法仿（效法）於周官遺人（制）。其後李悝、晁錯、戴冑
仿而行之，為常平倉也。朱子（南宋地方官、學者朱熹）復借常平
穀立社倉，皆以人事補天時以備凶荒者也。仁邑（仁化縣）並無義
倉，預備倉亦久頹廢，所存者止（只）有常平倉，官捐俸累至千餘
石，貯倉以防歲歉而已。

預備倉

　　預備倉是中國傳統社會備荒制度的一大創新，也是糧食安全的一大保障，
創建於明太祖朱元璋在位之時。洪武三年（1370），朝廷令全國州縣各立四倉，
官給鈔糴穀，收貯備荒，由當地年高篤實者民管理。

　　乳源縣預備倉設置於縣衙之東，積穀以備賑。每當春散秋斂（開春時借
出，秋收後償還）之期，老弱負載，皆大歡喜。然而，遠處之民卻是喜中有
苦：不僅背負艱難，而且不能人人遍及。撫臺（巡撫）劉某知悉後為之惻然，
有增建新倉之想。於是，檄所部民尚義出穀，許復其身（答應免除賦役）。一
時民眾爭相響應，得穀若干。縣令林文豐（福建建安人，恩貢，萬曆十三年即
1585年任）就縣治東新建一座義倉，以賑郭（城）外之民。另外，林縣令又
考慮到大塘、九仙、雲門等地方東接樂昌，南連曲江，民遭歲荒不免向鄰縣
借貸。作為地方官，對此不可熟視無睹，故又計劃在打鼓墜適中之地設倉，
借預備倉之穀二百石貯以待賑，稍收其利以實本倉，而後歸還其本穀。以此
設想請示於府司三院。未及批准，林文豐縣令接到上級調令，往河南任通判。
故而此項計劃只得暫緩，留待後任。又過了幾年，至萬曆二十年（1592）秋八
月，章春來任乳源縣令。甫下車，首詢民瘼。正值秋斂，目擊有民眾因為歸還
春季所借義倉之糧後家中缺糧而忍饑挨餓者，於是有建倉積穀備賑之意。經
申請，獲得批准。章縣令遂將建倉之事託付地方耆老。至萬曆二十一年（1593）
春賑甫畢，即行興建，命工匠營建左廒（倉）各三間，官廳三間，四周建以圍
牆，顏其堂曰「常平惠政」。凡磚石瓦桷以變賣舊材充辦，一應工費則由章春
縣令出俸錢助之，分毫不取於民。是年八月新倉建成，一時男女老幼喜笑顏
開，不煩督責，將原所借貸之糧繳納，接踵於道。民眾都說：「吾屬章侯（有
章春作我們的縣令），歲歲豐樂矣！」（《同治韶州府志》卷22《經經政・積儲・
乳源縣・鄧光祚記》，第448～449頁）

　　翁源縣預備倉始於明朝嘉靖十四年，即1535年，落成於次年正月。此倉
之建由曾極縣令主持，黃瓚主簿負責。倉廒共三間，正方形，長寬各三丈二

尺；東西為廒（糧倉）者二十八間，長寬亦如之。前為門樓三間，而翼以二廒於其傍。預備倉建成之後，邑中士大夫鍾尹韻、耆民吳瓊等有志於為曾極縣令歌功頌德。曾縣令卻謙遜推辭道：這不是我的功勞，是郡侯（韶州知府）的功德。當時的韶州知府是鄭騮，西安人，進士，嘉靖十二年（1533）蒞任。到任之後，「使屬邑六（縣）各為預備倉以積穀，而教養兼備焉」。而鄭騮知府又將功勞推讓給高高在上的天子，說是奉天子之命而建倉的。他說：「非官府能致然也（並非我這知府的功德），乃我聖天子之德也。凡播告之修行於天下州郡（朝廷的政令傳達到地方），謹奉承之以致於邑，俾置困倉預儲積，惟多寡以為賢否。凡以救民荒，重民教也。是乃聖明之德也，守臣何有焉！」（《同治韶州府志》卷22《經政略‧積儲‧翁源》第449頁）

（三）普濟堂

俗呼「老人堂」，是救濟性的會社組織，以收養六十歲以上、無依無靠的老人為主，亦兼收養貧困而無以為生者，有名額限定。名額滿後，如有老人、孤貧請求入堂，登記在案，俟有死亡空缺，即予頂補。堂內幾人住房一間，每房有字號編列，以備查考。供應一日三餐。堂內設有廚房、湯房（供飲用水）、剃頭房、醫藥房、總管房等，有的還有佛堂一處，如願修行可以進內念經拜佛。堂內老人可量力從事其他工作，准許賺錢添補零用。每逢立冬，發棉襖一件，清明收回，另給席扇等。老人進院後，平時，各房字號都雇有服役之人，可以送物件，買賣東西，保管財物。老人死亡則有棺木安葬。

韶州普濟堂最早設立於清朝乾隆二年（1737），在郡城北門外，由曲江知縣許鍾霖奉文領工料銀272兩創建，收養孤貧百口；又奉文撥煤羨銀1200兩，貸於諸商，歲取三分之利，以支給所收養孤貧口糧、禦寒棉衣及病故棺木之費。乾隆三十四年（1769），南、韶、連道李璜到粵北來任監司（負有監察之責的官吏。漢以後的司隸校尉和督察州縣的刺史、轉運使、按察使、布政使等通稱為監司），駐節於韶州（曲江）。李璜巡歷所至，只見普濟堂舍宇摧頹，牆垣傾圮，孤貧之民率多散處各房；其無力遷徙者只能仍然居住在破敗的普濟堂中，傍風上雨，寢食難安。見此情景，李璜不禁為之惻然累月，心想，大清王朝重熙累洽，休養生息百數十年，薄海群黎罔不歌舞升平；至於民間之煢獨無依，疲癃殘疾者，尤為聖明（天子）所軫念，因此，棲流所、養濟院等，列郡多有。其間，擘畫經營，隨時整理以期久遠，乃是地方官義不容辭之責；況且，粵北韶州土地貧瘠，物產匱乏，故治生之途艱難，而顛沛流離，無

依無靠，嗷嗷待哺者甚眾。如今普濟堂舊舍日就殘破腐朽，即使循例給發口糧，而棲息不能安堵，這與「普濟」之義如何相符！於是令署（代）韶州郡守陳某及曲江縣令蕭某共圖修復，撥儲縣庫積存煤息銀二百餘兩以作修葺之資。李璜又發起倡捐，率先捐獻俸銀 200 兩。署韶州郡守陳某、通判張某、連州知州楊某、曲江縣令許某、仁化縣令王某等，各有捐助。籌措了一筆資金之後，經向上級申請批准，於是興工維新，添設房間較舊置為加密。另外，曲江縣紳士吳禧、曾璟等人復以收養孤貧人數僅有百名，而列冊未補者不下數十人，懇請官方再畫良規，擴大普濟堂規模，使貧困之人得同沐生存之澤。李璜認為，鄉紳的「瀝情籲請，此亦推廣仁慈事勢所不能已者也」，沒有推辭的理由，遂與韶州郡守及曲江縣令謀之。要擴大普濟堂接收貧困者之規模，首先要解決擴建普濟堂所須經費的問題。經查，自普濟堂建立以來，曲江縣紳士捐助充公銀兩遞年生息，盈餘項下現存府庫銀 1370 餘兩可以支用。郡守經申請各上憲，請以此項羨銀撥出 1000 兩貸給商人之中的殷實可靠者，每月只取利息二分。申請獲得批覆。各上憲飭令韶州府行文各縣舉行，每名孤貧人口月給口糧銀三錢。核計息銀歲得 500 餘兩，足敷支給。房舍次第完工，足敷居處。又設專員、司事、醫藥、殮埋、稽察、防護各職，罔有缺陷。普濟堂擴建之後，太平關書吏陳珍、余清臣、沈溥等捐施桌子、凳子，南韶連道衙門典史捐施床板等。諸人等踴躍急公，共襄盛舉。於是，普濟堂制度更加完備而可持久，此前那些顛沛流離，無依無靠的孤貧者皆得以延喘息於光天化日之中矣！

　　此項維修、擴張普濟堂的工作，興工於乾隆三十五年（1770）仲冬，落成於次年仲春，共成房屋 79 間。工程由韶州司獄夏廷之、曲江縣典史吳堂勞瘁督役。既已竣工，另設冊籍詳記捐輸及經理始末以善其後。以上韶州普濟堂興建及維修過程見《同治韶州府志》卷 23《經政略・恤政・曲江縣》。

（四）養濟院

　　我國古代收養鰥寡孤獨的窮人和乞丐的場所，遍及全國各地。養濟院一般是由政府出資修建，但也有養濟院以私人名義捐建的。古代統治者為了標榜自己施行的是仁政，大都會對社會上的流浪乞討人員進行照顧，而且出臺了相應的救濟政策和具體措施。時代不同，措施有別，可謂五花八門，但是這些做法，的確給那些流浪乞討之人以極大的幫助，幫助他們當中不少人度過了飢餓和寒冬。明代繼承了元代的養濟院制度，洪武元年（1368），朱元璋

下詔：「鰥寡孤獨廢疾不能自養者，官為存恤」（《明太祖實錄》卷 34）。洪武五年又下詔：「詔天下郡縣立孤老院」。不久，孤老院改名為養濟院。其收養對象為：「民之孤獨殘病不能生者，許入院。」明代的養濟院制度得以確立。為保障養濟之政的推行，朱元璋將其載入《大明律》，規定：「凡鰥寡孤獨及篤疾之人，貧窮無親依靠，不能自存，所在官司應收養而不收養者，杖六十；若應給衣糧而官吏剋減者，以監守自盜論。」在朱元璋的倡導下，許多府縣在洪武年間都設置了養濟院。明成祖時，養濟院的建置得到改觀，養濟院在「天下府州縣俱有」（《明成祖實錄》卷 127）。

曲江縣在明代以前已有養濟院之設，直至清代一直在維持。志載：曲江縣「養濟院舊在城南，明初遷相江書院前。正德間（1506～1521），知府華昶遷新館驛後。日久傾圮。崇正（禎）十年（1637），知縣潘復敏、國朝（清朝）康熙十年（1671），知府馬元俱重建。二十四年（1685），知府唐宗堯重修。」資料出處見《同治韶州府志》卷 23《經政略·恤政·曲江縣》。

《民國清遠縣志》卷十三《民政》記載：「清遠養濟院在下廓社稷壇旁，今圮。雍正十三年（1735）知縣陳哲奉准公項建，額收孤貧男婦二十一名口，歲支口糧連閏（月）共銀八十一兩九錢。」關於陳哲縣令奉上級之命建立清遠縣養濟院的具體情況，《陳哲養濟院記》有較具體的敘述，謂：

> ……邑舊有（養濟）院，其廢久矣。甫下車即奉上憲（之命）發帑修建。視其故土（址），蓬蒿滿目，狐狸所居，不徒（不僅）地狹難容也。爰（於是）捐俸命國學（國子學生員）歐嘉遇買地於西南之郊，背山臨水，鳩工（召集工匠）版築。始為通門，門內有堂，堂內及兩旁餘地各開直巷令其交通；巷內為小屋二十七間；又於舍後為廚。老者各占其一，俾之比屋而居。疏離雞犬，隱隱村莊。出汲於河，聚處堂內。院也而家矣（住在養濟院就像住在家裏一樣舒適如意）……於是計口給食，冬寒授衣，命彼醫學時其疾苦而調劑之（院中設置醫生，經常診視孤老之疾病，對症給藥以保健康）……
> （《民國清遠縣志》卷 13《民政》，第 425～426 頁）

南雄府養濟院最早建於宋代，名稱「安濟院」，安置、救濟之意，在南雄府孝弟（悌）坊舊縣學東。北宋慶元年間（1195～1200），通判周遂遷建於社稷壇東二十步許。南宋紹定年間（1228～1233），知州張友修。元廢。明朝洪武丁巳（1377），知縣康子山創於土城東門外。成化戊戌（1478），知府江璞

修。正德乙亥（1515）李吉遷至賓陽門內稍南。嘉靖己亥（1539），鄭朝輔修。此據譚大初撰《（嘉靖）南雄府志》下卷志五，第 98 頁。

（五）義冢、助葬

即義務掩埋無主屍骸，使逝者得入土為安。有些光棍漢，窮困潦倒，死後族人或慈善團體出資以薄木棺材殮屍，埋葬於義冢或山溝裏。

曲江縣義冢在城西五里。咸豐十一年（1861），南韶連道方濬頤以韶州多流寓寄停之柩（棺），無主遷運回籍，因於城西芙蓉山麓擇一高埠土名三望嶺為之分瘞於其地，各表以石碣，詳刊亡者姓名、籍貫、編號，登簿備查，並撿埋金罐白骨數十具。同治十一年（1872），韶州知府額哲克查驗郡城各寺，見異鄉過客而卒於當地者，棺柩累累，於是籌款委託曲江縣令張希京、府經歷戴懋彬、典史李鴻清、紳士侯遇南、劉多寶等督葬於此，表石編號如前。（《同治韶州府志》卷 23《經政略・恤政・曲江》，第 451 頁）

韶州土瘠民貧，風俗尚稱醇樸；獨有一陋習違背禮制「王章」，被鄉間俗人相率效尤，恬不為怪，即親人去世之後停柩不葬。此種陋俗在粵北地區已相沿百餘年了。韶州之民信鬼神而喜醮禳之事，每逢殯期，則「弔客觴（喝酒）於室，僧道閧（做法事，念唱喧鬧）於門，費甚不貲（費用浩大），唯恐稍形（顯）缺略以貽死者羞。」親人去世後並不及時下葬，讓死者入土為安，而是將親人棺柩長久停留於家中，說是「藏柩於家，轉（反而）得事死如事生之道」。於是，子不忍（願）葬其父母，夫不忍葬其妻，弟不忍葬其兄，一門之內幾乎成了殯儀之館（古稱「內舍」），幽明（生死）混淆，人鬼雜處。對於此種相沿已久的陋俗，當地受過良好教育的士大夫大都熟視無睹，罕有指斥其非者。這是深受「風水說」（所謂「青烏之術」）影響的結果。咸豐十年（1860），方濬頤（安徽鳳陽人，進士）來韶州任分巡南韶連兵備道，瞭解了此情況之後，心竊憫之。於是頒示通衢，以三月為限，檄（發文）屬吏延（請）紳士廣為勸導。韶州民眾聞令「幡然以悔懼（懼）」，於是，郡城內外葬事畢舉，計共瘞三百餘柩。剩有遠方過客因病因故死於當地，停厝於佛寺而不能歸葬者，共有 20 餘柩，官府為擇芙蓉山北之高阜（土山）分瘞之，咸表以碣，而建碑於前，題曰「義冢」。

十二年後，同治十一年（1872），郡守額哲克以俗多停柩，諭各縣鄉紳條議章程，設局催葬，並由官府籌款給予葬費銀兩。計各寺「旅梓」（客死異鄉者之棺）由其親人領葬者 12 具；由局督葬者 29 具；此外民間積停之柩

200 餘具由府委員挨戶查催，嚴立限期；其無力營葬者，舊喪每具給銀 5 兩，新喪酌加；仕宦者又倍之。統計葬費並一切雜款、薪工（助葬工人報酬）等項約用銀千餘兩。（《同治韶州府志》卷 23《經政略‧恤政‧曲江縣》，第 451～452 頁）

漏澤園是古時官設的叢葬地。凡無主屍骨及家貧無葬地者，由官家叢葬，稱其地為「漏澤園」。制始於宋，也是義冢設施之一。南雄府漏澤園在五里山官路南，明弘治癸亥（1503），知縣徐弼創建於始興縣治。

此外，其他各類慈善組織與機構還有：

尚義堂

民辦。清同治年間（1862～1874）清遠縣附城商民醵資為會，並捐款建一公所於上廓中華街，以為聯絡商家並興辦慈善各事，如撿拾浮屍（無主屍骸），祭拜無祀亡靈等，置有產業以為經久辦事之經費。

旅安館

民辦。是為旅客生病治療、死亡殯殮及祭祀之機構。先是，光緒元年（1875），清遠縣邑紳甘濟霖倡義建義冢。光緒二年、三年、四年均有眾人捐款。但是日久仍難支持。至光緒五年（1879），邑紳麥瑞芳等聯函呈請知縣羅煒，由其出示勸捐，麥霖芳、郭裕祖、陳國勳等人肩任其事，合共捐得銀三千餘兩，即以此錢建築旅安館。旅安館「兩大進，廣三楹，內為義祀祠，以祀無主旅魂；又設義冢二處，春秋致祭，並雇工拾浮屍殮葬。」除建築旅安館之外，剩餘款項置產業，收息以為維持經費。至於館內規則，凡過往外客及本街各店夥伴，如有人擔保者，雖病重亦准予入館住宿治療。館旁有殮所（葬地）一座，凡在館內病死者皆由館給棺殮葬之。（《民國清遠縣志》卷 13《民政‧慈善》，第 426 頁）

同善堂

除了作為一些藥店和醫療處所的名號外，同善堂更是一個具有慈善意義的名詞。清遠縣志記載：「同善堂，在關前墟，光緒二十一年（1895）紳商募得五千餘兩，以為施醫贈藥各善舉之用」；「贊善堂，在官莊墟」；「興仁堂，在三坑墟，光緒三十二年（1906）由朱幹周、朱獻臣、伍瑞田⋯⋯等呈准知縣錢祖蔭建立，並置有田租穀三百餘石以為施醫贈藥、接收女嬰諸善舉基金。」（《民國清遠縣志》卷 13《民政‧慈善》，第 427 頁）

賑濟局

清光緒三年（1877），四年，清遠縣石角圍堤兩次缺口，地方受災甚重。四年春間大雨連綿，各處亦多被浸，遍地哀鴻，不堪言狀。督撫捐廉倡賑，諭設平糶局於縣城，以布政使楊慶麟、廣州知府馮端本總其事，札飭愛育堂紳董陳桂士在省勸捐，委同知多齡到清遠縣令同知縣何鷥書、邑紳麥瑞芳倡捐辦賑。共計省愛育堂捐款三萬八千三百一十兩零；邑中紳商士庶捐銀一萬二千二百四十五兩零。光緒三年（1877）十二月先設西較場、三角洲兩處粥廠。至四年三月改為賑米，每人日給米三兩，並設江口、江步、太平市、山鎮、陂頭、石角、關前共九廠。至六月初留附城東、西岸、山塘、石角等處，至八月止，合計共用米二萬餘石，運腳（運輸工人費用）、搭廠、米價等共用銀五萬零五百六十兩。所有捐資助賑及出力紳商分別請獎。奉旨麥瑞芳交部議敘。其進支數目勒碑樹立於城隍廟前女牆之下。

籌賑總局

清光緒十一年乙酉（1885），洪水成災，清遠縣屬各鄉村共淹斃男婦近百口，塌屋無算，災情甚慘。知縣羅煒捐款一千元倡賑，並諭委賴子鴻、邱顯禧、黃昆熊、麥穎芳、甘濟霖等設立「籌賑局」辦賑。各處官紳商民共捐銀六千三百三十二兩餘；另由省城愛育堂、香港東華醫院派來洋米五十餘萬斤，又餅乾、飯焦、藥材、丸散等項廣為放賑。自五月開賑，至八月止，其進支數目詳勒碑記，豎立於青雲路口。

運濟公所

清光緒二十九年（1903），歲荒米貴。清遠縣知縣錢祖蔭倡捐，令飭紳士設立公所，往省城運輸米石回縣平糶以救濟貧民，使奸商不能乘機壟斷漁利。

三、明清時期粵北地區慈善事業蓬勃發展之原因

（一）朝廷對粵北地區災荒的關注

地方遭遇自然災害，地方官首先要向朝廷上報，以聽取朝廷指令如何救災。例如，乾隆十一年（1746），乾隆帝就針對粵北自然災害，指示內閣云：

> 廣東巡撫準泰奏報韶州府屬之曲江、仁化、英德、乳源等縣因大雨水發，有被沖田畝、圍基、房舍之處，民間有傾壓淹斃者，定例夏災止（只）有借貸口糧籽種，未及賑恤之條等語，朕心深為軫念。著（令、請）將實在乏食貧民給與一月口糧；所有沙壓田畝、

倒塌房屋及淹斃人口，令該撫查明，俱著（給予）加恩，分別撫恤；
其被災稍輕應須借給口糧籽種者，即行借給，秋後免息還倉，俾被
水民人均霑實惠，無致失所。

乾隆二十九年（1764），又諭內閣：

蘇昌等奏韶州府等屬先後間有被水之處，惟英德縣地方兩次被
淹，情形較重，現在照例撫恤等語，該處城鄉被水雖屬一隅偏災，
但兩經山水漲漫，田廬多有淹損，無力貧民口食維艱，著加恩將英
德縣酌賑一月口糧，俾資糊口，該督撫等其（請）董飭所屬實心經
理，副朕加惠貧黎至意。

乾隆三十六年（1771），再詔內閣云：

前此普免天下錢糧，曾將廣東省廣、韶等州屬應徵官租及屯田
曠軍餘羨等項銀錢米石及應徵學租銀兩蠲免十分之一，今普免直省
正供，辛卯年（1771）屆該省輪免之期著（令）加恩仍照上次將應
徵官租等項蠲免十分之一，俾邊海農民均霑愷澤。（以上俱見《同治
韶州府志》卷1《訓典》，第38頁）

可見清朝廷對於粵北地區自然災害的發生及維護民生是高度重視的，一
再指示地方官要減免民眾負擔，設法賑濟，協助民眾度過難關。畢竟，皮之
不存，毛將焉附。百姓流離失所，屍填溝壑，國家的賦役也就沒有了來源。反
之，留得青山在，不愁無柴燒！

（二）官員及民眾的積極參與

官員在救災中表現突出者為數眾多，僅以清朝末年幾位粵北地方官員為
例。

文晟，江西萍鄉舉人，清遠縣知縣，道光十四年（1834）縣大水，災後飢
饉。文晟知縣發倉平糶，並捐俸倡率紳商煮粥賑濟，全活民眾無算。石角基
圍被洪水沖缺，西門之外已成澤國。文晟請示上官發帑並勸富戶捐資佽助，
共得萬餘金。以副貢馮獻珍董其役，輸地以廣基，壘石以御水。工既竣，易其
名曰「清平圍」。餘銀一千有奇，貯為修葺之用。自是長堤永固矣。

何鸞書，江西南城人，光緒二年（1876）由舉人來知清遠縣事。衡文教
士，銳意育才。光緒三年水災，石角堤塌，飢饉薦臻，流離困苦。何鸞書勸諭
紳商捐助，並上書請求上級札飭廣糧通判多齡、愛育堂紳士陳桂士來縣開廠
施粥。自十二月十一日煮粥施濟，至四年（1878）三月初一日陳起偉繼任清

遠縣令，乃改施賑米，共計救活饑民十餘萬人。雖由陳起倬、麥瑞芳始終其
事，然發起則自何鸞書捐廉倡始。因此，當何鸞書去任之時，清遠縣紳民奉
贈「民之父母」匾額，並以鼓樂、爆竹傾城歡送，皆謂近世「循吏」，不愧「父
母官」之稱。

陳起倬，四川人，光緒五年（1879）署（代）理清遠縣，清廉明允，勤於
聽斷，案無留牘，接辦賑濟，自三月至八月，存活十餘萬人。

以上三則事例皆見《民國清遠縣志》卷八《人物·先政》。

除公辦義冢外，亦有民間義士自發籌資建立的義冢。如英德縣有「城南
義冢」，在縣南五里馬鞍山側，咸豐元年（1851）邑人朱士林、楊模、楊培芳、
羅培青等倡築，共四十二冢，收葬無主遺骸四十二具。《順德張錡記》對此事
有較詳細的敘述，謂：

> ……及門（弟子）楊生模與其邑中同學諸君嘗有義冢之舉，釀
> 金買地（於）英邑（英德縣）城南馬鞍山側，收葬無主遺骸四十二
> 具，皆得於岩坳水涘（山腳或河邊），暴露有年，為風雨所摧殘，波
> 濤所齧蝕，累累乎慘目而傷心者，次第甕羅（收集於陶甕），攢而瘞
> 之，於其上各樹碑碣，志（記）所從來，而姓名、里居則均無可考。
> 慮斯事之涉乎人己嫌疑間也，先列狀以聞於有司，又慮後此之難繼
> 也，復以餘金置薄產供祭掃，且為之繪圖勒石，垂徵（證）永久，
> 蓋始終周詳，慎重如此。（《同治韶州府志》卷 23《經政略·恤政·英
> 德》，第 453 頁）

掩埋無主屍骸在很早的歷史時期已被視為「王政」之一，是統治階級「仁
政」之表現，《月令》對此已有記載。據說，商代之時，「西伯」周文王曾相地
而葬枯骨；唐太宗曾散帛以收遺骸。這些都是「聖明」之君仁心仁術的顯著
事例。雖說佛教報應之說儒者弗道，但作善降祥，「積善之家必有餘慶」則是
儒家所宣揚的。再說，由於對於逝者的同情及憐憫，可延伸及於對殘存者不
幸的同情與憐憫，有助於社會形成扶貧濟困的良好風氣。古人有云：「惠加於
鬼，則其惠加於人可知也；恩及於遠，則其恩及於近又可知也。」

十餘年後，至同治五年（1866），鄉中縉紳萬青錢、楊模、張景陽、萬維
新、萬自新等明經、廣文（縣儒學教官）、茂才、孝廉等一干人合謀，說：「前
事者後事之師。幽魂宜妥（遺骸宜妥善處理）也，新鬼與故鬼無異。道殣宜周
（路上飢餓而死者應得到掩埋）也。」於是，相與勸捐，共籌得捐款若干，於

同治丙寅（五年，1866）仲冬，在岩前響山築冢，收埋各處遺骸共 121 具。其明年丁卯（六年，1867）仲夏，又在城南義冢（咸豐元年楊模等義士所築）旁築冢，收埋麻寨、石屋、老地灣等處遺骸 268 具，並將捐資助葬者姓名鐫石以流傳。

此外，許多擁有一定經濟基礎的粵北人士還熱衷於參與扶貧濟困的公益事業。一旦自然災害發生，民眾生存維艱，他們便慷慨解囊，或施棺贈藥，或賑災周急。

僅以明清兩代清遠縣幾位人物為例。

明代。《民國清遠縣志》卷 6《先達》載：朱士讚，明代清遠人，家庭經濟條件良好，「報捐詹事府（職掌皇后、太子家事，設有詹事及少詹事，為三、四品官，其下有左右春坊及司經局等）主部（簿），未幾即告歸，於修學宮，建鰲塔，無不力任；又捐款建築花塘基圍堤，由是一方免水患，皆變腴田，故鄉人奉立碑位於大汪廟，至今崇祀，旱潦禱之輒應。」朱士讚辭官回鄉之後熱心公益事業，受到鄉人的敬重，卒後被立碑位致祀，奉若神明。謝宗齊，宣德八年（1433）貢入太學，授荊州衛、杭州衛經歷。能以禮法約束武弁（低級武官），優待軍卒，差遣（使喚）有節，衛官不得私役士兵。上官重之，薦擢雲南趙州（治所即今雲南大理縣東南鳳儀鎮）同知，蒞事公平，士民悅服。歷官五載餘，謝病（以疾病為由而請求）歸鄉，「仁愛閭里，尤注意（特別關心）於鰥寡孤獨。天順中（1457～1464），流賊陷城，邑民張浚家無噍類（老少罹難），宗齊養之十餘載。及（張浚）殁葬之，人多（讚美，頌揚）其義。弟叔齊早逝，無子，婦張氏守節，厚待之，置墓田五十畝以祀祖且贍族人之無後（子孫）者。」謝宗齊不僅善待自己的族人，而且對於像張浚這樣的非親非故的「邑民」，都是一副仁慈之心，極力相助，故「人多其義」。楊廷宣，年青時私淑（推崇，喜歡）陳白沙（陳獻章）之學，具有淡泊名利之氣質，「由貢生授贛縣主簿，甫及二載（才過兩年），致政歸，居家十有餘年，公庭絕跡（從不造訪官府，巴結官員），施捨及物，鄉里稱為君子。」鍾於田，「以恩選為（授任）永州別駕，有惠政，士民志（思念，紀念）之。謝事歸（因故辭官回鄉），邑中凡關風紀（風氣，秩序，民生）者，力為扶持，尤加意作人（特別注重人才的教育培養），設會課文（成立學會，考試文章），親為批閱以獎掖後進。丙申，里中大饑（鄉里發生嚴重饑荒），（鍾於田）施粥勸賑，全活以千計。貧無以婚葬者必為周恤。與邑人著為約（與鄉人訂立鄉約），名曰《還樸

錄》。邑自峽水駛流（清遠縣因為江河流過，船行往來），風氣滲泄，形家（風水師）言當建塔以關鎖之。（鍾）於田謀於邑紳士，建鼇塔於飛水口；又募置塔田若干畝，守以東林寺僧，至今學宮（縣學）魁星之祀，鼇塔修葺之費皆取給於此。人皆稱之不置（讚不絕口）。」再如，朱琳，明代清遠縣人，「景泰癸酉（1453）舉於鄉，知福建龍溪縣。秉性剛毅，居鄉以睦姻任恤（和睦鄰里，促成婚姻，勇於擔當，扶助貧弱）為事。時有鄉人黃（原注：邑志作王）清者年五歲，父母繼歿，（朱）琳助葬，及（黃）清長，又濟以婚；歲歉出穀以賑鄉之貧者，民德之，有『義門』（好義之家）之稱。」（《道光佛岡縣直隸軍民廳志》卷3《人物志第九‧忠義》，第85頁）

　　清代。麥瑞芳，清代清遠縣人，咸豐辛酉（1861）科舉人。朝廷開孝廉方正科，邑人舉（麥）瑞芳應詔，朝考一等，簽分山東，署清苑縣，補即墨知縣，又調署日照縣，廉明精幹，吏畏民懷，後「以母老乞終養歸」。麥瑞芳回鄉之後，即熱心參與鄉梓各項慈善公益事業，扶危濟困，慷慨解囊，維持社會安定，貢獻良多。志載：「縣中公益如創義學，修學宮，修道路，莫不力為倡辦。倡修縣志，偕郭鍾熙、朱潤芳編輯。光緒丁丑（1877）、戊寅（1878）洪水為災，為百年來所未見，石角堤崩，省城受害，奉委妥修；又率子弟門人遍查災區，不使一夫失所；慨捐七百元倡率勸捐，本縣捐得一萬一千餘兩，即親籲督撫助賑，就其家設立賑濟局，自（光緒）三年（1877）十二月分設粥廠九處，尋（不久）改散米粟。至四年（1878）八月停止，大小各事瑞芳親自督理，不辭勞瘁。大憲（上級官員）見其公正幹練，實事求是，飭（令）愛育善堂、東華醫院撥來一萬七千餘石前來助賑，救活饑民十餘萬人。時賊陷佛岡城，人心浮動。陳起倬謂『以十萬饑民不至揭竿從賊者，此賑濟有以固結民心，其功不止救活饑民（而）已也！』事後（麥瑞芳）力辭獎敘而請獎勵在場出力各員，人猶服其大公。巡撫劉坤一奏請優獎，奉旨交部議敘。瑞芳見本邑濱河常有水患，勸捐創建四屬（捕屬、潖江、濱江、回岐）義倉。迄乙酉（1885）水災，民房倒塌以萬計，災黎數十萬，開倉散放，民慶再生。又捐金買鋪送書院為諸生膏火。十一年（1885）水災時已彌留，遺囑捐千金以賑。（地方官府）奉旨建坊，給『樂善好施』扁額……率祀邑庠（縣學）嘉惠祠。」與此同時，積極參與清遠縣救濟事業的還有向陽及其子秉猷。志載：「向陽，字葵生，辛亥（1851）科舉人，剛毅強幹，宰官（地方官）倚重。嘗（曾）修文廟、石角基圍，協辦清鄉等，莫不出力……當丁丑（1877）、戊寅（1878）

水災之後，哀鴻遍地。麥瑞芳籲大家（上級官員）設廠施粥賑濟，秉猷協助之，主持東廠，竭盡智慧，不辭勞瘁。廣州知府馮端本稱其公正幹練。」

《民國清遠縣志》卷二十《雜錄・捐資義舉》又有記錄：「……麥瑞芳捐書院膏火千餘兩，又賑水災捐銀千七百元；郭儀長，捐明倫堂地一瑕（瑕，古代地塊單位，指面積較大的平坦的地段）；潖江珊瑚徑之通衢有鄭竹蔭捐修道路數里及茶京（亭）一間；葉宏智捐建對針徑茶亭石路並置業為施茶費；白齊芳捐建大小石橋二十二度（座），又施棺贈藥，賑荒周急；馮志開倡建樟坑茶亭，自捐年租十餘兩為施茶費；張振良捐建太平市龍灣石橋，又戊寅水災捐銀一千元，（官府）賞給『樂善好施』扁額；……白元貞於乾隆三十七年（1772）歲荒日（時）特捐穀六百石賑濟，知縣余發林給扁曰『任恤可風』（勇於擔當，扶貧濟困，值得學習）；康熙五十一年（1712）饑荒，白之瑜捐五百金（兩）賑濟，藩司（省級地方政府）亦給『好善樂施』扁，光緒乙酉（1885）水災，甘濟霖捐銀一千元，（官府）賞給『樂善好施』牌坊；光緒間朱品端捐資平糶及施衣棺……」

粵北地區其他州縣熱衷於慈善事業者也大有人在。如清代翁源縣李村人張立誠，自幼喪父，由寡母艱辛撫養長大，後入縣學讀書，家庭經濟條件按理說並不十分富裕。然而，張立誠一生卻對慈善事業頗為熱衷。據方志記載：「鄉鄰有貧不能自立者，君予之金，得有其室家，卒為良民。至今邑之言長者動輒指目君……文廟牆垣久傾欹，君命子（張）洛倡修督造，歷兩載而舊者新，廢者起（殘破者得以重建），規模宏振，視昔有加；都中向無試館（考場），君復令子（張）鴻泮及孫（張）始然經營倡置，郡之在京肄業（讀書）者於是咸獲寧居，視取科第如拾芥。顧（然而，張立誠卻）久困場屋，屢薦不售（多次參加科舉考試而未能及第），以貢（地方官推薦）授順德（縣學）訓導，樂育人才，藉以成立者甚眾；邑人赴省試，至必贈以金，歷二十年如一日，其惠及邑人者又如此。」此據《嘉慶翁源縣新志》卷九《藝文略》。可見張立誠作為一介讀書之人，自身尚需家庭資助；後雖出仕，然所任教官也是俸祿微薄，顯然他是依靠儉樸生活，積蓄資金而熱心助人者。

（三）報應思想的激勵

善有善報，惡有惡報，這是佛教宣揚的因果報應思想。這一思想對於自古至今不少人（包括信教者及不信教者）的思想、行為都有著深刻的影響，它激勵著眾多民眾熱心為善，以期身後或後嗣可以獲得「福報」，使家庭生活、

事業可得興旺昌盛。地方志在記載此類善人事蹟時也很在意「報應」事蹟的記錄及宣揚，旨在發揮志書揚善抑惡之功用。

例如，關於清代連州人成宗釁事蹟的記載，謂：「成宗釁，字恢先，星子（鄉）人，幼業儒，垂髫（幼年）即明大義。父母遽（早）逝，早持家政。有惡（人）某侵（違禮，違規）葬父墓側，子弟忿，欲鳴官，乃陰遣人諭以情理，且與以金遷去。其天性中和（謙虛、和善）類如此。家有贏餘，嘗周濟族鄰，不形德色。有借貸不能償者竊焚其券。尤可羨者舉家八十餘丁曾無一人夭折。嘉慶庚辰（1820）瘟疫，斃者甚眾，惟公一家獲全無恙。配（偶）陳氏壽俱九旬，眼觀五代。子六：翹秀，廩生；曾孫裕恩，貢生；元（玄）孫景星，廩生；景宸，附生。人以為厚德之報云。」（《同治連州志》卷7《人物》，第743～744頁）成宗釁為人寬宏大度，熱心助人，力避與人生怨，故得「上天」保祐，即使災荒之年，「斃者甚眾」，而其一家近百人丁「曾無一人夭折」，不僅生活平安，而且夫婦皆長壽，兒孫滿堂。這在古代社會無疑是令許多人夢寐以求的人生理想境界。志書如此書寫，其激勵後人「見賢思齊」的意蘊是顯而易見的。

在封建時代，學而優則仕是許多百姓平民的理想與追求。而能通過考試進入縣學或府學接受教育，成為「官生」，可視為「八」字有了一「撇」，還有一「捺」就是科舉考試了。因此，在古代社會，人們都將能進入官學讀書視為榮幸之事。志書在書寫粵北人氏行善事蹟時，就很重視「附帶」書寫他們或者健康長壽，或者後嗣的學業優等，子孫昌盛興旺，總之有良好的「報應」，以為眾人之激勵。

如，《同治連州志》卷七《人物志》，記載了幾位清代連州人行善事蹟之後書寫道：

「彭臣爵，星子人，樂善好施，於高梁橋捐金構亭，（每）日煎茗（茶）以解渴。里人建星江書院，公舉（彭臣爵）總理，不辭勞勤（勞苦），復輸四百金以勸（助成）厥事。知州李紹馨、暴煜先後給額旌獎。乾隆甲申（1764）年舉鄉飲介賓。子二：長（子）良俊，監生；次（子）遇庸，附貢。」似乎二子在仕途上的順遂正是其父熱衷於行善的報應之果。

「蔡文淵，（清遠）星子人，性孝友，父年至九十壽終，生養死葬，無忝子職。撫二弟恩誼篤摯。侄（蔡）崇基家貧失學，（蔡文）淵資給從師，歷十餘載入泮（府學或縣學）；又嘗建茶亭，掩遺骼（埋葬暴露屍骸），築橋、捨

藥，不吝解推（解囊，贈送）。復捐貲百餘倡建書院，輸金完（助成）貧民婚配。乾隆甲申（1764）年，舉鄉飲介賓。知州暴煜給額旌之，壽九十餘卒。子（蔡）九遐，附貢。」蔡文淵因為熱衷行善，不僅自身健康長壽，而且子嗣學業優異，前途光明。

「監生謝文煜，東陂人，秉性溫良，持家勤儉，倡捐五十金（兩）築臨江橋，割腴四十七工（古代田地的計量單位）為西溪書院膏火；每遇鄉鄰急難，施與無吝色，州人以實行稱之。子四：學瞻，附貢；允一，庠生；學海、學翰攻舉子業。」「謝文熾，東陂人，睦族敦倫，衷（減少）多益寡（節儉生活，資助貧困），構津梁（設置渡船，建築橋樑），施棺槨，助西溪書院（學）田，割園中地建社倉、厫舍（收藏糧食的倉房），年八十有六，神明（精神矍鑠）不衰。子學章，監生；孫曾七（孫子及曾孫共七人）。」「陳貴珠，星子人……性復慷慨好施，嘗倡捐六十金（兩）築萬安橋，又嘗親董（主持建造）授書橋、豐濟橋之役，計費貲二百。凡有利及枌榆（鄉梓）者無不盡力。卒年七十有九。子二：榮都，拔貢生；孫（陳）善，廩生；（陳）常，庠生；（陳）中州，監生（國子監生員）。」「監生李廷珍，連州人，敦倫睦族，孝友性成。父母歿，結廬墓側，泣血三年。兄死侄孤，析自置田予之；又於雍正元年（1723）捐輸社穀二十石。鄰里告急，求無弗應。子五：郁芳，監生；孫、曾（孫）四十八人，達成，州庠（府學生員）。」以上諸事例均見《同治連州志》卷七《人物》。

四、古代粵北地區慈善事業發展的意義及侷限

眾所周知，社會治亂不僅與政治密切相關：政治清明則治，政治敗壞則亂；同時亦與自然狀況大有關係：風調雨順，農業豐收，民眾安居樂業，則天下大治；反之，風雨不時，水旱接連，生產受破壞，民眾生活條件惡化，而官府的租賦未因此而減輕，民眾無以為生，被迫拋棄家園，四處流浪。在死亡威脅迫在眉睫之際，民眾易於一呼百諾，揭竿而起造成天下大亂，局面或將難以收拾。而官府的及時救濟則可使民眾暫時擺脫生存危機，可以顯示封建官府「溫情脈脈」之一面，因而可以消弭矛盾，化解危機。這從陳起倬《清遠賑濟碑記》中即可窺見一斑。碑記文云：

> 光緒丁丑（1877），燕（京師）、趙（河北）、晉（山西）、豫（河南）間歲荒旱，大饑。皇上發內帑（皇家庫藏），截漕糧，增捐例（增加捐監、例監名額以籌集救災物資）賑之，並下責己詔，減膳修（節

減皇上伙食費用），與民祈福。至戊寅（1878）四月，甘霖普應，民
賴以安。時東南數省亦多災變。粵則東、西、北三江俱苦水患，而
清遠尤甚。制府（明清時期總督的別稱，亦稱「制臺」、「制軍」）劉
公坤一、中丞張公兆棟，上其事於朝（廷），率僚屬捐廉俸，設平糶
局糶米於外洋，委愛育堂紳陳觀察桂士、委員多司馬齡（即委員、
司馬多齡）來縣，會同前署令（代縣令）何君鸞書、前山東即墨（縣）
令麥君瑞芳，督紳富（鄉紳、富商）勸捐辦賑，以方伯楊公慶麟、
廣州太守馮公端本總其事，於丁丑（1877）十二月先設附城東、西
粥廠，至戊寅（1878）三月改賑米，並設江口、江步、太平市、山
塘、陂頭、石角、關前賑廠（賑濟場所）九處，各以官紳分董之。
計饑民九萬五千餘人，至六月初旬裁撤（遣散）七萬餘人，尚留附
城之東西岸、山塘、石角等處極苦饑民二萬二千餘人。至八月中旬
始停賑。先後奉平糶局發米一萬七千石，由紳富捐助銀一萬一千九
百餘兩。斯舉也，麥君始請賑，繼籌捐，繼率子弟、門人、紳商遍
查災區，不使一夫失所，其勤勞備矣！倬（縣令陳起倬自稱）於二
月間奉委清篆（奉命來任清遠縣令），未成行，而鄰境之佛岡城陷。
時人心浮動，闔境戒嚴。大府（廣州知府）促倬（赴任），於三月初
一日抵任。凡賑務諸事皆與麥君商之，得無誤。吁！清（遠）、英（德）
之間素多盜，以十萬饑民忍死待賑，不至揭竿而從賊者，謂非賑濟
有以固結民心哉！今者（如今）巨寇平，堤工舉（修築崩壞大堤之
工程啟動），早造已登，雨暘時若（風調雨順），倬守土無狀（施政
乏術），以飢饉之餘不敢行擾民之政，惟有清庶獄（重審案件，遣散
冤枉），戢（平定，鎮壓）奸暴，祝民和年豐而已。其奉發賑米暨捐
支數目由倬稟報立案，麥君（瑞芳）並擬泐石（刻石），囑倬為序，
因以不文志之。時光緒四年（1878）歲次戊寅季秋菊月日，廣東知
府用候補知府、署清遠縣事、蜀西陳起倬謹撰。（《民國清遠縣志》卷
13《民政·慈善》，第 428 頁）

　　由上述文字可知，災荒令眾多民眾失去了家園及生存的基本條件，激化
了社會矛盾。毗鄰的佛岡縣已發生民眾暴動，攻陷了城池，殺官吏，搶糧食，
已陷於混亂；而清遠縣由於代縣令陳起倬組織賑濟得力，民眾得到及時的救
濟，度過了難關，同時也消弭了危機，得以化險為夷。

設置義倉，豐年之時入粟，災荒之時散賑，同樣可以起到類似的消弭變亂的作用。清朝末年，蘇梯雲所作《（清遠縣）闔邑創建義倉碑記》云：

> ……計此次災區甚廣，受苦者不獨清（遠之）民。省中大憲委員到處勘災（調查災情），箚同（發文要求……共同）（廣州）愛育善堂、東華醫院運米協濟，窮簷（貧民）均有再生之慶，而清邑（清遠縣）被害尤酷，若非倉儲素豫（向來有所儲蓄預防），迅速發棠（棠：帑，發放救災物資），安知數十萬災黎皆能忍饑仰息，不相攘奪以待肉骨而生死之乎（怎可料想數十萬饑民能忍受飢餓而不競相盜竊搶掠，只是期望日後能起死回生呢）！則信乎有備無患，愈知義倉之建之大有造於清民也（對清遠民眾的生活有重大意義）……
> （《民國清遠縣志》卷 13《民政·社倉》，第 431 頁）

而據《恭頌羅邑侯玉珊倡建義倉德政記》可知，早在羅玉珊來任清遠縣令之前兩年，即光緒三年（1877），因為發生嚴重水災，災民得不到及時救濟，已形成「盜寇充斥，麇集（眾多人員聚集在一起）東河一帶，白晝搶掠」的動亂局面。羅玉珊到任之後，一方面組織力量平定既已發生的動亂；另一方面實施賑濟，才終於使危急局面得以緩和。該文謂：

> 侯（羅玉珊縣令）……己卯（1879）來宰是邦。時邑（縣）承丁丑（1877）水災之後，閭閻（鄉村）困苦，生計蕭條，盜寇充斥，麇聚東河一帶，白晝搶掠。侯抵任，簡獄訟，與民休息，分諭紳士設團局，會同營員按鄉搜捕，草薙禽獮（就像剷除雜草而打獵一樣，一網打盡），渠魁以次授首。終侯之任，閈（里巷之門）里（鄉村）敉安，蓋去其為民害者而民乃得安堵也。（《民國清遠縣志》卷 13《民政·社倉》，第 431 頁）

羅玉珊縣令一方面以武力鎮壓，另一方面採取救濟措施，助民眾渡過難關，才使「星星之火」未至形成「燎原」之勢。

然而，通觀整個中國古代粵北地區的災荒救助事業，亦可看出存在一些顯然的侷限，例如規模狹小。據方志記載，清代粵北各縣所設「普濟堂」，所收養的孤貧或只數名，或十餘名，多則二十餘名。這對於孤貧民眾的救濟不過是杯水車薪！如志載：「曲江縣收養額內孤貧二十二名；樂昌縣收養額內孤貧六名；仁化縣收養額內孤貧一十八名；英德縣收養額內孤貧二十四名。」
（《同治韶州府志》卷 23《經政略·恤政》，第 450 頁）

古代粵北地區交通建設史略

交通是社會生產、生活必不可少的設施，也是政治管理有效的一個重要條件。原始社會，交通極其落後，所謂「雞犬之聲相聞，民至老死不相往來」，社會只能是氏族、部落的管理模式；以後，交通條件有所改善，上令可以下傳，下情可以上達，建立國家才具備了條件。交通越發達，國家的管理越有效，各地之間的經濟文化聯繫越密切，歷史的進步也就越迅速。粵北地區在古代，由於群山連綿，交通極其落後。因此，對於地方官府，對於地方民眾，改善交通條件都是當務之急。地方志中也留下了大量的交通建設的資料。現據這些資料對古代粵北地區的交通建設及發展作一概述。

一、古代粵北地區主要交通設施之建設

（一）公館建設

何謂「公館」？《禮記‧曾子問》：「《禮》曰：公館復，私館不復。」「復」即免除賦稅徭役，也可理解為公館有補償，私館則沒有。鄭玄注云：「公館，若今縣官宮也。」孔穎達疏：「公館謂公家所造之館，與公所為者與及也，謂公之所使為命停舍之處。」簡單地說，公館即地方官為了接待過往官員、使者、商旅、行人而設置的「館待」設施，與驛站有別。公館約相當於現代的賓館或招待所，驛傳則約相當於現代的郵政或快遞系統。公館是「點」，驛傳則是「線」。

「館待」設施不齊全，旅人、商賈甚至官員、使者就不得不露宿，沐風櫛雨，或面臨劫掠危機，境況甚是艱窘。據說，早在奴隸制時代的西周時期，由於實行分封制，地方諸侯定期（一般是秋天）到京師朝覲天子；天子的使

者亦不時要到諸侯國去宣布天子的詔令，因此，道路上的館待設施是較完善的。正如明人周子造《明化寺新建公館記》所說：「古者體國經野（古時候治理國家），設官分職，眾建諸侯，以為藩衛，星羅鱗集（諸侯國就像夜晚眾星拱月，又像魚鱗依附於魚的身上），輻輳廣圓。朝覲聘問，時修和好，而餼廩館舍（道路之中的接待設施）皆有常經（固定制度）。考之周制，司空以時平易道路（按規定時間整治道路），圬人塓館（建築工匠建好接待過往諸侯使者的旅舍），僕人巡宮（旅館安排有僕人巡邏以保安全），車馬有所，賓從有地（有停放車馬的地方，亦有供賓客食宿之所）。隸人牧圉（有專人為官商客人飼養馬匹），各瞻其事。百官之屬各展其物。故賓至如歸，無寧菑（災）害。」然而，西周之後，歷代對於道路館待賓客的設施建設似乎是今不如昔了。「後世蔑（缺乏）周官（周代朝廷）之制，古典雖不復振，公館之廢弊也久矣！」（《同治韶州府志》卷 25《古蹟略‧署宅‧英德》，第 496 頁）

　　英德縣為古英州之地，明初才設縣治。然而，由於地處兩廣之衝衢，縉紳之士、官員使者，日夜往來如織。同時，由於缺乏道路館待設施，過往人員常常不得不乞求民家留宿，或無奈而露宿荒野。明嘉靖三十二年（1553），諶廷詔來任英德縣知縣。下車之際，諶廷詔即訪問地方利弊，進行了一系列的改革。其中一項改革措施就是興建公館以接待官員、商旅以解除過往官員、行人食宿無所之苦。據時人記載：

　　　　嘉靖癸丑（1553），邑侯（縣令）近津公（諶廷詔）來蒞茲土。下車之初，即剔蠹起弊（興利除害），凡未舉者毅然輒興復之……政平事集，百務具舉。顧（然而）以公館未立為政缺典（以未能建立公館以接待來往官人商客為遺憾之事），乃於明化寺之東廊謀創建焉。經畫秩然有制，矩度歸然以隆，禮重縉紳，無忘賓旅，侯（諶廷詔縣令）其得為政之大體矣！館麗（公館靠近）於寺，寺得館而名益彰；寺麗乎館，館得寺而賓益至。彰且至（名聲遠揚，賓客如雲）也，吾侯之德譽政聲不暮（極）宣著於旁郡，洋溢於天下矣乎！

　　這項公館建設工程沒有向民眾徵收一錢一粟，都是諶廷詔縣令捐獻個人俸祿以作建設經費。工程興工於嘉靖三十三年（1554）八月，冬十月竣工。新建成之公館「翬飛翼舒，不僭不偪（建築美觀，既不過於奢華，亦不至寒酸簡陋）」，為過往官員客商提供了一個理想而舒適的暫憩之所。此事見載於《同治韶州府志》卷 25《古蹟略‧署宅‧英德》。

（二）驛站建設

驛站或稱「驛舍」，是古代社會使節行部、傳達政令的必不可缺的交通措施，所謂「列邑（各縣）之有驛舍也，節使行部者恒於斯，傳宣齎捧（傳達號令，運輸物資）者恒於斯」，同時也是地方官府上傳下情，繳納貢賦，辦理公務的必經之路，其功能繁多，涉及政治、經濟、軍事等多個方面，「或以輯瑞（搜集各地祥瑞信息），或以督輸（催督徵收賦稅），或以貢琛（進貢地方特產）而獻馘（戰爭勝利後向皇上進獻被斬敵人首級），其差承之以疏以檄者猶錯出焉（地方官給皇帝上的奏疏，朝廷傳達給地方軍隊出征作戰的檄文，往來不絕）。」（《同治韶州府志》卷 25《古蹟略・署宅・英德・明吳永澄修湞陽驛皇華堂記》，第 497 頁）

我國是世界上最早建立有組織的傳遞信息系統的國家之一。最遠可追溯自三千多年前的商代甲骨文。乘馬傳遞曰驛，驛傳是早期有組織的通信方式。到封建社會時，中國的郵驛在世界上已居於前列。我國古代的驛站是以遞送文書為主的組織，但以傳遞緊急而重要的公文為限，其傳遞方法以輕車快馬為主。至元代，站赤和急遞鋪分布至全國各地。明代承襲元代的驛傳制度，於洪武元年（1368）正月始，在全國各地設置水馬驛站、遞運所、急遞鋪等。洪武二十六年（1393）朝廷作出規定：「凡天下水馬驛、遞運所，專一遞送使客，飛報軍情，轉運軍需等項。」〔（明）申時行等修：《明會典》卷一百四十五，中華書局，1989 年）〕

廣東各地從洪武元年開始奉朝命設立驛站、遞運所和鋪舍。其中，韶州府設置驛站五處，其站名為芙蓉、平圃、濛浬、湞陽、清溪；南雄府兩處：保昌縣的凌江水驛；始興縣的黃塘水馬驛。

廣東與外省相通的驛站主要有三條：一條通南京、北京；一條通廣西；一條通福建。其中，通南京、北京一道「從廣州府番禺縣五羊水驛出發，坐船經南海縣官密水驛、西南水驛、胥江水驛、清遠縣回岐水驛、安遠水驛、橫石磯水驛，英德縣湞陽水驛、清溪水驛，曲江縣濛浬水驛、芙蓉水驛、平圃水驛，始興縣黃塘水驛，保昌縣凌江水驛。凌江水驛處於水陸交接點，在此改乘馬北上過梅嶺（即大庾嶺），至江西南安府大庾縣橫浦驛，然後分別經驛路至南京或北京……這條驛路，也是外國使臣入京朝貢之路。」正如學者所指出的，「明代廣東驛站的設置，不僅便於傳達政令、飛報軍情，轉運軍需，而

且有利於溝通全省各地以及鄰省、江浙、北方的聯繫，這對於經濟、文化的發展和商品的流通都有重要的作用。」（方志欽、蔣祖緣主編：《廣東通史·古代下冊》，廣東高等教育出版社，2007年，第140～141頁）

英德縣湞陽水驛（位於當時英德縣治南，今英德市英城鎮）是這條驛路上一個重要的站點。然而，由於各種原因，在明朝末年，湞陽水驛已處於破敗狀態，「僅餘榛礫址而已」。

據方志記載，由於維持驛站建設的經費不足，致使驛站年久失修，漸趨破損，供給使節、官員的膳食也未能盡如人意，所謂「每苦時不遑則力弗給，或因廚傳之少飾而督過之者有矣」。地方官有志修復，無奈沒有閑暇時間，也缺乏資金財力；為了掩飾膳食之簡陋，廚者在菜式的製作上作些「華而不實」的花樣，卻遭到使者、官員的呵斥督責。因此，明朝崇禎九年（1636），時任英德知縣的吳永澄在蒞任的次年（1637），即召縣丞語之曰：「館驛之設，於以（所以）事上禮賓制也（設置驛站，目的在於侍奉上級官員，接待往來賓客）。英（德）雖蕞爾（之邑），實居粵上游，四方舟楫之所經，即陸行鮮（很少）不過而問焉。上臺（上級）使客日奉簡書（文件）于役，詢俗采風，周爰停轡（駕駛牲口的嚼子和繮繩，指停車歇宿），而如乏一餐之供，一夕之衛，又奚容司土者為也（如果上級派遣來的使者或採訪民間風俗的官員停留於驛站，卻得不到飲食之供，夜宿沒有安全保障，那麼要地方官幹什麼）！茲固時絀舉贏，姑與若勉之（如今固然是地方財政困難，利用公費給予修繕確有困難，希望你我同心協力，設法將維修驛站之事辦好）！」於是，吳知縣與縣丞二人捐獻俸祿，雇請工匠，準備修葺材料。工程動工己卯（1639）之臘月，以次年暮春落成。於臨江（湞江）新闢碼頭一處，更樓（更夫值夜之樓）一座，題其上曰「湞江勝概」；並且拓展驛站大門之規模，比過去更加壯觀，廳堂、走廊、廚房、浴室既寬敞且堅固，廳堂上大書「皇華」二字。這是款待往來使節及官員、賓客之所，顯示了對國家大事的重視。看著修葺一新的驛站皇華堂，縣丞高興地說：「地主（地方官）修其政則賓至如歸。今而後丞（我）知奉職矣！」請吳永澄縣令寫一篇文字以記述此次修葺驛站之經歷。這就是讀者在《同治韶州府志》卷25《古蹟略》中可以讀到的《明吳永澄修湞陽驛皇華堂記》。

（二）道（航）路的開闢與修繕

粵北地區多山。翻山越嶺成為粵北人生活、工作及交通、貿易的一大難題。於是，開鑿山路便成為地方官和地方義士關心的一項議題。

明朝嘉靖十五年（1536），清遠縣「僉事吳廷翰開闢峽路……自英德至清遠，歷湞陽、大廟、中宿三峽，猿鳥莫逾。嘉靖初，韶州通判符錫募眾開鑿，疊石架橋十二，行旅便之。未幾，遷太常部，復出守韶州，乃再募工疊石，護以曲欄。」（《民國清遠縣志》卷2《紀年上》，第42～43頁）清遠及韶州兩位官員主持的山路之開鑿，改善了粵北的交通條件。

一些外籍商人在粵北地區經商，對於當地道路交通不便有切身的感受。當他們感覺資金稍有寬裕之時，也慷慨解囊，熱心於包括修建道路在內的各項公益事業的建設。如《民國清遠縣志》卷八《僑寓》篇葉宏智傳載：葉宏智，字松雲，天都人，候補同知，寓（居）本邑鳳里。世業鹽綱（世代經營鹽的買賣），富貲財，好施樂善，計（清遠縣）城隍廟、北帝廟及濱江徑口、附城石路，多其捐貲修建。

商人之外，僧侶之中，熱心於道路交通建設者亦不乏其人。如生活居住於清遠縣的清代善為禪師，主持飛來寺法席。清遠峽有橋一十四座，歲久傾圮，行者不得不取道橋底，涉河流而過，淹斃者不乏其人。善為禪師對此頗為難過，四處募捐，籌集資金修橋。經歷四載，修復破敗橋樑十二座，人皆便之，疑為天助，而師心力已瘁矣！有位曾經往來於此段道路，對道路交通不便深有體會的官員，目睹了經過禪師修葺之後便捷的橋道交通之後，贈詩於善為禪師，云：「十年重過山前寺，六月剛成峽上橋」！此事見載於《民國清遠縣志》卷8《人物》。

再如清遠縣顯應寺禪師以聰，居壩仔顯應寺，「有法術，時飛水有積沙，礙航路，債（按：此字疑誤）以聰做法三夜，遍藏鐵犁頭。翌日忽大雷雨，沙洲沖散流去，由是舟行無阻。」此事同見《民國清遠縣志》卷8《人物·釋》新貴傳。這則記載雖然充滿了神話色彩，但以聰禪師設法疏通航路，便利舟船往來航行應是事實。

官方主持道路的修築，方志中也有不少事例。

如順治十八年（1661），裘秉鈁（貢生，浙江富陽人，由慈谿訓導升授）奉命來任粵北乳源縣令。次年，即康熙元年（1662），裘秉鈁即捐貲開鑿了梯雲嶺路，使之「遂成坦途」。

此路修成之後，裘秉鈁請前任乳源縣令郭弘纘寫一篇記事文章，記述梯雲嶺路的修築歷程。郭弘纘，貢生，漳浦（今福建漳浦縣）人，順治四年（1647）任乳源縣令，對於該縣交通狀況頗有瞭解。他在應裘秉鈁之邀請而作的《梯

雲嶺（路）記》中，敘述了他於清初奉命來任乳源縣令時的形勢。當時，明、清勢力仍在乳源之地進行著「拉鋸戰」，形勢頗為嚴峻。郭弘纘在記文開頭說：

> 余備置知乳（源）在順治鼎革之第四載丁亥（1647）秋。其時叛賊殺篡正（縣令）施公，劫庫藏，焚盧舍，掠男婦，而城內外悽楚也，縣四境風（聲）鶴（唳），而梅（花）、遼（水）、上（平）三都（明清時縣級以下為都，相當於鄉；都下為里）尚聲教未暨，□郡城三大鎮擁厚兵，屢趨進剿梅、遼。余惴惴然恐屠毒生齒，未忍（進剿）也，止發兵之舉。議者亦以上三都崇山峻嶺，馮（憑）險恃危，如梯頭一徑猶巉峭崎嶇，隻身而上，傴僂（彎腰）而攀。害之大者，有暴負隅，丸泥可封（危害最大的是，如有負隅頑抗者，一夫當關，萬夫莫用）；害之小者，往來行李，陟降為難。余思欲開鑿之而有志未逮焉。私計（暗自思忖）曰：「前之人（前任縣令）皆避其難，後之人必有賢者以辦此也！」果於康熙改元（1662）之吉，裘明府（縣令）始捐資開鑿，遂成坦途……

裘秉鈁縣令蒞任之後，為安定地方，發展經濟，做了許多工作。他在致郭弘纘的信中說：「自不佞（裘秉鈁謙稱）承乏（任縣令）以來，改制文廟（孔廟），修城濬池，稽理津渡（修葺橋樑，設置渡船），諸所廢墜期必具舉，夙興夜寐，惟靖共（恭）此位耳；但《周禮》有『司險』掌周知山林川澤之阻而建其道路，則梯頭之阻孰為大焉？而道路之達（暢通）孰當先焉？此司土者（地方官）之責也！今不佞也劀（消除）其險而達其阻（可以到達原來無法到達的地方）矣。此君之所未逮而不佞勉之，惟（只是）君悉此地之情形，故為（作）記莫君若也。」

郭弘纘在應邀所作的「記」中，指出此項築路工程的意義：

> 是役也有三善焉：險阻既達，不軌消萌（不逞之徒打消了據險作亂的企圖），功在社稷，一善也；道路既平，往來自適，德在來世，二善也；催徵輸納，六里均一，便在賦役，三善也。即向（過去）所謂害之大者，丸泥可封（一夫當關萬夫莫開）；害之小者，陟降（上下）為艱，今日去其害而觀其美矣！《詩經》有曰：「周道如砥，其直如矢；君子所履，小人所視（大路像磨刀石一樣平坦，像箭矢一樣挺直。君子們即貴族們可以在上面行走，平民百姓只能遠遠看著）。」此之謂也。（《康熙乳源縣志》卷八《梯雲嶺記》，第551～552頁）

　　清初，康熙元年（1662），平南王尚可喜重修、開鑿滇陽、大廟峽橋路，自滇陽下至清遠縣中宿峽，數百里皆為坦途。其中，滇陽峽開道二十七里，為橋三十四座；大廟峽開道六里，為橋六座。

　　尚可喜在明末原為明朝副將，遼東人。崇禎七年（1634），尚可喜投降後金（後金至崇禎九年即 1636 年改稱「大清」），受到後金之主皇太極的優遇，授以總兵官，封為「智順王」。順治六年（1649），尚可喜被清朝廷改封平南王。同年六月，尚可喜奉清朝之命南征廣東。為便利交通，尚可喜組織力量對粵北山路進行了開鑿溝通。《王應華碑記略》對此事有較簡略的記述，謂：「清遠、大廟、滇陽三峽居廣（州）、韶（州）之交，為嶺南要路，而大廟之眠羊、獅子、滇陽之牛牯稱尤險。平南王（尚可喜）底定（平定）粵東十有三年，乃捐貲鑿（石路）而平之。經始於壬寅（1662）年正月，落成於本年冬月……」

　　王應華的文字尚嫌簡略，《廖燕記略》則為我們更具體地描述了清遠、大廟、滇陽三峽的形勢險峻及尚可喜鑿山開路的重要意義。文謂：

　　　　峽有三：自北而下，羊城（廣州）則滇陽（峽）為首；自南而出嶺表（嶺北）則清遠（峽）為首。迤邐四百餘里，兩岸對峙，一水中流，猿鳥莫逾，雖樵叟篙師（打柴農夫、船夫）履之（經歷此處）莫不驚怛失色。峽之內惟眠羊、獅子、抄子諸灘號稱最險，而釣魚臺尤為險絕，雲蔽倒景（影），噴薄日月。陸行則峰巒插天，石芒峭發。人行其上，則眼花旋轉，栗栗然（因為害怕而致渾身發抖）有性命之懼；水行則淵深莫測，蛟龍（鱷魚）潛藏，怪石怒伏。遇春漲（洪水）暴至則波濤洶湧，雷轟鼎沸。王（尚可喜）命某（作者廖燕自稱）等沿岸設法，摧實補虛（逢山闢路，遇水架橋），陸平而水之勢亦殺。於是，向（過去）之險阻盡成坦途，而舟人、行旅、牽挽（縴夫、挑夫）直行無虞，皆謳歌喜躍，誦王之功不衰。（《同治韶州府志》卷 14《輿地略·梁津·英德》，第 316 頁）

《張啟泰碑記略》亦有記載，云：

　　　　粵地總百粵，軌接五嶺（廣東為嶺南關鍵之地，毗鄰五嶺），山居十之三，水居十之五。若（諸如）清遠（峽），若大廟（峽），若滇陽（峽），皆峽流湍急，不獨如韓昌黎（韓愈）所云哀猿猛虎，窮龜長魚，百怪畢出者。王（尚可喜）念此至切，謂其責在守土（職

責在於解決地方問題，讓民眾安居樂業），因付西禪寺實行和尚並委各章京（官名，清代軍職多稱章京，為滿語的音譯），鳩工捐造，未嘗動費國帑。其或創（新闢）或因（修膳），慮深而製備（考慮全面，設施完備）。獅子、眠羊，凡越大廟（峽）者，難之鑿險，而平可（大約）六里。某處宜（建）橋，某處又宜橋，凡計□建。清遠峽路則修復一十七里，湞陽峽路修復二十七里。度（根據）地之遠近險易，其在一十七里橋凡（共）二十三，其在二十七里橋凡三十四。山窮橋接，豈有跋涉維艱，高深莫測之歎耶！（《同治韶州府志》卷14《輿地略‧梁津‧英德》，第316頁）

可見，明末清初，尚可喜投靠滿清朝廷，鎮壓國內人民的抗清鬥爭，留鎮廣東又有許多劣跡；然而，他在開闢粵北地區交通方面有所貢獻，還是值得一書的。

（四）橋樑與津渡的設置與維護

古語有云：「墟市以通有無，橋樑以便往來」。清代《道光佛岡縣直隸軍民廳志》卷四《藝文志第十‧生水橋記》作者說：「考諸《周禮》：『除道成梁，王政重之（開闢道路，建造橋樑，是統治者施政的重點）』。茲者躬逢盛世，梯山航海（山海無阻），四方畢集，自通都大邑以迄海澨山陬（海邊山區），類（皆，大抵）有橋樑之設。雖小大不同，稱名各異，而濟人利物之懷（實質）則一也。」

1. 橋樑（浮樑）維修

例如乳源縣石高溪通濟橋的維修。流經乳源縣有一條河流名「石高溪」。溪流發源於湖南宜章境內的莽山，匯流於粵北著名的湞江。石高溪介於均容與深源兩地之間，距離乳源縣城將近百里。溪中有一處渡口，人稱「石高渡」，是南來北往士民濟涉之處。但是，每當雨季，溪流水漲湍急，渡船無法運行，來往行人只得徒喚奈何！於是，人們便想到要建橋。橋果然建起來了，這便是石高溪通濟橋。橋的建設者是鄉民饒仁。

萬曆二十九年（1601），浙江秀水縣（今嘉興縣）人、舉人吳邦俊奉命來乳源縣任縣令。他曾多次從這座橋上經過，詢問當地父老，橋是什麼時候建起來的？誰建的？父老告訴他：「此石高渡也。石高渡之有橋自鄉民饒仁始也。」吳邦俊縣令聽了，感慨地說：「嗟夫！茲橋豈易建成哉！彼（饒）仁一黔首（普通平民百姓）耳，烏能（怎麼可能）竣此役也？」父老說：「茲渡之

汩溺（淹死人）多矣！方春雨集，川源潛發，建瓴雨下，其勢湍急，觸石成聲，為淜（澎）為湃（洶湧澎湃），人視之卻步，馬牛靡然（無不）肮（股）慄。能建者嗇，欲建者弱（有能力建橋者吝嗇錢財而不願建橋；有志建橋者又缺乏資金而無能為力），惟（饒）仁慨然為之！」吳邦俊縣令說，饒仁站出來肩負起建橋重任，難道沒有得到眾人的支持嗎？父老說，饒仁倡議出資建橋，也是承受了很大壓力的。倡議建橋之後，地方有錢之人莫不積極出資相助。當時，打柴的，採礦的，拉纖的，挑擔的，眾人都積極參與。然而，原來答應免費提供民夫飲食的，主持者見參與人員眾多，伙食費用支出較大，便「色吝不前」了。而饒仁則不顧其妻兒在家饑啼號寒，將家中肥沃的田地出賣，得錢用於建橋，才終於把橋樑建成。

吳邦俊縣令聽罷，「低徊嘖嘖不置」，頗生感慨。父老說，此橋之建也算是得到了天助的。當木料、石料都已準備齊全，橋樑已奠基之時，適逢山洪暴發，河流上游商民砍伐的各種木材順流而下，勢不可擋。參與建橋的眾人無不大驚失色，心想，這下子必定將歷經千難萬險建起來的橋基沖毀得一乾二淨了。饒仁向天發誓，說：「吾與此橋共存亡！基不獲全，我不願生！」於是坐於橋基之上聽天由命。眾人相勸，強拉，饒仁就是不肯離去。只見眾多木頭從橋墩之間順流而下，沒有衝撞剛剛建起來的橋墩。於是，眾人感奮，彷彿建橋之事得到了神靈佐祐一般，各項工程齊頭並進，終於將橋建造完成了。「橋凡三門，門布木板，上通徒乘（行人，車輛），簀廊桷瓦以避風雨，肖（描繪）真武像於中，旦暮香火而鎮之。於是，往來士民無虞矣！」

吳邦俊縣令在《石高溪通濟橋記》的最後，感觸頗深地寫道：

> 夫不為一家計而便一邑之（交）通，不為一生惜而圖萬人之濟。
> 至於今，行者出於（橋）梁，倦者憩於廊（橋上小屋），雨不潤微裘（雨不濕身），日不燥炎笠，孰非（誰說不是）茲橋之□成耶！嗚呼！有（饒）仁而橋以建，有繼（饒）仁起者時復葺之（適時維修）而橋以久，則楚粵（湖南、廣東之間的交通）其有幸哉！（《康熙乳源縣志》卷8《藝文志》，第554～555頁）

遇仙橋即西河浮橋，在曲江縣西門外，上通溪水，為由楚（湖南）入粵要津。北宋天聖年間（1023～1032），殿中丞陳宗憲創建，慶元年間（1195～1200）提刑陳宏規重修。計有二十五舫，鐵索一百六十丈。橋成，以年號稱「慶元橋」。以錢四百萬買田，歲收二百斛為修橋費。南宋嘉泰四年（1204），

提刑陳奕更改橋名為「嘉泰」。元至元二十一年（1284），橋廢，田亦被乾沒（被人弄虛作假占為己有）。至大元年（1308），曲江縣令姬諒撥稅戶看守東西浮橋，共用三百戶，捐（同「蠲」，免除）其雜役修舫纜，兩歲一易。元末又廢。明代化成年間（1465～1487），韶州知府詹雨、宏治年間（1488～1505）知府錢鏞、嘉靖年間（1522～1566）知府陳松俱重修，有記為證。嘉靖十八年（1539），韶州知府符錫召來江西工匠更造方舟六十二舫相連，翼以扶欄，表以綽楔（古時樹於正門兩旁，用以表彰孝義的木柱），東曰「平正」；西曰「濟川」；又建樓於津口。嘉靖二十六年（1547），知府陳大倫夢遊芙蓉山，見漢道士康容適以橋成來告，遂題橋名曰「遇仙」。是歲始稅商舶。清朝順治九年（1652），巡道林嗣環重修，後設「稅廠」徵收商稅。這是曲江縣遇仙橋歷代營建之大略情形，見《同治韶州府志》卷14《梁津》。

明朝宏治年間（1488～1505），時任韶州知府的錢鏞應太學生之請，寫了一篇《重修西河橋記》，云：

> 宏治甲寅（1494）春，余備員（奉命）守韶，甫下車，涉武溪（今武江），間（調查，瞭解）民瘼，見溪（西河）水混漾，自三瀧而來，奔騰不可過。兩岸相去百有餘丈。渡者以一葦（小船）與鯨鯢（洶湧波濤）爭命。或值霖雨浸淫，狂瀾暴至，男女競涉，多致不測。余因而歎曰：「是可無以處之耶（作為地方官，對此能視若無睹，置之不理嗎）！」歸而考諸韶（州府）志，舊有浮橋，宋慶元間提刑使陳君重創（重修），用舫（船）二十有五，名其橋「慶元」。厥後廢興不一，更名曰「嘉泰」，曰「留公」。數百年來，前守詹君天澤（詹雨）又為復創。不逾年（沒過幾年）圮於狂瀾，蕩無遺跡。（余）又歎曰：「是非有民社者之責耶（重建浮橋難道不是地方官之責嗎）！」欲謀興復，計諸費（計算各項費用）動以千緡，竊慮是雖迷道（「迷」同「達」，即浮橋雖然便於民眾來往，是必經之道），若勞民傷財，尤非初志。於是經且畫之幾（近）一歲，大略足用。同寅（事）、節推賈君煥章輩（等人）又慷慨捐俸，相與戮力，以輔余不逮。遂鳩工庀材，構舟五十，視昔蓋倍之矣。每舟旁比（連接）以鐵鎖，擎（托舉）橋體也；舟末（船尾）垂以鐵具，御水駛也（防止船被波浪沖散分離）；舟上加以板舫，通行者也；舟之首尾又總以鐵藤纜各二，如貫珠然，又所以防衝擊也。東西各構一亭，下甃（磚

砌）石以為級，高丈有五尺，而廣如之（寬亦丈有五尺）。肇工於是
年四月己未，告成於七月丁亥。復慮其或剝如昔也（又考慮到浮橋
難免如過去日久受損），以糧一千八石，編夫三十名守之。橋成之
日，民不知勞。負者乘者，行者歌者，脫鯨波而履坦途，得免病涉
（過河艱難）之嗟。逾年未記，大（太）學生鄧玉一日進曰：「願賜
一言以垂不朽。」適（恰好）同寅（仁）趙君蘭完以刑郎二守茲郡
（任此郡副職），作（高興地）而曰：「孟軻氏（孟子）曰：『君子平
其政（君子追求仁德之政）』。斯梁（此橋）之成亦平政之一事也。
橋宜以『平政』名。若其顛末已稔於方寸間（已知事情始末），固非
他人所能述者。願毋拒鄧生（之）請。」余聞其言，乃喜其發余所
未發，是以忘其固陋，不辭而僭為之記。（《同治韶州府志》卷14《輿
地略·梁津·曲江》，第303頁）

　　錢鏞，仁和（今浙江省杭州市）人，進士，明宏治七年（1494）任韶州知
府。他初來乍到，首先下鄉察看民情，發現西河（又稱「武溪」）寬闊，水流
湍急，遇上暴雨天氣，形勢更是危急，而僅有一艘小船擺渡，運送過往民眾。
人多船小水急，常常造成船沉人溺慘劇。錢鏞覺得，自己作為地方官，對此
不能置之度外。他查閱了當地方志，知道過去這裡曾設有浮橋，然而年長日
久，加之水流衝擊，浮橋易受損壞，故時興時廢，難以持久。他初來韶州，見
當地民眾渡河艱難，決心修復浮橋；但又考慮到，如果要勞民傷財而重建浮
橋，又與「便民利民」的施政宗旨背道而馳，「於是經且晝之幾（近）一歲，
大略足用」，通過各種辦法、途徑，基本籌集了重建浮橋所需費用；又得到郡
中富有義心的同僚的慷慨解囊，捐俸相助，「遂鳩工庀材，構舟五十，視昔蓋
倍之矣」。浮橋由五十餘舟以鐵鍊緊鎖相連，可以經受湍急河水的衝擊。浮橋
兩邊（頭）還各構一亭，供過往行人等候及憩息。經過幾個月的悉心經營建
構，浮橋終於建成。為了使浮橋能得以持久運營而不致於如過去，若干年後
即告毀壞，錢鏞郡守還從經濟及人員兩方面設計：「以糧一千八石，編夫（船
工）三十名守之」。總之，浮橋重建竣工之後，「民不知勞，負者乘者，往者來
者，行者歌者，脫鯨波（驚濤駭浪）而履坦途，得免病涉（過度艱難）之嗟。」
錢郡守為民眾做了一件大好事，卻未想過要樹碑立傳，讓後人知悉。有一太
學生鄧玉感激於錢郡守為民造福，懇請郡守將浮橋重建經歷寫下，以刻石紀
念，使後人知悉地方前史。錢郡守於是應邀寫下這篇《重修西河浮橋記》。

清朝順治九年（1652），巡道林嗣環又再次重修了韶州府曲江縣的遇仙浮橋。他在《重造遇仙橋記》中敘述了修橋的大致經歷。

清順治八年（1651）春，雨水連綿，河流暴漲，沖毀了原來的浮橋。兩岸往來之人咫尺千里，望河而興歎。巡道林嗣環看在眼裏，急在心上。他「步（行至）西郊祈晴」，又「與江神盟約」，發誓「有余在此而不與民通濟者，有如此河！」寓意是若不能將此浮橋修葺好，方便民眾來往，將如河水一去不再復回。於是，他請教當地遺老。遺老都說值改朝換代之際，民窮財盡，稅賦又重，要重修浮橋談何容易！儘管如此，林巡道還是心懷一絲期望。他在河的兩面設置了募捐箱子以籌集建橋資金。然而，結果令人大失所望：「一月而四方之助者僅六十一兩七錢一分，西河（河西岸）助者僅九兩八錢，錙銖立盡矣！」杯水車薪，無濟於事。於是，林巡道將個人俸祿所得及積蓄全部捐出。他在敘文中說：「余乃慨然盡捐俸薪所有，鳩工購材，陸續湊造五十餘舫」。由於俸薪銀按季度支給，不能及時到位，影響了浮橋的建造，時建時停，「故工之遲速因之。工速竣者已經風雨霜日與泥沙之所薄蝕，每每後舫才成而前舫先壞，費復不貲。」不僅影響了浮橋修造進度，還因為不能一氣呵成地建設而致使既已建成的浮橋受湍急河水的不斷衝擊而遭損壞，又需重造重建，加重了修橋成本。正當無計可施之際，林巡道忽然心生一計：何不利用犯人修造浮橋以自贖？於是，「乃示罪人造船自贖，不許督工官及胥役經手，以遠染指（避免貪污）之嫌」。這一招果然奏效！「各罪人亦唯唯善事（服服帖帖，聽從指揮號令），以落橋之成，而六十二舫鱗鱗可數」。萬事俱備，只欠東風。造好了舫船，還需要鐵索維繫：「船具矣，又乏鐵練」。舊製鐵練有三，明末清初興兵以來，鐵練僅剩一條，另兩條已不知所蹤。林巡道隨命守橋兵卒潛入河中摸索打撈沉河的鐵索，以轆轤出之。但鐵練仍短缺五十餘丈。這時，清遠縣代縣令劉嘉謨、翁源縣令李寧和以個人出資鍛造鐵練獻上，解決了鐵練短缺的燃眉之急。雖然有了船舫，有了鐵練，但「有橋無板不可渡也」！於是又籌集資金，挑選吏人入山伐木造板。這當兒，浮橋尚未完全建成，林巡道「新膺簡命，當航海行」。調令已下，需立即啟程赴任。林巡道臨行之際，回視西河上隨水上下浮蕩的尚未完全竣工的浮橋，不禁心生無限惆悵。而此時發生了一件事情，恰好為浮橋的續建創造了契機：原來，韶州府乳源縣署（代）典史歸國禮受命解糧（押送租稅）入省，回歸之後擅自將九艘運糧船出售，所得悉入己囊。按法律應追賠，並應遣戍（戍

邊充軍）。考慮到西河浮橋尚未竣工，林巡道決定對歸國禮可以作特殊處理：
「許（歸）國禮納船贖辜（罪）」，即讓歸國禮將賣船所得贓款全部拿出來造
橋。林巡道敘述此事道：「余姑從於寬政，使李別駕世銓董其事，而經歷林
太新貳（副）之，而橋始於子月（農曆十一月）丙辰日編架為百年之利濟焉。」
回顧西河浮橋建造的歷經波折、艱難，林嗣環巡道頗生感慨：「因感念此橋
經營余手，垂成而輟（停工）者三，重造者三，毋論蟬腹蠅腸固已刳盡（竭
盡所能，耗盡資財），即白髮之生亦不知幾莖矣！」林巡道在記敘此橋修造
過程的文章最後，對於「上帝」及「來者（日後的地方官）」保護浮橋寄予
了厚望：「余當告之上帝，使神物呵護，兼告來者，歲歲勤修舫纜（固定船
舫的鐵索）毋替（勿鬆懈）也」。西河浮橋雖歷經波折而終於修成，令林巡
道之心有所安慰、釋然；然而，東河浮橋未能修復則又成為其「心病」之一：
「考諸韶（州府），東河亦有浮橋，久廢不治，符刺史（明末韶州知府符錫）
嘗歎惋繫之。予叱馭急（急著啟程赴任）且財匱，無能咄嗟辦此」，對此耿
耿於懷，唯有在文中寄希望於其後有所作為的官員了。(《同治韶州府志》卷 14
《輿地略·梁津·曲江》，第 303～304 頁)

　　粵北地區有些浮橋之建，不僅旨在供行人交通便利，亦有設關徵稅的特
殊功能。於官府而言，可謂一舉而兩得之。英德縣浛洸太平關浮橋之建即為
其中一例。此橋乃清朝同治六年（1867）南韶連道林述訓幫辦稅務並韶州知
府何世俊共建。巡道林述訓對此浮橋之建作有一文記述云：

　　　稽英邑志（查考《英德縣志》），浛洸為浛洭古治，與楚粵（湖
　　南、廣東）接壤，民戶殷繁，幅員綿互幾二百里，亦韶屬（韶州府
　　所屬之地）間一都會也。其前臨洭水，後障岑嶺，山川形勢之所鍾。
　　此地夙稱名勝，而其江上達連（州）、陽（山），下通清（遠）、佛（山），
　　商賈往來，舟楫繹絡不絕，尤為扼要之衝，上下所必經之區也。前
　　期設立稅廠（所）於其中。我國朝（清朝）因之為太平關，稽查奸
　　宄，徵稅抽釐，其所以通商而裕課（稅）者，制度周密，例禁綦（極）
　　嚴。丙寅（1866）秋，余奉簡命分巡南（雄）、韶（州）、連（州），
　　與（韶州）郡守何君世俊監理稅務。諸凡正餉罔不經心。一日，值
　　何君政暇之餘，巡視浛光（洸），見關面上下僅界一纜，商船相泊，
　　未免疏防，若不仿照虞郡建造浮橋，將何以防偷漏而重帑務（保證
　　稅收）？爰旋郡（於是回到郡城）會商於余。余思關稅一款，國課

（稅）攸關，誠如（古人）所言：「提防弗飭（謹慎，嚴密），是謂誨奸（招致奸宄）。」今事有補於維新，又何靳（吝惜）建創而不為乎！於是會稟於撫憲（向巡撫請示。清制，巡撫例兼都察院右副御使銜，故稱撫院或撫憲）。蔣公慨然許可。遂庀材鳩工，刳木為舟，架作浮橋，繫以巨練（大鐵鍊），直欄橫檻，既足以杜奸商走漏（偷稅漏稅，走私牟利）之謀，又可以利行人來往之便：是一舉而兩得者端（的確，確實）在此也！是役也，經始於丁卯（1867）之春，告成於八月之秋。余與何君（韶州知府何世俊）定其議而經畫繩直（設計丈量），共相（協助）厥成者則（英德）縣令彭榮紹、少尹（副職。唐代制度，凡州升為府者，其刺史稱為府尹，下設少尹二人為府尹之副職）駱孝先、程彬均與有力焉。事既竣，余備識（記）其端末勒諸貞瑉（刻石記事），惟望後之監關（稅）者視其圮壞相繼而修理之，則此橋或可永垂諸不朽，庶（才可以）上裨於國，下便於民。是則余之所深幸（深切之期望）也夫！（《同治韶州府志》卷 14 《輿地略·津梁·英德》，第 316~317 頁）

2. 津渡設置

乳源縣在古代有一條河流稱「瀧溪」，河水湍急，且多亂石橫亙其中，舟楫無法通行。東漢時期，桂陽（治所在湖南郴縣，即今郴州）太守周昕曾對屬境之內的瀧溪進行過整治，使原來舟楫不通的瀧溪交通條件大為改善。據《同治韶州府志》卷 19《建置略·壇廟·乳源》篇記載：「周公諱昕，字君光，東漢時人，生於下邳（今江蘇省睢寧縣西北），舉孝廉，拜尚書侍郎，轉桂陽太守。時六瀧驚湍激石，不通舟楫。公至郡，命徙盤（古文「盤」「磐」想通，即遷移河中岩石）投之窮壑，夷高填下，鑿□回曲，因勢導之。險阻既平，洶湧遂絕，六瀧悉奠合水流，行旅無舟楫憂，公之功也。乳（源）人立祠於瀧口……」（《同治韶州府志》卷 19《建置略·壇廟·乳源》，第 400 頁）

這段文字似乎是有所誇張的。經過周昕太守的開鑿改造，瀧水交通條件比此前有所改善應是不爭之事實，然而，其險阻並未完全被排除，因為，直至唐代，瀧水交通的不便還是存在的。這從韓愈被貶官至粵東的行程所見即可略窺一斑。據志書記載，巉岩陡峭的乳源縣藍關是韓愈入粵的必經之道。唐元和十四年（819），韓愈在刑部侍郎任上，因上疏諫阻唐憲宗迎佛骨入宮，得罪了皇上，被貶為潮州刺史，路經粵北樂昌縣瀧水，因水路交通不便，遂

捨舟經陸路，度過乳源縣藍關，再至陽山。韓愈在詩中寫道：「南行逾六旬，始下樂昌瀧。險惡不可狀，船石相舂撞。」

明代嘉靖年間（1522～1566），乳源縣在縣令侯應爵的主持之下，對一處渡口作了修建，當地人尊稱為「侯公渡」。據《康熙乳源縣志》卷八《藝文志·侯公渡記》所述：

> 侯公渡，昔民私建以為度（渡）者也，東（按，應為南）達廣藩（廣州），南（西南）達連（山）、陽（山），北達樂昌，西達縣治。倘（倘若，假如）年有警，民奔趨城；或破篋、深莊二隘報急（有緊急情況發生），胥（都，皆）賴以濟。斯固通衢要路也。昔募夫駕艇（小船）以渡，凡道經於此者量給工食之需……

曾有一位姓羅名春者見渡口往來人員眾多，而小船難以應接，認為有利可圖，於是「詭射虛糧八斗於渡，欲顓（專）以自利，渡幾於廢矣。」即想以欺詐詭計取得渡口經營之權，然後欲牟取暴利。為此而千方百計阻撓、破壞渡口建設，使渡口交通幾乎處於癱瘓境地。明隆慶六年（1572），侯應爵（江夏人，舉人）奉朝命來任乳源縣令。他下車伊始，即訪問民間疾苦利病，獲悉嘉靖乙丑（1565），鄉民吳玉琪等謀議募集資金以設置渡船，已募得資金三十餘兩。侯應爵縣令說，設置渡船費用不菲，私募資金恐怕杯水車薪，難以為繼；如果設置渡田，以田之收入作為支持之經費，也許才是長久之計。鄉人既知募捐置田實為可行之計，無奈因為數額較大，久而無果。漸漸地，所募資金又因管理不善而不知所歸，所謂「匪惟（不僅）廢渡，亦將並募金而亡之矣。」侯縣令派人追查取回募資，復捐金十二兩助之，於是撥付九仙鄉約（民間慈善活動負責人）鄧某、林某購置田地：以募金二十一兩買斗門都鄧應之田五畝二分五釐、糧二斗一升，土（田地）名九仙詩沖，計田四十六丘（古代地積單位，或指由田塍隔成的水田）；又土名坑背，計田二丘，共租穀一百二十甬（古代斛之類量器），內除十甬納糧（交租），又以侯應爵所捐俸金一十二兩買鄧某田二畝二分五釐，載糧九升一合零；土土彎塘廟前水坑計田六丘，租穀五十甬，內除五甬納糧，共存租穀一百五十甬給養渡夫。侯縣令考慮到日後或再被他人「詭射占爭」，仍給印帖（證明）付本營里長陳謨。

這是地方交通建設的一項意義重大之舉措。事後，侯縣令具疏向道府報告，頗獲贊許。地方志記載此事謂：

邑侯斯創（侯應爵縣令置田設渡這一舉措）以民之心為心，道府斯允（肯定，贊許）亦以侯之心為心，上孚下悅，善哉！斯舉乎，士民咸說（悅），曰：「我侯厪念（關心）此渡，處置得宜，規制經久，又捐俸以助，自此，田無詭占之弊，民免給役之費，永享濟川（過渡）之利，侯之賜甚大！昔為民渡，今其為『侯公渡』可矣。邑縉紳廓嘉元、鄧維修、黃裳、生員如金、廓嘉言、劉潛、劉文先謀勒於石（刻碑記事），侯力辭之。侯有盛美而不居者，正實心以行實政而非干譽（謀取名譽）也。眾益感不忘，遂命工勒石豎於渡之北堤（岸），構亭以覆之，不旬日而亭就。」

侯應爵縣令關心乳源縣當地交通，捐獻俸金助役，並採取購置產業以維持渡口交通的有效辦法，為當地民眾解決了此前出行難的一大問題，其令當地民眾感懷不忘自屬當然。

「侯公渡」之外，灘頭渡則是裘秉鈁縣令在任期間在改善地方交通方面的一項重要政績。

據郭弘纘所作《灘頭渡碑記》，灘頭渡距離乳源縣城十里許。早在清初順治初年，當時郭弘纘任乳源縣令，曾偶然經過灘頭渡，曾為此渡口的交通不便而興歎。十餘年後，順治十八年（1661），裘秉鈁奉命來任乳源縣令，注重地方交通的建設，做出了一番令人矚目的成績：

……裘公蒞邑，大修河渡，始自城南以至通濟橋、武陽司前等渡捐造渡船，清理渡租，遂通道於楚之宜章，民未病涉。不獨濟人，於附近居民往來，民事輸將急公也。道途之人歌而誦（頌）之，灘頭亦得有感而興……

灘頭渡隔在河流南岸，原來設有一葉扁舟以濟來往行人，「凡輸將從公辦私之務，往來利濟，民多便之」。然而，其後被地方小人覬覦規利，有奸民華勤九，設法將支持渡口交通的渡租吞占，致使撐舟之夫枵腹而罷工，渡船被棄置，渡口交通癱瘓。眾人到縣府去見官告狀。裘秉鈁縣令審理此案，對奸民小人為一己私利而作奸犯科，置眾人出行艱難於漠然不顧，痛斥道：「民間負租亦細行之常，至前人行善設有渡租，一經乾渡（按，應為「乾沒」，即占為己有），舟人不得食，渡寢以沒（渡口交通漸致癱瘓）。凡農事養生，醫藥送死與慶吉唁凶（對遭遇不幸者的慰問）之類無不望洋而歎，其害可勝道乎！」

將黃德權、黃啟賢等人傳喚至堂上杖責一番；又「稽（核查）其租以復其渡，一如城南渡，利涉為便矣！」

前縣令郭弘瓚在《灘頭渡碑記》中，聯想到春秋時期鄭國執政官子產曾利用自己作為宰相乘坐的「乘輿」，載著普通民眾渡河，受到孟子稱讚為「惠政」的往事，說：「侯公（侯應爵縣令）之渡，公之乘輿而已，公之惠而已。我裘公（裘秉鈁縣令）之整頓，我裘公之為政也。政可以久，今而後民未病涉（民眾無需再為過河而煩惱）也！」為了使灘頭渡之交通得以長久維持，「知縣裘秉鈁捐俸置田，種一桶，土名『榕樹背』，載糧（每年納糧）四升，每年租三石六斗。」（《康熙乳源縣志》卷 8《藝文志》，第 552 頁）

二、古代粵北地區交通建設之特點

特點之一：地方官員的倡率示範作用。

在古代粵北地區，不少橋、渡是在知縣、典史、主簿等地方官的主持之下得以修建或修葺的，便利了當地民眾的交通與生活。由官員個人捐資（俸）或出面籌集資金而建設的橋樑為數眾多。

例如，據《同治韶州府志》卷 27《宦績錄》記載：陳宗憲，北宋天聖元年（1023）知韶州，修造東西兩河浮橋；陳奕，福州人，持節嶺南，當時韶州郡東、西橋久廢，民病涉（民眾為過度艱難而煩惱），陳奕首復東橋，作浮舟五十，鐵繩（索）維之以渡，不擾於民。南宋嘉定年間（1208～1224），陳光祖出知英州（今英德市），「滇陽渡湍惡（河水湍急，渡河危險），舟多覆溺，更（替代，更換）創巨艦以濟」；元代，張文和於大德十一年（1307）由韶州路同知升任總管，「益有惠利於民，至大元年（1308）創東河浮橋，商旅便之」。

明代，在樂昌縣，據方志記載：「李家橋在城南，知縣李境建」；「黃子坑橋在縣南五里，明宏治年間知縣葉蓁建」；「惠政橋在南灣學宮左，知縣李增建」；「塔頭橋在縣南四里，明萬曆三年（1575）主簿王一鳳建」，等。

再如，清代，曲江縣的大石橋，在城北三里，康熙十二年（1673）韶州知府馬元捐俸闢路重修；曲江縣東郊河濱的首石橋，同治十二年（1873）南韶連道林述訓籌款修築。以上記載見《同治韶州府志》卷 14《輿地略·梁津》。

在古代粵北地區交通事業發展過程中，有幾位官員的事蹟是給人留下了深刻印象的。

一是南宋時期的連州太守楊榕。

　　南宋嘉泰二年（1202），因大雨連旬，水潦橫流，「城邑吞浸，浸為湖海」。交通要道楞伽峽亦受到嚴重影響：「崖壅（壅：阻隔，堵塞，即山峽塌方），水高者十數丈，下者百餘尺。雨不時霽（雨下連綿，沒有停歇），則谿谷倒注橫溢，航楫（大船小船）不通，估貨（商人、商品）不行」，不僅交通受阻，也嚴重地影響了人們的生產生活。當時，地方官限於種種原因，未能及時加以整治。十餘年後，嘉定十三年（1220），楊榕來任連州太守，對於楞伽峽交通受阻極為重視，決定投入人力物力加以整治。宋人葉適作於宋嘉定十三年的《鑿楞伽峽記》對此事有較詳盡的記載。文謂：

> 湟水（一名洭水，即今廣東北部連江，源出連縣西北，東南至英德縣西南入北江）會眾流，東南束兩岸（受兩岸約束），滿怒激躍（水流湍急，洶湧澎湃），勢傾百里。舟行必逾峽矣，然後喜無患夫山川之險（山地險峻，無法通行，唯有此一水路可以通行），亦所在而有。此固其著名者耶。嘉泰二年（1202），崖壅，水高者十數丈，下者百餘尺。雨不時霽，則谿谷倒注橫溢，航楫不通，估貨不行。嘉定庚辰（1220），太守楊侯榕始至，歲適大潦（當時正遇上洪水暴發），城邑吞浸，浸為湖海，四顧歎曰：「州素薄（貧窮落後，經費困難），監司未有意（按，指有關部門未能顧及水道交通的整治），將孰弭茲禍？！」轉運判官劉強學聞而矍然，亟舉兩司六百萬實其費。是冬遂命司法李華、郡人張淵叟大議疏鑿。（李）華巧思強力，侯（楊榕郡守）專任不疑。易者勸趨，難者慕應（容易做的，激勵眾人齊心協力去做；難做的，出資招募能者去做）。小石縪（粗繩索）運，大石鐫（雕刻，鏨鑿）落，上以火攻，下以堰取，餘穩石黯（深隱），平注中尚數處工不知所為。（李）華創巨靈（同「櫺」，有屋之船），鑿貫木百鈞，搗之麋（糜）碎。春且半，石之為水害者盡平。舟自番禺（廣州）來集城下，群川眾壑各得所歸。老稚聚觀，喜極或泣曰：「連（州）始復為郡矣！」……夫楊侯惻怛（富有同情心）而仁，劉侯（轉運判官劉強學）果毅而明，而又得（僚）屬如李君（司法李華）奔走畢力以出（解除）連人於塗炭之苦，此豈非天人之所同願歟！（《同治連州志》卷10《記·鑿楞伽峽記》，第788～789頁）

　　經過整治之後，楞伽峽的水路交通條件大為改善，來往船隻基本上通行無阻了！

　　二是明代萬曆年間乳源縣令李茂先。

　　在李茂先的主持之下，於乳源縣便民墟附近新建了一座橋樑，當地民眾稱之為「李公橋」。據邑人、曾任詔安（治今福建詔安縣）知縣的鄧如昌在《李公橋記》中的記述可知，李茂先，雲南人，萬曆五年（1577）任乳源知縣。蒞乳源的第二年，政通人和，百廢俱興，民眾口碑嘖嘖載道。李縣令瞭解到，前任官員金明漢（舉人，馬平縣即今廣西柳州市人，萬曆三年即 1575 年任乳源縣令）為便於民眾互通有無，設立了一個墟市，稱為「便民墟」。當地民眾都說此墟「實開吾民之利源」：民眾生活、生產所需物資可以從市場上方便得到；而家裏剩餘之物資可以在市場上出售，換取資金。墟尾有兩條「溝」，即小河流：一條與大河相通；一條被當地民眾引水灌田。與大河相通者原建有一座石橋，人們稱為「斗門石橋」；另一小河被稱為「泊河」，原來建有一條獨木橋以便通行。但斗門石橋因屢被湍急的河水沖毀，故已改為渡口；而泊河木橋又「時為急流衝突，不免臨河之歎；且駸（逐漸）傷內溝之基，厥（其）害非輕」。李茂先蒞任後，對地方交通之不便頗為關心，「常惕然於衷」。因為交通不便，當地民眾的生產、生活頗受影響。於是，地方民眾聯名請求李茂先縣令設法建橋以便交通。李縣令遂委託地方鄉紳胡璉等負責募捐。李縣令率先捐獻俸金若干為首倡，「於是，士大夫、百姓成侯之義（為李縣令義舉所激勵），相率樂助。鳩工起造，不二月而橋成」。地方民眾感念李茂先縣令的建橋以便通行之功，值鄉人、曾任福建詔安縣令的鄧如昌回鄉之機，請鄧如昌寫一篇記敘文以頌揚李茂先的建橋便民之功。鄧如昌於是應命寫下了這篇《李公橋記》。鄧如昌在文中說：

　　　　……侯知急先務，毅然創舉，刊（砍伐）木取石，公暇數（公務之餘多次）往視之。幕侯（幕僚）辛公（辛才，今湖北鄖縣人，萬曆三年任）又嚴於程督（限期完工，嚴於監督），橋成，屹如長虹，高儔砥柱，西通楚蜀（湖南、四川），東達粵吳（廣東、江蘇），行道者坦然，即古槓梁（橋樑）王政不是過也。人無病涉，頌聲四出，且由斯橋以赴（便民）墟者，貿易財貨日新月盛，富庶之風丕（顯）然，便民之利罔極（無限），則侯（李茂先縣令）之豐功偉績將與穹壤（天地）並永，奚翅（何止）與橋俱峙已耶！侯名茂先，滇省（雲南省）人，家世簪纓（仕宦），為邦俊傑（國家傑出人才），筮典蜀教（曾在四川任教官），旋任普寧（不久調任廣東普寧縣任教），擢

宰吾乳（擢任乳源縣令），其才猷練達，勳名章（彰）灼，為觀風者（朝廷使者）採，茲不敢贊（無須贊言）。橋始工（動工）於萬曆六年（1578）季冬，落成於次年仲春。橋高一丈二尺，橫闊一丈八尺，順水直一丈，橋基近河砌，岸長三丈，厚五尺，橋路寬六尺，長十丈三尺……（《康熙乳源縣志》卷八《藝文志·李公橋記》，第549～550頁）

三是萬曆年間翁源縣令姜子貞。

姜子貞，浙江餘姚舉人，明朝萬曆二十年（1592）知翁源縣，「捐金並開羊徑路，建雪溪橋，至今便之。」後來，原任陽江縣知縣的蒙文伯撰寫了一篇《重修羊徑路記》的文章，敘述了姜子貞主持修建「羊徑路」的經過：萬曆二十一年（1593）冬，蒙文伯北行補選，道途路過粵北的翁源縣，想拜訪縣學教官韋主聰（廣西賓州舉人），敘敘舊好。路出南華寺，抵達韶州，正遇上韋主聰與翁源縣令姜子貞因公事出差，正住在旅舍中。蒙文伯因而向姜縣令展拜行禮，只見姜縣令「古貌龐眉，錦心繡口」，大有古人所稱頌的「人豪」之相。晚上就寢，韋主聰問蒙文伯說：你來韶州經過羊徑路嗎？蒙文伯說：我又不是飛鳥，怎能不經過羊徑路？只見路和橋都煥然一新，寬闊平坦，真稱得上是康莊大道了，只是不知誰興修的？韋主聰說：正是姜子貞縣令主持修築的，請你寫一篇記述姜縣令主持修築羊徑路的記事文章，如何？蒙文伯說：古人有云：「辰角見而除道（辰角星出現意味著天晴，就應該重新整治道路），天根涸而成梁（河流乾涸之時就應該及時造橋修橋）」，可見修路造橋是屬於所謂「王政」之事，理應記上一筆。於是，聽韋主聰講述了姜縣令主持修建此路的緣由及經歷。其文云：

……先是，侯（姜子貞縣令）奉命來宰是邑，道經歷焉（路過羊徑路），勃然（深有感觸地）曰：「是路也胡為乎（這路怎麼破敗成這樣子）！若斯之險隘崎嶇若羊腸然，且也深菁絕壑，古木交加，怪石巉岩，飛泉瀑布，匪直（不僅是）上官之巡歷，部使（朝廷派來的使者）之觀風有所不便，即時南華寺之香火歲走幾千萬人（每年到韶州南華寺進香朝拜者不知有多少人經過此路），咸斂徑託足而稱苦矣（都說這條路太難行走了）！守土者亦何愛而忍之哉（地方官怎可視若無睹，聽之任之呢）！」甫涖任，越歲，政通人和，講及礱（開鑿、磨礪）石以砌（路或橋），僉咸（都）諾而樂從。即捐俸命匠，殫厥心力，督諸築砌，悉就方法（完全按規劃施

工），以暨工役，無怠朝夕。經始於某年某月，迄某年某月告成。

於是，路之狹者、斷（橋損壞）者，石之橫亙巉礙者，水之飛瀑濺淋者，罔不平伏坦蕩，寬廣可容輿馬，堅固可貽（延續）萬年，無非向之（不再是過去的）羊徑云云爾！使不勒石，則莫為之後，雖美弗彰，倘有殘缺，疇復修之（假如不刻石記載此事，則後人不得而知，今後再有殘缺，誰還願意出資維修）！此記不容已也（這篇記事文章是不能不寫的）。（《嘉慶翁源縣新志》卷 9《藝文志略》，第 418～419 頁）

這篇《重修羊徑路記》寫成之後，有人說，修路建橋是地方官施政的內容之一，修建羊徑路橋只不過是姜子貞任翁源縣令中所做的其中一項工作而已，僅僅記述姜縣令修羊徑路橋一件事，怎麼能反映姜縣令的政績呢？蒙文伯說，粵北自有韶州府以來，就已經有了這條道路，歷來任翁源縣令的不知有多少人，亦不知有多少翁源縣令經過此路，到韶州府去晉見府尹（郡太守）彙報工作，但卻沒有哪一位縣令想到過要重修這條羊徑路。因此，如今姜縣令重修羊徑路橋，其「再造」之功便顯得十分難能可貴了！以後的人走在這條路上，誰能不感念姜子貞縣令的功績呢！我為姜縣令修羊徑路橋這件事寫一篇記敘文章，當然不能充分反映姜縣令的政績。姜縣令在任期間有何政績，相信人們都有目共睹，以後朝廷使者到來，相信也會給予記錄以上報朝廷，無須我在文章中一一加以記錄。聽了蒙文伯這番說話，人們都認為說的在理，於是眾人齊心協力，立石以記姜縣令修建羊徑路橋之事，以便讓後人得以知道此事之原委經過。

在維護粵北地區道路交通方面有貢獻的仕宦人物還有。

諶廷詔。江西南昌人，明朝嘉靖癸卯（1543）舉人，三十二年（1553）知英德縣事，在改善地方交通上也有所貢獻：其一是完善驛館設施：「邑（縣）學於嘉靖五年（1526）由大慶山遷建湞陽驛舊址，（諶）廷詔重修（湞陽驛），拓而大之，即（靠近）明化寺東廊建公館以為往來憩息之所。」其二是重建南門埠古渡：「南門埠古渡為嶺表通津（交通要道所經），向惟（過去只有）堤岸堆砌亂石，傾圮不堪，行者病之（為之而苦惱）。（諶廷詔）為捐俸倡築完固。」（《同治韶州府志》卷 28《宦跡錄·明》，第 590～591 頁）

符錫。明嘉靖年間（1522～1566）任韶州知府，「造舟為梁，濟病涉（建造浮橋，解決人們過河艱難的問題），於西河之滸（水邊），開鑿湞陽之峽，險

阻既去，陸走水浮（水陸交通）如履坦途，不世之功皆可書也。」（《同治韶州府志》卷25《古蹟略・署宅・樂昌》，第492頁）

李青雲。仁化縣人，歲貢，時代不明，曾發動鄉人捐資重修仁化縣董塘墟至樂昌縣大路。《民國仁化縣志》卷七《藝文第十二》保留下來的李青震所作的《重修董塘墟至樂邑大路序》云：

孟子曰：「過若大路（人們犯的過錯就像大路一樣人人皆見）」；又曰：「義人之正路（之：行走。正義之人走的是光明正道）」。正大則平直，詩所以歌「如砥如矢（《詩經》裏所寫的正直之人為人做事就像磨刀石一樣平坦，像箭杆一樣筆直）也」。古人意不在路，取像於路（借道路的形象來做比喻），路之形象如睹矣。（仁化縣）董塘墟至樂邑（樂昌縣）大路崩壞日久，隘□難行，大路也幾等畏途（雖說是大道，卻是一條令人望而生畏的道路），而於平康正直之象未之或有（根本看不到「平康正直」的景象）。夫聖王之立制也，視途（考察道路狀況）責在司空（官職名，西周始置，為主管建築工程、製造車服器械之官），固與成梁（建築橋樑）並著為令。我等幸逢盛世，百度舉而蕩平之象在目矣。顧此通衢（大道）廢置不修，非所以遵王制也。屆雨畢（待到雨過天晴），爰（於是）興斯舉。獨力固難支哉，然鹿得美草尚鳴其友，人之好善誰不如我（人人都具有敬佩賢良之心）！諒凡百君子莫不樂助善事之成。事成而睹平康正直之象，往來行人歡聲載途，亦王化之一助也，愈見古人言道義而取譬於斯也確（可以更深切地明白古人以道路比喻道義是十分確切的）。

向東森。《民國仁化縣志》卷四《政績》有載：「向東森，湖北人，（清）光緒九年（1883）任仁化縣知事，關心民瘼。往來韶城大路長沖徑時有賊匪攔途搶劫，行旅不堪。（向東森）創建碉樓，駐兵防守以保衛行旅，途無搶劫之患，地方籍以安靖。」

特點之二：民間義士的慷慨捐資襄助。

在官員的帶動之下，一些富有義心並具有一定經濟基礎及實力的民間義士也紛紛慷慨解囊，協助建橋修路，利民通行。如曲江縣有「續源徑口石橋，里人潘曲經捐銀二千一百兩創造」；「界灘萬年石橋、界灘萬福石橋，俱里人譚海史捐建」；「甘棠村蓮塘石路，里人歐文馨捐砌」；「車角上渡、龍頭渡，俱在鳳沖都，鄉人設，立渡田為經費」；「安村渡在鳳田都，鄉人新設渡田為經

費」；「白沙渡在黃茅峽下，里人楊漢輝捐造渡船」。（《同治韶州府志》卷 14《輿
地略・梁津・曲江》）。再以樂昌縣為例：如：樂昌縣「東小橋，在（縣城）東
門外，明宏治間邑人鄧球建」；「百子橋，在長垻墟南靈江水口江面，闊二十
餘丈，為曲（江）、樂（昌）往來要津。乾隆初鄉人築石架木；道光八年（1828），
葉經盛捐資築石墩十一度（座）；同治三年（1864），楊溪節婦黃氏募工以石
板平鋪江底，修築加固。凡艱嗣（長久未生育）者修砌此橋無不弄璋如願（按，
即弄璋之喜，漢語成語，意思是古人把璋給男孩玩，希望他將來有玉一樣的
品德。舊時常用以祝賀人家生男孩），故名『百子橋』。」「石龍橋在縣西梁坑，
康熙年間王若空建，同治三年（1864）蕭冠信重修」（《同治韶州府志》卷 14《輿
地略・梁津・樂昌》）

　　這些橋、渡、路都是由民間義士捐資修造的；有些義士還置田以為經費，
使交通設施的維護有所保障，可以長久維持不廢。

　　此外，還有祖孫續建者，如樂昌縣「雙橋，一曰迎恩橋，一曰祿溪橋，俱
在城東南半里，宋進士鄧純建。明天順間（鄧）純裔孫（鄧）茂重修」；「岐門
鞏（拱）橋在縣西，李勝芳建。咸豐間，（李勝）芳孫（李）昌望改修梁橋」；
「白沙橋，道光九年（1829）鄉人吳德錦募建，旋被水沖圮。咸豐十一年冬
（吳德）錦孫（吳）楚桂修復」。也有兄弟共建者，如「水口鞏（拱）橋在縣
東，乾隆十七年（1752）吳名魁、吳名富等募建」；

　　也有鄉間眾義士合力集資建造者，如樂昌縣「長洞、長興鞏（拱）橋在
縣東，乾隆二十四年（1759）陳文吉、黎學林、周世全、李雲士等建」；「永樂
鞏橋在縣東，乾隆二十七年（1762）陳先健、周世全等建」。以上事例見《同
治韶州府志》卷十四《輿地略・梁津・樂昌》。

　　在眾多渡口中，有「官渡」，也有「義渡」。官渡，顧名思義是由官府、官
員主持設立者，如靈江官渡在樂昌縣東土頭都。明嘉靖丙辰（1556），知縣程
大經置。「義渡」則為民間義士所置。為了維持長久經營，各渡多設有「渡田」
或店鋪以作經費保障。例如志載：「樂昌縣長垻上下兩渡，總名官渡，明李延
大捐田八畝、店二間為渡夫工食」；「羅鎮中渡，置有田十餘畝為渡夫工費」；
「田頭渡、羅家渡，鄧元第施田三畝、店一間為渡夫工費」（《同治韶州府志》
卷 14《輿地略・梁津・樂昌》，第 308 頁）

　　俗話說，孤掌難鳴；又說「獨木不成林」。修路建橋設渡，所費不貲，難
以計算，因而常常不是一人一家之力所能勝任者，需得眾人齊心協力，集腋

成裘才能濟事。例如，《民國仁化縣志》卷七《藝文第十二‧新建萬安橋序》，邑人、廩生譚樞在文中敘述道：

> 蓋聞仁人恤民之際，濟眾與博施同功。王者為政之經（法則、義理），舟楫與輿梁並重，誠以橋者所以便生民，濟行役（通行、勞作）也。況我錦城（仁化縣城）尤屬繡壤（好地方），物華之輻輳，征逐（人來車往）不減大都，輪蹄來往之絡繹，原當孔道（交通要道），橋造自昔，澤流至今。無如（奈）時代迢遙，不辨虹腰之跡（風吹雨淋，橋已損壞，甚至蹤跡難覓），兼以波濤洶湧，難分雁齒之痕，幾至攸往無咸宜之吉，臨流有裹足之嗟：宜修焉，其急矣！然而興廢無常，誰作中流之柱；狂瀾可挽，雖為獨木之支！茲幸眾友同心，解囊樂助，無非愷惻之懷；感焉頓發，縱有木石之費，袞（籌集）也無多。謹擇九月鳩工（動工），十月告竣，慎厥始以圖終，高加幾（若干）丈，闊加幾尋（古代長度單位，八尺為尋），培其根以固本，將見履長河若平地，何慮（懼）大波瀾而小波淪！合兩岸為周行（坦途），無虞（無須憂慮）深則厲（危險）而淺則揭（阻礙人車通行）。敢云功高前人，庶幾利貽後世焉爾（雖不敢說功高前人，但利貽後世卻是確實的）！（第570頁）

可見此橋是「眾友同心，解囊樂助」，才得以快捷完工，「九月鳩工，十月告竣」，兩月完成。新橋建成之後，當地交通狀況大為改善，「履長河若平地」，「合兩岸為周行」，真正是一項「利貽後世」的工程！

特點之三：易木橋為石橋，使橋樑更加堅久耐用。

如曲江縣皇岡橋在城北一里左右，因其河名「皇潭」，故又名皇潭橋，原以木為之，清康熙三十四年（1695）改造為石橋，改造者為地方義士。據廖燕相關文章所述可知，韶州郡城（即曲江縣城）北至仁化縣界是八十五里；自西北至樂昌縣界是四十里，較仁化縣為近，但路途艱險難行。城郭之北一里左右有一條溪澗，人稱「皇潭」，水道通樂昌縣，是流經曲江縣的十二條水道之一。十二條河流之中，此皇潭水河道最寬闊，水流最湍急，介於筆峰山與皇岡山之間，下與武水相合流，「遇山泉（洪水）陡發，則汪洋巨浸，無舟則不能利濟」。此前已在皇潭水上架設木橋以便通行，但木橋不耐湍急河水的日久衝擊腐蝕，容易受損。地方慈善義士根據五行相剋原理，認為水可克木，故宜易木為石：「顧（考慮到）其先業已成橋，以木為之而壞於海若（傳說中

的北海之神），則水害之也。予（作者廖燕自稱）獨思夫天下之物惟水居多，五行（金、木、水、火、土）雜之，萬物乘（因之而生）之。水之為害倍於水之為利，然水與木敵則水勝，水與石敵則石勝。五行言土不言石，石蓋居土之內，然水常敗土而石獨能制水，道固有宜於剛者耶（可見堅硬之石亦有其優長之處的）！」以石橋易木橋則耐水流衝擊，可以堅固耐用，這是盡人皆知之理。這座以石建造的皇岡橋，「闊一十三尺，長五丈八尺有奇。」（《同治韶州府志》卷 14《輿地・梁津・曲江》，第 305 頁）古代粵北地區，由木橋而改造為石橋的為數眾多，為的就是經久耐用。

特點之四：歷經重重艱難而得以造成。

尤其是橋樑的建築。要在水流湍急的河流之上架設橋樑，無論是木橋還是石橋，不僅會遇到資金籌集困難的問題；要想技術過關，建造出一座經久耐用而非輕易垮塌的橋樑，則更非易舉之事。由清光緒年間清遠縣濱江區浸潭九拱橋的建造即可略見一斑。此橋之建自光緒六年（1880）至八年（1882），歷經了三年之久，拱橋才得以建成！

據《陳謨九拱橋碑記》可知，浸潭位於清遠縣濱江區。清初，地方官馮爾錫在河的西岸建成了浸潭埠碼頭，供船隻往來之用。河東碼頭叫「大塘鋪」，在清朝嘉慶、道光年間，商民輻湊，極度繁盛。大塘鋪與浸潭埠兩埠對峙，一水中分，泉（錢）貨交通，往來如織。後來建起了一座簡易木橋，可供行人過河，而車馬則只能望河興歎；尤其到了春季，雨水豐沛，河流湍急，「鯨浪奔騰」，木橋被沖毀，只能依靠幾艘小船來回擺渡。船載人過多而翻覆沉沒之災時有發生。人們望「潭」（河）興歎，都希望能建成一座經久耐用的石橋。

光緒六年（1880），當地一群關心民瘼的士人君子如鄒思廉、馮永鑾、馮永鑒、馮永鎏、黃桂宗、左宏武、楊上邦等聯合起來，發出集資建設石橋的倡儀。由於建石橋不僅技術上有困難，資金方面更感壓力深重，因而人心難齊。諸君子到楊都督廟去求籤問卜，得籤示吉，這才使得人心稍為齊集，遂於光緒七年（1881）二月稟請縣令羅某批准。羅縣令給示設立公所，諸君子又經過仔細斟酌，選定了黎景金、楊月正等幾位熱心公益事業者作為負責人。這幾位負責人不負眾望，「踴躍從公，不辭勞瘁。即由本堡東社首先倡捐，次南、西（社）；北社又次；及石潭、橫石、九龍等處，共約得洋銀九千有奇。後又於近城並屬內各堡廣為勸助（捐），復得二千餘元之數。大勢已成，喧傳遠近，

石工聯集，爭欲呈能。」但主持建橋的諸先生終究未敢輕易動工，考慮到還有各種相關問題需要解決。例如技術問題，技術不過關，或致半途而廢。後來，有人通過各種關係，請來了一位「楚匠」，即湖南橋樑建設工程師王祥義，「因與之相度地勢，命繪格式（設計圖），見其胸有成竹，不若前此言語之（支）吾者。」眾人都認為時機已經成熟，條件已然齊備，「諸先生以為非其人（王祥義）莫能膺其任也」。於是，招募工匠百餘人，開始動工。首先是開山取石，即就山下搭棚住紮；又招募一批當地人將採得的石料陸續運送到河邊。忙碌了幾個月，購材已備，卜得八月初十日為吉，於是興工結構。計採石、運石、砌石，自秋迄冬，日役數百人。工程展開之後，始料不及的問題出現了：「既苦督理之勞，更病（煩惱）度支之竭；而楚匠不服水土，多有物故（病死）者，因藉端反悔，動輒停工。時復晴少雨多，朔風寒栗，深恐江河陡發，功敗垂成也。計已無可如何，亦維籲禱神祇默為呵護耳。」種種煩惱令建橋工程開展緩慢，眾人都憂慮到了春季河水徒漲，未完成的橋樑或許被衝垮，毀於一旦。無計可施，只好求神保祐了。到了次年（光緒八年，1882 年）正月，「橋拱告成，屹如山立，眾心慰。當即裁石匠百餘，復餘數十人砌築橋面並建欄河，年來漸次美飾觀瞻，於是乎完善。橋高約三丈有奇，寬一丈餘，長則二十八丈餘，中流橫跨，如天半垂虹……最足異者，兵燹（按，指 1840 年以後接連不斷的戰亂）後堡內殷富遠不逮昔，竟以一呼百諾，踊躍捐輸，遂成此不朽事業，固屬人事所為，而尤可卜（預知）地運之將興也」。人們深信：「異時人文蔚起，必有乘高車駟馬（達官貴人）而題（詠）於斯橋者乎。」（《民國清遠縣志》卷 11《建置·交通·陳謨九拱橋碑記》，第 375～376 頁）

特點之五：地方鄉紳是橋樑建設的熱心人和主力軍。

不少橋、渡、路原來通行艱難，是在當地士紳的積極奔走、請願之下而得以興建，使之化險為夷，通暢無阻的。例如，曲江縣城北三里有一座大石橋，「路徑險仄」，康熙十二年（1673），韶州知府馬元捐俸闢路重修。其重修此橋路的緣起就是因為生員陳金闓上書請求。一日，陳金闓到府衙請見馬元郡守，請求他主持修築大石橋路。

馬元郡守派人去視察，只見「左右江山，人趾相錯，褰裳（把衣服提起來）側足，病涉為憂」。路徑險要，而眾人往來不絕，屬交通要道；然而，爬山涉水，通行卻極不方便。這條山路是明朝萬曆年間（1573～1620）由曲江縣人彭歷年修築建造的，迄今已五十餘年過去，橋路業已損壞，交通極不便利。

當時正是農忙已過，馬元郡守於是「率眾治之，計為工（工程）二十八丈有奇（餘），費金九十緡（千錢為一緡），不逾月而役竣」。眾人對馬元郡守感恩戴德，馬郡守卻不以為然。他在應陳生清求作文記事以刻石的文章中謙虛地說：「余惟（我認為）韶（州）為百粵門戶，當庾嶺未通梯航（未有通道），冠蓋（車馬，官民）無不取經於此。今萬國來同（國家大統一），東南一尉，舟楫往來，每溯凌江而上下，較諸漢唐故事劃為兩管。然汛三湘（近代一般用作湘東、湘西、湘南三地區的總稱，或泛指今湖南全省或指湘水流域），浮（船行）七澤（七處大小湖泊），度郴（州）、桂（州），走（至）嶺南者，亦無不取徑（道）於此。地雖一隅，固（卻是）楚粵要衝也。臨流遙望，煙火千家；近覽市區，雁鴻欲集；回視昔日牽蘿望洋，捷徑窘步（爬山涉水，交通艱難），曾幾何時而夷險忽分（原來艱難的交通轉眼之間變成了方便通道），欣戚隨判（人們轉憂為喜）。因思吾人苟有志於濟物，即一介之士力綿材薄，猶能慮始樂成，況太守奉天子命撫循（治理）一方，易（除）其所弊，求其所寧，予之職也，尚敢攘眾力以為己功乎！」馬元認為作為一郡之守，維持地方交通順暢是自己的天職所在，不應視作自己的功勞；而士紳的倡議，眾人的出資出力，才是橋路修葺一新的功臣，才是值得肯定頌揚的。於此可見馬郡守的謙虛胸懷。此橋路的修葺歷程見《同治韶州府志》卷14《輿地略·梁津·曲江·馬元重修大石橋路徑銘》。

　　馬元重修長樂橋亦是「從居民侯玉韶請」而興工的。他在《重修長樂橋銘》中說；「郡城南可（大約）十里許曰官難，長樂鄉在其左。地固孔道（交通要道），梯航（交通）四達。秋霖夏潦（秋天的綿綿細雨，夏天的大雨傾盆），病涉是憂。此橋之所以建而因其鄉得名也。歲癸巳（1653），橋半圮。越壬子（1672），三韓（今內蒙古赤峰市東北）馬元來守是邦（任韶州郡守），從居民侯玉韶請，捐俸二十金（兩）俾新之……」（《同治韶州府志》卷14《輿地略·梁津·曲江》，第304頁）

三、古代粵北地區交通建設資金之來源

（一）官府（官員）獨力或首倡出資

　　在古代粵北地區的地方官員中，重視交通建設並有突出貢獻者不乏其人。

　　如，宋代有「榮湮，字仲思，濟州任城（今山東濟寧市）人，舉進士為廣東轉運使。廣（東）有板步古河，路絕險，林菁瘴毒（叢林茂密，瘴氣彌漫）。

（榮）湮開真陽峽至洸口古徑，作棧道七十間（段）抵清遠，趨（通）廣州，遂為夷途。」（《同治韶州府志》卷 27《宦跡錄‧宋》，第 566 頁）

在粵北地區各處鄉間，有不少由知縣主持，撥付公帑設置的渡口。這些渡口多以縣令的姓名命名，以示民眾對縣令關注交通事業建設的感念。如在乳源縣，有「侯公渡」，在縣東南二十里，明知縣侯應爵所設；「金公渡」，在縣東二里，明知縣金明漢設；「裘公渡」，在縣南十五里灘頭，清康熙二年（1663）乳源知縣裘秉鈁捐置田租三石六斗以給渡夫等。事見《同治韶州府志》卷 14《輿地略‧梁津‧乳源》。

明朝成化年間（1465～1487），韶州知府王賓主持修築了西河堤壩二百餘丈。工程剛竣工，「又見河西通津（渡口）百步許有待舟津頭（渡口）冒瀝雨雪者，有歸人爭渡，男女混雜者。（郡）守曰：『此又司風化者（地方官）所宜區畫（考慮、解決）也！』仍照舊埠二十丈許別置水埠，疊階甃（砌）石，俾客舟（大船）泊於上游，步楫（小船）泊於下流，是男女不致混淆；復建長亭十二間於津頭，為柱四十八楹，雖或舟師輟棹，士女待渡，無復前日冒瀝雨雪之患矣。功成事集，觀者肩摩踵接，咸舉手加額曰：『是舉有益於民多矣！』……」（《同治韶州府志》卷 14《建置略‧城池‧曲江》，第 320 頁）此項工程包括設立水埠、長亭十二間，耗資大約不菲，卻未提及官員或眾人捐資，似為官府出資營建。

清初平南王尚可喜重修清遠縣至英德縣之間橋道，亦屬個人「捐資」。

清遠縣離羊城廣州三百八十餘里。由廣州至清遠須經清遠峽。峽有飛來寺，為古今名勝之區；逆流而上至大廟峽，山羊峽、獅子峽環列左右；再經過湞陽峽則可至韶州府英德縣。英德、清遠二縣毗鄰接壤，沿江（北江）一帶依山傍水，延袤綿亙，回瀾急湍，峭壁懸崖，羊腸一線；況且又屬交通必經之路，朝廷使節、官員、商賈、旅客絡繹不絕，行人、船夫摩肩接踵，水陸交通殆無虛日。但道路傾圮，煙霧蒼茫，冒雨凌風，跋涉頗為艱難。平南王尚可喜（遼東海州即今遼寧海城縣人）於清初擁旄節入粵，目睹交通不便，亟欲修葺，為官民往來創造便利。只是因為兵馬倥傯，戰事尚未結束，修築道路、橋樑之事未能擺上議事日程。待戰事基本結束，稍有閑暇，於是，尚可喜便捐資託付西禪寺僧真修及同藩下差官吳守德、吳廷桂、范有功、王育民等督率料理，採買灰石，現給工價，雇覓匠役察勘地址，將已遭損壞之處一一修復：凡山石巉岩之處則開鑿平坦；道路崎嶇仄狹者則砌築寬闊；橋樑崩壞者復加

修整完善，「務使橋道堅固，雨不能傾卸，水不能沖缺，民不致病涉，曉夜可行，人人有住（駐）足息肩之所（涼亭），而越徑穿雲無復顛仆之虞（憂慮）矣！」這項修路修橋工程起始於康熙元年（1662）正月，至十二月告竣。「斯舉也不干預有司（官府），不驚擾百姓，不募化分毫，且有古蹟（按，指東漢衛颯為桂陽太守，鑿石開道；伏波將軍馬援征討交趾，即今越南，緣海隨山刊道千里）可循，因而修治之，故其成功亦易；惟大廟峽開鑿創始維艱，但費出入有度（資財費用有計劃有監督），早晚有程，共修過（治）道路五十餘里，共修建本來等橋五十四座，橋各有名，計捐用金萬餘。」（《民國清遠縣志》卷11《建置・交通》，第 373 頁）這項歷時一年整的對於粵北重要交通路線之一的清遠至英德山路的整治維修，即主要由平南王尚可喜個人捐資「金萬餘」（萬餘兩白銀）而建成，其中是否也有其他官員的捐資協助則未見交待。

除了地方行政長官將道路、橋樑、渡口建設及維持視為自己義不容辭之職責外，一些負責地方治安的低級武官，亦熱衷於捐獻俸金以助地方的交通建設。例如明代仁化縣城口七星橋，即是在萬曆十八年（1590），巡檢王春福捐俸金倡建的。

明清時期，凡鎮市、關隘要害處俱設巡檢司，巡檢掌訓練甲兵，巡邏州邑，受縣令節制。據時任仁化縣儒學教諭的梁元楨所寫作的《紀略》可知，仁化縣屬境城口鎮距縣城幾乎百里之遙，幅員廣博，居民稠密，朝廷在此設置巡檢司以維持治安。其地處於交通要道，地接楚（湖南）之郴、桂、衡、岳，南枕粵之韶嶺、象郡（治今廣西象州縣），冠蓋車馬、輻輳道途（達官貴人、商人旅客）者日以千百計，誠哉（誠然是）仁（化縣）之通衢也！河水西注，春則洪濤洶湧，冬則寒沍（寒冷凝結，即冰霜）砭骨，涉者咸病焉（過河者無不視為畏途）。蕭山王君諱春福者，虔（虔州，今江西贛州市）南之翹楚（名門世家）也，雖起家掾曹（掾：屬官的通稱；曹，古代分科辦事的官署或部門，即低級官吏），雅有儒者風度。初授文昌尉，政績赫奕，寄當道耳目（甚受地方官賞識器重）；轉擢宰巡是司（升任巡檢司）。甫停車（剛蒞任），還視四封（巡視周邊形勢），至津（渡口）處，河水淴流，竟日罔得渡。有慨於中（內心），夙（早）夜求為濟涉之計而不可得。輒謀於父老，曰：「橋樑王政之首務，自古重之……矧（何況，況且）西河之險阻若是，建橋（豈）可緩哉！二三子毋以苦難浮議而寢厥謀（你們不要以困難重重這些陳詞老調來推託）！」巡檢王春福說了這番話，有位義士曾堯遠，家世充裕，故輕財好施，

對王春福說：欲建橋於西河之上固然屬於善舉，只是建橋耗費巨大，難以短時間內完成。他表示，如果王春福巡檢能「總理於上，遠（曾堯遠自稱）當殫（竭，盡）力佐命以襄其美（成），不敢以勞瘁辭！」諸父老亦表示贊成建橋於西河之舉。於是，王春福向縣令提出請示。縣令表示讚賞王春福的義舉。「王君（春福）遂罄俸金五十緡（古代一緡為一千錢，即五萬錢），（曾）堯遠亦捐貲八十五緡勸緣（動員眾人捐助）樂施，計一百一十緡（按，原文如此，似乎數字有誤；或疑『八十五』為『六十五』之誤），掄材鳩工，量度廣狹，規畫營為，施水甃基，鞭（鑿）石壘柱，屏鎮若鐵障，拱峙若七星，橫闊二十四丈，高二丈有奇，連亙七墩，墩面各丈二尺，架木五層，構亭其上，三十餘楹（舊時房屋一間叫一楹），窿然（隆起）若中流砥柱，匝旬月而工畢，南北過往恍（仿佛、好像）周行坦途，即有勞瘁不堪，亦得以息肩停處，在在稱便。」（《同治韶州府志》卷14《輿地略·梁津·仁化》，第309～310頁）此橋即是在巡檢王春福的帶頭捐資倡導之下，集資建成的，大大便利了民眾的交通。

乳源縣李公橋亦是在縣令李某的倡率並「捐俸金若干」的引領示範之下，眾人「相率樂助」而建成的。人們感念於李縣令的率先示範，故取名「李公橋」。

邑人鄧如昌對此事作文述略云：

> 李公橋者，父母（官）李侯所建也。侯蒞乳（源）之明年，政通人和，百廢俱興，口碑嘖嘖載道矣。既睹便民墟舊為金侯（金姓縣令）所創者實開吾民之利源。墟尾有溝（小河）二，一通大河，一灌田。始改斗門石橋以渡，而泊河一溝架木往來。時為急流衝突（毀），不免臨河之歎；且駸（逐漸）傷內溝之基，厥害非輕。侯常惕然於衷。一旦因民之請，遂置傳命鄉約（鄉間事務負責人）胡玉連等募緣（籌集資金）。侯捐俸金若於（干）首倡，於是，士大夫，百姓咸侯之義（響應李縣令的號召），相率樂助，鳩工起造，不二月而橋成。

在此橋營建過程中，李縣令及其委任負責橋樑營建的幕僚辛某對工程認真負責，兢兢業業，受到了民眾的讚揚：

> 侯（李縣令）之急先務（以建橋為當務之急），毅然創舉，刊木取石。公暇（公務之餘）數往視之。幕侯辛公又嚴於程督（檢查，督促）。橋成，屹如長虹，高儔（等同）砥柱，西通楚（湖南）、蜀（四川），東達粵（廣東）、吳（江蘇），行道者坦然。

此橋建成之後，「人無病涉，頌聲四出。且由斯橋以赴墟者貿易財貨，日新月盛，富庶之風丕然，便民之利罔極（無限）」，不僅便利了人們的通行，也便利了市場貿易，實在是利莫大焉！文中所稱的「李縣侯」即李茂先，雲南人，明萬曆五年（1577）任乳源知縣。鄧如昌所作《李公橋記》見《康熙乳源縣志》卷八。

（二）眾人合力共建

無論是橋、渡還是道路，每一項交通設施的開闢、維修，都耗資不菲，常常不是一人、幾人之財力所能勝任的，因而常常需要集腋成裘。

例如仁化縣烏石橋在平山都，明成化年間（1465～1487）鄉人李繁、譚世用、譚秉昭等人合力共建。事見《同治韶州府志》卷 14《輿地略·梁津·仁化》。

清遠縣濱江區珠坑石橋及白沙徑茶亭的建設亦是有賴於眾人的集資而建成的。珠坑石橋亦稱「青雲橋」，橋長十餘丈，用石建築，為濱江區第二座大橋。《黎景聰珠坑石橋暨白沙徑亭碑記》云：

> 嘗思善本無窮，惟斯擇要；事果有志，自不難成。如我屬浸潭普濟橋及九仔徑、樟坑徑茶亭，均皆擇要圖成，行人利便，信有徵矣。況珠坑為來往通衢，每逢潦發（洪水暴發）輒阻行人。白少徑中亦為衝要，甲午（1894）夏間珠坑海（古代常將寬闊的河、湖稱「海」）岸沖決，湍滑彌劇，爰（於是）集眾議在珠坑海架（設）石橋，白沙徑設茶亭，先稟（報告）和邑侯（和廷彪縣令，雲南大理人），捐廉倡感（倡議，感化），遂於甲午（1894）子月（農曆十一月）興工，越乙未（1895）三月告成。其茶亭亦同時並建，統計用銀一千七百兩有奇，籌（款）匪（非）易也，功誠偉歟！夫橋之西北為濱江書院，內祀文帝（文帝，小說《萬古神帝》的角色，精神力大聖，八百年前儒道領袖，崑崙界九大帝君之一），奎垣（即奎宿）亦在焉；其屹然聳於橋南者文筆（峰）也。登斯橋也，其必有遠矚高瞻，青雲直上，絡繹不絕者。縣尊（縣令）題之曰「青雲橋」，意在斯乎！是役也，自通江以迄各埠無不樂捐佽助，斯固向善自在人心，抑亦（同時也是因為）倡理（倡議、主持、管理）全憑紳董……
>
> （《民國清遠縣志》卷 11《建置·交通》，第 376 面）

（三）獨家出資

在粵北鄉村，一些規模較小的交通設施的建設及維修，常常由富有義心之善士獨力出資營建。既利己又便民。

如仁化縣「上門橋，在縣北永康都，蒙景澄建」；「下寨橋，在縣北永康都，蒙渠建」；「塘徑橋，在縣南永興都，陳文德建」；「獅子潭橋，在縣北永康都，蒙士顏建」……（《同治韶州府志》卷 14《輿地略·梁津·仁化》，第 309 頁）「楚粵通衢石路，傅經緯築」；「七姑渡，在縣西北二百里，鄉人余積達、余清泉先後捐施田畝為渡夫工費」；「石泉江渡，在（乳源）縣西北二百里，鄉人余奇勳捐田七十三石為渡夫工費」……（《同治韶州府志》卷 14《輿地略·梁津·乳源》，第 313 頁）。

再如清代清遠縣「龍灣橋，在太平市（場），長十餘丈，光緒二年（1876）紳士張振良捐建，為（清遠縣）六區之最大橋也。」（《民國清遠縣志》卷 11《建置·交通》，第 377 頁）「飯籮湖渡，（翁源）縣西北三十里，與寨下潭渡俱（為）邑紳何正置（設置），並捐田數畝為永遠修船、渡夫工食費。」「良橋，在（翁源縣）梅村，明嘉靖間邑人張祐建。國朝（清朝）乾隆二十六年（1761）（張）祐孫監生張應用、張濟中、張書重建。」「大功橋，在（翁源縣）羊徑，居民張儲建」；「寡婆橋、興隆橋、三盛橋，俱在鐵場鋪，居民賴亮建」；「天衢橋，在（翁源縣）鐵石徑，生員張九鼎建」；「廣濟橋，在（翁源縣）塓子墟，嘉慶十四年（1809）紳士劉良林、劉竣等倡建」（《嘉慶翁源縣新志》卷六《建置》，第 393 頁）；清代連州人李潮，致仕歸鄉之後熱心公益事業。「城南有小河，近公莊所（接近李潮所居村莊），每春夏間河水泛漲，湍急不可渡，行者諮嗟（歎息）。公即糾（召集）眾謀為石橋濟之，尋以涉虛（建橋）費巨而止。公乃命工伐木為橋，曲盡心力，一毫不以煩諸人，往來德之，其積心制行類如此。」（《同治連州志》卷 12《墓碑·李封君墓碑》，第 851 頁）；清代連州人「李榮洛，陽堡人，嘗置洛陽渡以濟行人，捐腴田以贍舟子（船夫）。」（《同治連州志》卷 7《人物》，第 743 頁）

獨家出資之中，有不少為家族出資經營者。

清代翁源縣的良橋即為邑人張祐及其後代子孫獨家出資修建及悉心維護者。乾隆二十六年（1761）冬，知翁源縣事孫輔為作《重修良橋記》，其文云：

> 良橋當翁邑（翁源縣）之衝，去（距離）曲江三十（里）而遠，
> 前明嘉靖間（1522～1566）邑人張祐建。橋三洞，附近置田五處，

旅舍十八間，山林、塘池具足贍租稅以為裕後計。天啟（1621～1627）末，左岸傾圮，（張）祐裔孫張宗玉、張公粹、張球、張瑜補茸之。國朝康熙二十有五年（1686），張如初、張士俊、張睿俊、張以信不墮（懈怠，輕忽）祖德，潤色（修茸）成功，邑令周公（周之謨，湖南隨州歲貢，來任邑令）謂是橋為良善之所建，因名曰「良（橋）」。今上（乾隆皇帝）御極之二十有六年（1761），祐十世孫，監生張應用、張濟中、張書因仍舊基甃砌完善，計費二百金（兩），與居近朱良翼相倚以酌（互相度量），五月而工竣。是役也，官不領其事而聽民自為，民不勷（同襄，幫助，成全）其力而聽張氏獨為之。厚德惠愷（安樂，和順），奕世彌光。吾聞「善人有後（熱衷於慈善事業者後裔必然昌盛）」。張氏其必有以大顯其宗者乎？故樂為之記。（《嘉慶翁源縣新志》卷 9《藝文略》，第 419 頁）

一些富有義心、愛心者一人還捐建了多座橋樑。

如清遠縣「大墣橋、徑口橋、小墣橋、頭巾灘橋、水徑橋、大洞橋，俱白齊芳捐建」；「老虎墩橋在黃岡；水潤橋在水東；九徑嶺橋、龍船廠橋、大松樹坑橋、大屈橋俱由白齊芳捐建」。據《李伯興重修大松樹坑石橋記》，白齊芳「共修建大小橋二十二度（座）」。白齊芳幼而貧窮，長而經營商業，積金數千金（兩），自奉雖儉，然而仁慈而「睦姻任恤」（與人和睦相處，夫妻舉案齊眉，工作勤懇，富有同情之心），除了慷慨解囊施建大小數十座橋樑之外，還做了許多善事，可見是一個富有慈善之心的人物，其施建橋樑，為民眾交通創造便利僅是其善行的一個方面而已。事見《民國清遠縣志》卷 11《建置‧交通》。

在古代粵北，好行善事，熱衷於改善地方交通條件，為鄉親出行創造便利的熱心人士還有不少。

如李勝芳，「樂昌人，心存濟物（救濟貧窮，施捨財物），憫瀧（瀧水）路險阻，捐金砌岐門石路二十餘里，又於九峰水口築石橋，並捐田二畝五分以為修費。橋圮，復設義渡十餘年。今其孫（李）昌望續築石墩，架橋以繼其志。」又，吳德錦，樂昌人，「好行善事，倡築白沙石橋以便行人，至今猶利賴焉。」許謙吉，清代「翁源人，國學生，慷慨尚義。邑（縣）神前灘、濂灘怪石嵯岈（峨），歷數十里，舟行悚慄（危機重重）。道光十五年（1835），謙吉倡修，鑿高鏟險，經歷五年。知縣蕭學政為之勒石以紀焉。」（《同治韶州府志》卷 33《列傳‧人物》，第 665 頁，第 688 頁）

樂昌縣「塘口上渡，船二：一系塘口朱、羅二姓公置渡田；一系塘口朱姓公置渡口為渡夫工費」；「塘口下渡，船二：一系塘口朱、羅二姓公置渡田經費；一系由羅姓施給渡費」；「蓮塘渡，鄉人何姓捐置渡田為雇夫修船經費」；「黃鹿沖渡，鄉人李、吳等姓捐置渡田為船夫經費」……（《同治韶州府志》卷14《輿地略·梁津·樂昌》，第308～309頁）

（四）分段攤派，由官資及官督商辦修造

清代道光元年（1826），兩廣總督阮元主持的英德至清遠的山峽鑿路造橋工程即採取了這種方式，減輕了民眾的負擔。據《阮元英（德）清（遠）峽鑿路造橋記》可知：

> 廣東英德、清遠兩縣，峽江為各省通行之要路。自宋嘉祐六年（1061）轉運使榮湮始開峽路棧道，明嘉靖四年（1525）府判符錫曾（重）修，歷今百有餘歲，蕪圮極矣。行旅、負纖之人陟傾崖（攀爬於搖搖欲墜的山崖），絙危棧（用繩索幫助走過危險的棧道），援竹木，屬（跋涉）水石，莫不履險而畏其隕（害怕摔死，淹死）也。道光五年（1825），元（阮元自稱）議修通之。乃於閱兵韶州時往來親督勘丈，於三百七十餘里之中分為南、中、北三段。南段清遠縣白廟起，至英德縣細廟角止，元（阮元）率鹽運司瞿公名錦觀督鹽商治之；中段自英德縣大廟峽起至新旺泛止，上駟院卿督理粵海關達公名三率洋商（經營對外貿易之商人）治之；北段自英德箭徑山起至彈子磯止，廣東巡撫成公名格率南（雄）、韶（州）、連（州）道衍公名慶治之。凡（共）平治道路二萬四千四百餘丈，修造橋樑一百四十五處，鑿崖石，疊棧級，伐竹木，六年（1826）秋工始畢，用銀四萬九千兩有奇，每年查斟修補一次以為例。……（《民國清遠縣志》卷11《建置·交通》，第374頁）

明清時期粵北地區教育事業發展概述

　　俗話說，十年樹木，百年樹人。「樹人」即教育。教育是改變一個地方（區）人文素質，為國家為社會培養造就人才的必由之路。古代粵北地區由於地處山區，五嶺與中原之區相隔，人口較少，人文教育相對落後。及至明清時期，隨著人口的迅速增長，經濟的發展，教育事業也隨之得到長足的發展，取得了顯著的成效，造就了眾多的人才，也使粵北地區社會面貌及人們的精神面貌大為改觀。本文即就方志所見文獻資料，對明清時期粵北地區的教育事業發展作一顯淺探討。不足之處，懇請方家指紕。

一、明清時期粵北地區儒學教育發展概說

　　以下僅以粵北韶州府所屬的曲江、乳源、翁源、英德四縣及清遠縣為例述之，以見其概略。

（一）曲江縣儒學

　　曲江縣為韶州府治所在，所謂「倚郭邑也」。南宋紹興年間（1131～1162）創建縣學於城東南隅大鑒寺之左。元代曾進行過修葺。明朝天順年間（1457～1464）復修之。宏治十三年（1500），韶州郡守蔣欽將縣學遷至府治東面，因校址湫隘，日久又趨頹廢。兵憲（按察司兵備道）劉穩有志改修，因故未能如願。

　　適逢李謂（貴州思南人，舉人，嘉靖四十五年即1566年任）奉命來任韶州知府，政通人和，百廢具興，且以興起斯文（文教）為任。曲江縣學諸生因而呈書李謂知府，請求修葺曲江縣學。李知府將此視為自己義不容辭之責，

偕其僚佐熊藍、王嘉會、潘承惠以及曲江縣令王某、鄉紳等聯合向撫按、督學請示，獲得批准，「乃易（遷移）學宮及（至）明經書院舊址，得（募捐所得）金六百有奇，外此皆公（李謂郡守）與王尹（縣令）捐措（捐獻籌措），不以擾民，諏吉（選擇吉日）定度，鳩工庀材，以隆慶己巳（1569）十二月始，俾（使）邑丞葉朝鎮、主簿梁桂芳董（負責，主持）其役，庠生（縣學生員）龔祚、卞漳、耆民周杞、侯繼統贊之，學之制（縣學各組成部分）若大成殿，若左右廡，若戟門，若欞星門，若明倫堂，若兩齋，若啟聖祠，若敬一亭，若息慮亭，咸鼎而新（之）」。縣學各項建築設施基本齊備。維修工程於次年（1570）完成。李謂知府懷著喜悅之情率領僚屬、師生參觀縣學，對維修工程甚感滿意，對縣學生徒寄以深切厚望，諄諄教導之。沿著階梯而進，觀瞻廊廡，李郡守對諸生說：學校圍牆建得很好，在縣學裏學習，誦讀詩書，論世考人（討論為人處世之道），關鍵是要做到「尚友」，重視友愛。走下階梯，自右廡而入，西行數十步為明倫堂。登上講堂，李郡守對諸生說：學習的目的就在於明人倫，登上此堂學習，難道還有人會不慈不孝，不友不悌，不忠不信者乎？對於人際間的矛盾紛爭，不會輕易訴訟；有錯即翻然改悔。說罷，諸生「人人瞿然省懼，弗若於訓（諸生翻然省悟，彷彿這是郡守對自己所作的教訓）」。由明倫堂向東行，至啟聖祠行禮，登上敬一亭，李郡守又對諸生說：「敬一亭」的「一」字是「中正」的意思，「敬」字的意思是精神專注（專一），持之以恆，執著追求。君子讀書做事，莊重尊敬，就可以日趨完善，品德高尚。又參觀各齋舍，至「息慮亭」，李郡守又對眾人說：君子之於學業，要追求修身養性，動靜結合。讀書窮理都講究專一。如果只懂得照本宣科，無動於衷，那麼書本就成了束縛人的繩索。這樣，讀書雖多，有何益處？當代（明代）著名理學家陳白沙（陳獻章，廣東新會白沙村人，號「白沙」）有言：為學當求諸心，以謙虛、明瞭（察）、清靜、專一為宗旨，這樣，讀古人之書才會有所收穫，有所「契合」，不會為一些表面膚淺的東西所迷惑，從而擺脫自欺欺人之弊。這是「心理」（即「理學」）的「法門」（核心內容）。人心與「太虛」（即所謂「天理」）同體，「常虛常明，常感常寂」。人的不足之處就在於不知止足而蔽於物慾，內心不虛。善於學習的人不追求物慾享受。物質享受的追求應適可而止，要做到「息其所息」，否則，許多問題就會隨之發生。另一理學家周敦頤（北宋時人）說，學以「專一」為要，「一」就是「無欲」，無欲才能做到清靜、謙虛，行為正直。陳獻章講學以「虛」為本，「致虛」的

目的在於「立本（立身）」，講求「戒」和「懼」。這兩位理學家都是學習孔子而有心得者。諸生應該努力學習周敦頤、陳獻章的學問（理學），以求成為未來的「聖人」。假如你們諸生入學讀書的目的只在於追求名利虛榮而辜負了君主、國家對你們的期望，不僅讓我們作為地方官的感到臉上無光，還讓家鄉的山川蒙羞！諸生聽了李郡守這一席語重心長的話，都唯唯稱是。（《同治韶州府志》卷16《建置略·學校·曲江》，第344頁）

這次縣儒學的遷移時在明朝隆慶己巳（1569）。遷移的原因是，先是，縣學生徒參加科舉考試，及第者寥寥無幾。眾人溺於風水先生之說，請求地方官將縣學遷移至城郭之外，離府治一里多路。當地人煙稀少，四顧林莽，縣學即建於叢林之中。歷時不久，齋舍廊廡多為風雨所蝕。縣學博士不能留宿於學校之中，在城內租房居住；而弟子員亦寥若晨星。

萬曆五年（1577），時任韶州郡守的周嘉謨在理政之餘登上帽峰山，「睹邑（縣）學鞠為宿莽，顧鼱趾錯（老鼠四處亂竄），心駭之。」不久，縣學博士率弟子員向周嘉謨郡守請示，說，教育是重大事項，學校關係到賢士的培養造就，而如今，曲江縣學竟至「廢不可居，與無學（校）同」，希望郡守想出辦法突破縣學教育所面臨的困局。適值粵北著名的佛教寺院南華寺「故有羨縉為衲子（僧侶）所蔽久矣」，周嘉謨郡守調查瞭解了事情真相後，乃與同僚謀議，將僧人貪污私吞之錢財（所謂「羨縉」）罰沒，用於曲江縣學之改建。眾同僚均表示贊成，說：「鏟蠹興儒（既除弊又興學），義兩得也！」於是向上級請示，獲得批准，「咸報可」。上級指示由曲江縣令負責縣學改建事宜。於是擇日興工，購置磚瓦木石等材料。經過兩個月的努力，只見「殿建門立，廊環序（正屋兩側東西廂房、廊廡）設，講經有堂，肄（學習）文有舍，倉廥（存放木柴、草料的庫房）、庖湢（浴室）有所，繚以周垣（圍牆），塗以丹堊（白色土），趹翼翬飛，輪奐完美」。（《同治韶州府志》卷16《建置略·學校·曲江》，第344～345頁）

由明朝迄至清代，曲江縣學歷經了多次重修。清嘉慶十五年（1810）冬十月，齊嘉詔奉命分巡廣東南韶連兵備道，次年春蒞任。依照禮規，齊嘉詔先至韶州府學考察，釋奠（古代在學校設置酒食以奠祭先聖先師的一種典禮）於夫子廟（孔廟），翌日將至曲江縣學視察。「學官走以告，謂殿堂埃蕪，門廡露列，經義治事之齋荒矣而未治，治矣而未完，宰斯邑者（縣令）之責也，請少俟可乎？」面臨地方大員的視察，曲江縣學教官緊張起來：縣學處於頹廢

衰敗狀況，部分設施正在修葺之中，長官於此時來視察，豈不讓教官難堪！此事亦讓齊嘉詔感覺到了尷尬。他想：清朝立國迄今，「海外之被（接受，沐浴）聖人之教久矣。矧（何況）曲江自西漢以來稱望邑（名縣），唐張文獻（張九齡）、宋余襄（余靖）後名賢從學校（縣學）中來者不一姓（不乏其人），今橫舍（即黌舍、學宮）不修，他政可知矣」。他聯想到當年唐常衰任福建觀察使，當時，閩人未知向學，唐常衰於是為設鄉校，福建地區社會習俗為之大變，教育受到了普遍的重視。由此，他得出結論：「學校之廢興其係守土（關係到地方官）之賢否，抑（也關係到）此邦人士之盛衰也，二者均之」。認為地方教育之興衰，與地方官是否重視教育密切相關，同時還關係到地方人才的培養造就。「於是亟（立即）捐金為倡」，並召諸生於庭而對他們說：你們也知道水有淵源，木有本根嗎？宗廟是一家之本源，其作用是讓家族成員團結一致；縣學是一縣之本源，其作用是讓一縣士人團結一致並培養造就之。漢代制度，天下郡國皆須立學施教；沿及魏晉，亦只有郡學而未有縣學；至北宋慶曆年間（1041～1048），朝廷始令地方設置縣學。此後，四海之內學校如林，通都大邑以至偏僻衛所莫不設學施教。普及的教育使「頑夫廉（愚妄無知的人變得廉潔不貪），懦夫有立志」。因此，齊嘉詔表示「樂與諸君子同趨厥成」。經過幾個月的修葺，縣學面貌一新。齊嘉詔「諏吉（選擇吉日）束帶（穿著端莊嚴肅）而往，釋菜（行釋奠之禮）以告。循牆而環省之，則見若（諸如）殿堂，若齋廡，若門舍，若庫廩庖湢，向之蕪者葺（過去破破的各項設施修葺一新），庫者敞（狹隘的進行了拓寬），險者豁，闕者備（過去沒有的如今已添置齊全），視故規不啻什伯也（與舊規模相比已有天壤之別）！」齊嘉詔並對未來充滿了憧憬：「他日士氣道上（高昂），文物蔚興，卓然如唐之文獻（張九齡），宋之余襄（余靖），登朝廷（科舉入仕任官），樹名實，仍不失為學校中人，是則守斯土（在此地任官），新斯學（主持修葺過學校）者亦與有光焉！」修葺學宮，振興教育，使人才輩出，地方官及修葺過學宮的官員、人員都會感覺到臉上有光！（《同治韶州府志》卷16《建置略·學校·曲江》，第345～346頁）

（二）乳源縣學

乳源縣地多深山邃谷，蠻瑤生息於其間，不法之徒亦藏身其中。明代，版籍之民僅千餘戶，然而知義理者十常七八。乳源縣學校教育之設置、開展，人才之造就培養，與韶州其他縣邑相比，不相上下。

　　明正德庚午（1510），李溥，吉安太和（今江西吉安市泰和縣）人，來任乳源縣令。到縣學參觀考察之餘，只見學校「舊建禮殿卑陋，且椽棟毀墜」，甚感傷懷，「謁奠（考察及行釋奠禮）之餘，侯（李溥縣令）下令曰：『干戈定矣，爾壯者力農，少者力學維其時（正是時候）！』僉曰（眾人都回應說）：『然！』又（曰）：『我國朝內（京師）設太學，外（地方）設府州縣學，教士之典至矣備矣。今學校傾頹如此，不撤（拆）而新之，可乎？』僉曰：『然！』由是梓人（木匠）度材，陶人埏埴（製陶工匠燒造磚瓦），凡攻金攻石，諸色之徒各執藝（技術）以待事，撤故鼎新。屬（託付）耆老（年老而有德望者）黃裕、生員劉鳳等董其事。垂成，李侯（李溥縣令）以內艱（母親去世）去（職），規制煥然。僅半載，楊侯英縣令嗣至，重加修葺。始於庚午（1510）十月，成於辛未（1511）四月，蓋（這是由於）李侯廉明有惠政，務其大者；楊侯代之，覯（遭逢，遇見，喻見識及行為一致）若畫一，其餘可知也。」（《同治韶州府志》卷16《建置略·學校·乳源》，第350頁）

　　乳源縣的儒學教育，在明代以前未受到地方官的重視，因此常處於頹廢敗壞狀態，教育事業未能得到應有的振興。明代，在一些具有遠見卓識的地方官的重視及主持之下，乳源縣的儒學教育得以以嶄新面貌呈現於世。《明劉克正記略》對此有詳細記述。其文謂：

　　　　……乳源為韶（州）屬邑。邑故有學，自國初迄今，不知凡幾廢幾興矣。大率司民牧者（地方官）往往急於簿書期會（處理文件，拜謁上司），罔以興學育才為務，故日就廢馳而傾圮頹壞，邇年特甚。萬曆八年（1580），郡倅（郡佐，郡守的副職）費公椿署篆於邑（代任乳源縣令），目擊廢墜，方事修葺。未幾（不久）而羅侯以明經高第至。適遇霪潦為虐，學舍漂沒，聖殿、兩廡不蔽風雨，祇謁登降，喟然歎曰：「為政先務有急於此者乎！」爰（於是）集僚寀（同僚）暨學官、弟子員共議所以更而新之者，遍申撫、按、道、府，咸報可。於是，刻日（立即）召工庀材經始焉。若先師殿、兩廡，若明倫堂、師生衙舍則鼎新之，餘者增而飾之，制度大備，文采煥然。邑人士咸謂自有學（縣學）以來未有如今日之盛者……（《同治韶州府志》卷16《建置志·學校·乳源》，第350頁）

縣學修葺一新之後，時任乳源縣令的羅元勳（江西鄱陽人，萬曆八年即1580年任）託人請求在朝廷任檢討之職的南海（今廣州）人劉克正寫一篇「記」文。劉克正在敘述了縣學修葺經過之後，感慨地說：

> ……余惟（我認為）事之興廢信有其時。囊之令茲土者豈無一二能修廢墜若羅侯者哉，乃（然而使）興賢育士之地浸淫蕪沒，日甚一日，以至斯極者何？蓋邇年嶺外峒首嘯聚（少數民族首領煽動暴亂），所在為梗（處處不得安寧），豈惟（不僅）上之人徵士馬，尋干戈，無暇聲容俎豆（無暇顧及教育）之事。士竄荊棘，蒙霧露，奔走捍禦之不給，而可遑於弦誦哉（哪裏還顧得上讀詩書受教育）！故文教日馳而黌序（學校）之蕪廢者時使之也（校舍毀壞，教育不振是時勢使然）。所賴有天子聖哲，溪山餘孽（據險作亂者）咸就誅戮，即叢林萋（蓁）莽之墟，累代所不賓者，固以郡縣而庠序之矣（即使是生活於偏僻叢林之中的少數民族，也接受了封建統治，也遣送子弟入學讀書）；矧（況且）乳源密邇（接近）韶郡，古稱文獻地（文化發達之區）耶！羅侯（羅元勳縣令）蒞邑而水壞學宮，蓋天將洗累年頹塌之跡而以鼓舞作新之任屬之於侯也（這大約是上天要將修復學校，振興教育的重任交付羅縣令吧）。侯於此時他務未遑，首（先）拳拳以學宮之頹毀為己咎（自己工作的失職），以斯民之興起為己任。役不逾時，民不告擾，百餘年之廢興一舉而無負為民父母之責者。士生此時可不謂厚幸（幸運）也乎！……

接著，劉克正在文章中諄諄教誨諸生說：國家重視培養人才，是要他們「明正學，迪（開導）正道而適於世用而已」；「正學」不外乎《詩經》、《尚書》、《禮記》、《易經》、《春秋》、《樂經》六部儒家經典；「正道」離不開日常生活，就像都市通衢，人人皆可放心行走而無需擔心會掉入泥潭深淵。士人如果只知道嬉遊取樂而忘記了講習，忽視了操守，只會空談，使學業荒廢而道理不明，就算有朝一日得以被地方官向國君推薦，不能勝任政務，豈不是與君主勤教興學的宗旨相違背了嗎！如果學宮損壞了，學習進修沒有地方，這是地方官的過錯；然而如果學校修葺一新，藏修（藏書，修業）有所，又有教官勤懇施教，士人還有什麼理由不專心致志於學業？孔子曾經說過，即使是只有十戶人家的小村莊，也會有忠信的人物值得我們學習；孟子也曾說：如果是真正的豪傑之士，即使沒有出現象周文王那樣聖明的君主，也會伺機

崛起的！士人都是尊奉孔子、孟子的，如果能做到專心讀經，明體（「體」指準則、法式、本性、本質等）通用，加強自身修養，行為端莊，而不流於誇誇其談，學成之後成為國家、社會有用之才，這才算是沒有辜負君主及地方官們對於士子的殷切期望，羅縣令今日付出了許多辛勞及心血修葺學校，也算是有所回報了。以上所述見《康熙乳源縣志》卷8《藝文志·乳源縣重修儒學記》。

隆慶元年（1567），貢生、安仁（治今江西餘江縣東北錦江鎮）人洪淇來任乳源知縣。志載：

> 公下車之始，他務不遑，汲汲以興學造士為首事。敷治未幾（上任不久），治洽人和，概（感慨，繫念，關切）敬一亭、啟聖祠、先師廟、明倫堂、齋舍、廡宇、鄉賢、名宦二祠久湮（破敗，荒廢），俱竦然以為己任，俱捐俸鳩工，化腐為堅，易圮為坊（抹牆），樹雙桂子（於）聖廟之前而砌以臺，墀道簷階昔污壞者更甃以磚石，肆今（如今）飭然章（彰），煥然華矣！既又遠眺前峰，舊為商賈肆（店鋪），障塞弗定，以曠逖矚炳人文也，撫然太息，廓（拓展）而（為）通衢焉。鼎建坊牌以雄偉觀，扁之「育才」，內題曰「翔龍起鳳（寓意人才輩出）」，外題曰「抱秀近清（山清水秀）」，用是標的也（以此標示教育的目的宗旨）。凡我縉紳（學子）揖讓於斯，翱翔於斯，講學論文於斯，回視疇囊（過去，往昔）不翹然增勝矣乎！

這項縣學修葺工程，「修於隆慶二年戊辰（1568）之春，兩月而告成。坊（牌坊）首工（動工）於戊辰十二月，訖於次年二月。費悉侯自捐也。洪侯名淇，別號南石，江西安仁人。」事見《康熙乳源縣志》卷8《藝文志·梁棟材〈修儒學育才坊記〉》。

清順治十八年（1661），裘秉鈁來任乳源縣令。乍到任，他首先到縣學去考察地方教育：「謁廟（孔廟）釋菜（古代入學時祭祀先聖先師的一種典禮），瞻拜於荒郊瓦礫之下。聖宮僅存數椽，而兩廡祠宇、櫺星、戟門，無一存者」。目睹這一切，裘縣令甚感傷懷。民眾亦多有請求裘縣令修學校興教育者。裘縣令對民眾說，天下不可一日無政教，則學校不可一日不修。古代任官治天下者，其才能皆來自學校教育；取經明行修之士為之師，以養成天下忠孝文章之彥，所謂「學校立則教化行，教化行而風俗美」，作為地方官，對於破敗的學校怎能視若無睹，不加修葺呢？於是，裘縣令召來縣學博士、教諭、訓導等教官及諸庠士（生員），對他們說：目前雖然戰事尚未止息，國家經濟還

很困難，然而興賢育才之地豈可委諸草莽！但話又說回來，當今是議天下事易，任天下事難；諸生能任勞任怨任謗，有此三任，則修學校無難事矣。一時之間，好義者同聲倡和，定議修舉。遂向上級請示，獲得批准。郡司馬趙某對乳源縣學之維修工程很關懷，「慷慨勸諭」，並建議學校的修葺最好能兼顧風水考量，「謂舊學（校）址坐向丑未，不利人文，相（地）應遷改」。但眾人皆不贊成，說，乳源縣只是一個小縣，修舉廢墜已恐力不及支，安能遷建學宮？諸生員又建議仿照曲江郡城縣學的格式、規模，因陋就簡，不圖奢華，只求實用。裴縣令則力排眾議。他對眾人說：「邑雖褊小，然高山流水亦是別有天地。曲江（縣）學處郡城中，限於地址（狹隘）；若乳（源縣學）局面大而承受小（地廣人稀，學校規模不大），將一時建學盛事徒為後人所誚（訕）笑，余不敢奉教也」。退而自思：營建新學校，凡木植瓦石，匠工興作之役，計約需費二千餘金（兩），誠非一時所宜辦。於是，裴縣令置酒約會諸生於縣學明倫堂，共謀學校改造之役，終於取得一致共識。「遂卜吉於登雲坊之上首，得子午兼癸丁之局，遷建正殿，其餘次第環構而成之……附近地方民子（眾）來三千餘工，咸歡欣鼓舞，不遺餘力，作始於辛丑（1661）之冬，告成於壬寅（1662）之秋，至迎入聖位（聖人孔子牌位）則癸卯（1663）仲春吉旦也。爾時（其時）宮殿巍峨，廡祠煥美，泮水澄清，環橋觀聽，成一邑（縣）之大觀，奏百年之勝事。」工程完成後，裴縣令懷著激動的心情對眾人說：「從此，鄉射飲酒，春秋合樂，養老尊賢，無不由此，而諸生亦藉是以進德修業，力學砥行，究極性命，研精理學，守當代之典章，遊名教之樂地，文章懸之國門（擅長寫文章，大名傳遍天下），忠孝傳於青史，蓋不獨科名紫綬（科舉及第，入仕任官），表表（顯揚，表彰）嶺南也！」（《同治韶州府志》卷16《建置略・學校・乳源》，第350～351頁）

（三）翁源縣儒學

翁源縣儒學最早創建於何時，志無明載：「縣學舊在縣北高嶺下，創始無考。元延祐六年（1319），縣併入曲江，學（校）廢」。

關於翁源縣學在明代的興廢變遷歷程，《明翰林侍讀學士林文記略》有所記述，這篇「記略」寫作於明成化丙戌（1466）。謂：

> 國（明朝）初復建，尋災（不久遇災而廢）。洪武二十五年（1392）
> 始遷於縣治東北。自建學（校）以來，風俗人文亦有可觀。邇年（近
> 年來）徭（瑤）蠻竊發，民困於盜，而司政教者少得其人。莆田林

　　永齡典（主持，負責）翁源教，謁廟，退即告同寅（教官）曰：「是
廟學自重建迄今，歲滋久（歷時已久），圮壞日加，矧（況且）當時
所建蓋苟完而未備（苟且完工而欠完善）耳，其增修實吾輩責也。
遂謀諸知縣。（知縣）陶鼎捐己俸（首）倡，富而嗜義（好義）者助
之。於是凡昔所未備者今皆備之。前知府林君慈、通判茅君海、杜
君宥、知縣程君振皆與有功云。」（《同治韶州府志》卷17《建置略·
學校·翁源》，第352頁）

　　明代前期，翁源縣學原設於翁源縣署之左，公館（接待官員、使者設施）
居於縣學之前。有人說，翁源縣之所以科舉及第者寥寥無幾，人才難出，是
因為公館遮擋了學校的「風水」所致。當時，來自福建的王文質在縣學中任
教，有志於改造縣學，使之面貌一新，遂向提督學校僉憲的胡榮時提出申請，
獲得批准，由韶州知府涂璋監督工程。不久，涂璋因年老致仕還鄉，縣學修
葺工程尚未完成，轉而託付韶州府判官蔡某。蔡某督工將縣學左邊的一口水
塘填埋了，將公館搬遷至原水塘處。這樣，沒有了公館的阻擋，縣學顯得「開
明」了許多。新來任職的韶州知府、江陰人氏蘇靴及判官、莆田人氏方新親
自到翁源縣來動員、倡議民眾支持縣學的修葺。於是，官方委託王文質教官
負責其事。王文質爭取了地方里老、耆紳張宗信、吳洪海、陳得富等人的協
力贊助。縣中好義者也積極響應。於是材料、工匠畢集，將縣學櫺星門、戟門
遷移至舊公館之前；宮牆、聖殿、兩廡比舊基有所擴大，「塑像嚴赫，藻繪輝
煌」。經過這一番改造，使「明倫有堂，東西有齋，諸生號房各十一；又進（拓
展）舊基十五丈；衛道、文昌二祠、官衙三舉落（成），翼然煥然，規模視昔
有加。」這項改造縣學工程起始於明成化七年（1471）十月，竣工於次年九
月，歷時一年。翁源縣學修葺完成後，負責此次維修工程的王文質教官託人
請原韶州郡守涂璋撰寫一篇記事文章以刻石紀念。此文見於《嘉慶翁源縣新
志》卷九《藝文志》，題為《重修儒學記》。

　　時隔一百一十餘年之後，至明萬曆十三年（1585；另有記載為萬曆十年
即1582年），順德舉人馮兆京來任翁源縣學教官（教諭），看到的是縣學頹廢
的局面：

　　　　歷百餘年，石朽橋墮，沙草湮填，非所以妥聖靈而大觀美（令
聖人靈魂得以安息，令校園環境美觀）也。紹京始蒞任，諦閱學舍
中廢寙（敗壞）非一，然所理者補置祭器之朽缺與夫（以及）從祀

諸賢名位後先，若土木之功，濬鑿之役，捐俸幾何，力非所任，惟付諸鄉先生議，俾圖之。有月泉吳君思明擅夙望，青衿（縣學生員）中謂（羅紹）京言：「良是」。於是黃晃、郭詩、吳文德、林璋、吳文衛等共協任其事，而諸士亦隨所有助焉。諏吉（擇取吉日）鳩工，相基挖拓，其廣也加三（分）之一，而深倍之。採運山石，周圍結砌之外，舂築灰土以為捍衛。中道建橋，左右欄干翼之，仍雇挑夫運所鑿之泥於宮後以培墩埠。由是泮有常蓄之水而漣漪清湜（水清見底），為百年肇創之（美，壯）觀……（《同治韶州府志》卷17《建置略‧學校‧翁源》，第 352 頁）

萬曆十四年（1586），縣儒學教諭馮紹京請求重修了縣儒學中的泮池。一泮池之修，已可體現地方政官、教官對於發展教育事業的高度重視及其對於人才輩出的渴求。

其後，在萬曆三十七年（1609）、四十三年（1615），翁源縣儒學都曾修葺。「迨其末季，劫灰燒世，弦誦音微，窟虎豹於膠序（縣學成為虎豹藏身之所），飲戰馬於橋門，宮（學宮，學校）牆鞠為茂草，廢署蹢為通衢（原來教官辦公之處已變成人來人往的大路）。吏茲土者無關殿最（學校教育之興廢與地方官的政績優劣評定沒有關係），即秉鐸者視為傳舍（即使縣學教官也是得過且過，無心認真教學，就像旅客住於賓館一樣），淒風苦雨，赤剝白殘（紅色的礎柱已經剝蝕，白色的牆壁亦已殘破），而聖人之澤幾斬焉（孔子、孟子等「聖人」的教導影響幾乎不再存在）。」

至明末崇禎年間（1628～1644），翁源縣學又進行了一次較大規模的整修。整修資金出自官員捐資。據方志記載：翁源縣學啟聖祠因年久失修而趨於傾圮。崇禎十一年（1638）任縣學司訓（訓導）的古意存初來乍到，「見其（啟聖祠）斷墻殘砌半入荊榛，為惻然者久之」。同年來任翁源縣令的朱景運目睹現狀，亦以起敝更新為己任：「甫下車，即已捐修大成門矣；越二年乃於課士之餘謀所以更新之，遂報上臺。既得可，即涓（選擇）日鳩工」。朱縣令命掌教者郭某及縣學教官古意存負責修葺事宜。「侯（朱景運縣令）首捐俸入為先倡，又發罰鍰（罰沒款項）為後繼，群弟子（縣學生員）亦各隨願力而合助焉，費不捐公（費用不動用官帑），役不屬下（無需民眾服役），勿亟匪徐（既不急功冒進，亦不拖沓耗時），經始於戊寅（1638）季冬，告成於己卯（1639）仲春。」此見《同治韶州府志》卷17《建置略‧學校‧翁源》。

　　明清易代，天下大亂，處處殘破，翁源縣學自不能例外。

　　康熙十一年（1672），翁源縣令翟延祺才開始修葺學宮聖殿。二十四年（1685），縣令戴聘始修明倫堂兩廡。大城門鄉賢、名宦諸祠而制度草創，隙地尚多，未大備也。二十五年（1686），新會黎岑思（黎仕望）來任翁源縣學訓導，乃集諸弟子員而謂之曰：你們翁源縣在過去也算得上是人文蔚起，而如今學宮殘破缺略如是，真是一大遺憾之事！這令我心生憂懼。你們知道，僧侶、道士尚且注重廟宇宮觀的金碧輝煌，而你們作為儒生，對於縣學的殘破竟然無動於衷！我如今有志修葺學校，想動員大家捐助，恐怕你們力不從心；想攤派於里甲，又怕胥役之輩中飽私囊，損害民眾利益……我如今既為翁源縣學之教官，翁源縣學的事情就像是我的家事一般！於是，黎岑思「毅然以修學（修葺學宮）為己任。長吏士民一無所問，惟同寅（同仁、同僚）之學博（縣學博士）、東莞黎君苕叔、名仕瓊（即黎仕瓊）屢出資囊以佐不給，而一切鳩工庀材之務皆獨勞而不以相累（他人）。於是，相厥地勢坐『艮』向『坤』，高敞文明，有似於『鳳』，『丙』位空虛，左翼不振，首建大魁閣於明倫堂之『丙』，而『風翼』振矣……凡自儀門、泮池以及大成（殿）、明倫（堂）、啟聖（祠）、文昌（閣）、東壁西園，文武課業之所，一臺一榭，一木一石，無不竭精殫慮，圮者修葺，無者創始，棟隆宇奐，……於斯世也，青衿之子駿奔走以為榮（學士皆有奔競之志）；戴白（白髮）之老歡威儀之復睹，噓為春風，潤為時雨。而癸酉（康熙三十二年，1693年）之科，文庠（文科）李林以文薦，武庠（武舉）楊元馥以武薦，果皆如其『雙貴』之兆、『飛鳳』之言。科甲聯翩茲其始矣！耆宿（年老而德高望重者）曰：『非先聖之默祐不至此！』俊彥（名流）曰：『非人文之當興不至此！』而不知皆誠為之也（而不知道這其實是人們對於教育事業的一片赤誠熾熱之心換來的結果）！費也而不見以為費（修葺學校花了不少錢財，但人們並不覺得是一項沉重的負擔）；勞也而不見以為勞；功也而不見以為功，故能感格先聖（受先聖的感染、影響），興起人文，天開其運，地效其靈，而豈如形家者流（風水先生）徒恃小術以求驗乎！今無論其驗（如今暫且不說是否真的那麼靈驗），即使弗驗，而建學明倫（建立學校，教以倫理道德），大義昭然，師道立而善人多，諸生其何以自立為孝子，為忠臣，為悌弟，為信友，以及堯舜君民位（堯舜居於統治萬民的崇高地位），育天地，皆一誠之所推耳！立誠（培養誠實本性）之道內求諸心，外求鄉賢。名宦之可法者法之。兩廡諸賢、四配十哲（兩旁供奉的古代聖賢、

四位配享和十位哲人的神像）之可師者師之，而又合觀於大聖人之大且成焉
（綜合思考這些聖賢人物值得學習仿法的方方面面），庶足以承國家崇儒重道
之意，並無負爾師建學明倫之誠矣！區區科第又豈足云！」（《嘉慶翁源縣新志》
卷9《藝文略》，第420～421頁）

以上是翁源縣知事周之謨撰寫於康熙三十四年（1695）的文字，敘述了
翁源縣儒學在清初康熙年間修葺的歷程，表明了從行政官員、儒學教官到當
地廣大士民對於振興地方教育事業的一片熱心及對於學子的殷切期望，為翁
源縣教育事業的發展創造了良好氛圍和條件。

自縣學訓導（後晉升博士）黎仕望捐修大備之後，翁源縣文運蔚興者數
十載。其後縣學又隨著歲月遷移而漸趨傾頹，日以滋甚。其中正殿樑柱逐漸
腐朽蟲蛀受損。嘉慶六年（1801），縣中紳士賴正魁慷慨解囊，購大木以儲樑
柱之用，正殿賴以鞏固。眾人皆期望著有如此義士的襄助，縣學可以面貌一
新。誰知賴正魁不幸惹上官司，被判入獄，縣學修葺又告中止。嘉慶五年
（1810），廣東花縣人冼炳南來翁源縣學任教官。他「恨（失意，不痛快）文
運不振，慨然有繼黎（仕望）之志，凡紳耆進謁輒以完修此工（修葺縣學）為
諄諄」。當時，在新安縣（治今廣東深圳寶安區南頭鎮）任教諭的翁源人張洛
正在鄉中休假，被眾人推舉為首，主持翁源縣儒學的重修。張洛在《重修儒
學記》中敘述道：

> ……洛（張洛自稱）時（告）假在里，（眾）推為首，籌畫盡託
> 於洛。洛以義不容辭，且感冼君愛士之誠，知可與有成也而肩之。
> 恪不敏（不學無術，無才能），惟日與諸老成悉心妥議，孜孜於不克
> 有終是慮（總擔心不能把修學之事辦好）。其購料度支，不憚勞瘁則
> 梁茂才鍾秀（茂才梁鍾秀）稱最；而上舍（古代在京師國子監中就
> 讀者分上舍、內舍、外舍三類，上舍為優等生）李世昆、羅馬邦、
> 茂才蔡方訓、許蘭香等亦各矢公矢慎（既公正又謹慎，盡職盡責，
> 秉公辦事），黽勉襄厥事（齊心協力於修學事宜）。

經過一番修葺之後，

> 兩廡則牌位森列也；泮池則底深橋拱，石砌石欄也；玲瓏牆則
> 石柱牢致也；改還頭門則青雲路直也；西界開則氣通也；學後圍牆
> 則擁行有防（阻塞通行），學地可肅也。（修學工程）經始於嘉慶十
> 六年（1811）正月，落成於十七年十一月。工逾兩載，費金四千兩，

其庶乎告厥成與（終於大功告成了）！是惟合邑踴躍同事（齊心合
力），諸子周督（周旋，監督）之力，而冼君（冼炳南教官）欲修學
校以振文運之誠之所致，洛（張洛自稱）何有焉（我張洛有何貢獻）！
若夫（至於）明倫堂及青雲路、兩坊俱擬增高，大殿及兩廡、鄉賢
（祠）、名宦（祠）各天盤尚宜減低補罅漏，用臻盡善，則又今時所
未逮也，以俟後之君子。（《嘉慶翁源縣新志》卷9《藝文略》，第421頁）

（四）英德縣儒學

據《同治韶州府志》卷17《建置略・學校・英德・宋端儀記略》：英德縣
之名始自北宋初年大將潘美南征南漢時。英德縣儒學創始於北宋慶曆甲申
（1044），是奉朝廷詔令而建。其時郡守是王仲達。縣學建於大慶山之陽（南）。
元季遭遇兵燹，縣學被毀壞殆盡。嗣後屢有興廢。明中期成化戊子（1468），
又在縣西門外舊嶺南道地重建。然因地形低窪下濕，且南臨大江（北江），每
遇淋潦（大雨），曲江及湞、武諸水匯流，奔騰倏至，則彌漫在目。雖曾多次
封土加崇，終不能免其水患。期間，有人提議回遷舊址，只因工巨費廣而未
能付諸實行。明弘治六年（1493）冬，按察司兵備僉事袁慶祥來到英德縣學
視察，亦為縣學面臨的困境而焦慮。他親臨縣學進行測量，慨然而歎，說，此
地脊脈自西北蜿蜒而來，以地理風水的眼光來看，實為佳境，前人的占卜是
準確的。至於學校破損，理應修葺，這是我不容推辭的職責啊！能不設法維
新嗎？英德知縣湯清亦毅然說：這是縣令的職責啊！於是聽取了袁慶祥兵備
僉事對於縣學修葺的意見，退而與縣中諸同僚商議，立即興工修葺。割茅草，
伐櫟樹，集材鳩匠，首先興建禮殿；其後，兩廡、戟門、欞星門及講堂、兩齋
內外門皆以次修成，於兩齋各為號舍（古時科舉考場，分配給每位考生的小
屋，白天寫考卷，夜間睡覺）若干間，於殿堂兩界稍北作鄉賢祠；又其北作尊
經閣；又其北列教諭、訓導廨宇；次而設房於東北以便宰牲，設房於西北以
儲土廩（廩：米倉，亦指儲藏的米，如倉廩。廩生即「廩膳生員」，中國明、
清兩代稱由府、州、縣按時發給銀子和補助物資的生員。廩餼舊指由官府供
給的糧食），以圍牆相隔，內外自別。「斯役也，千甍（屋脊、屋簷）齊翼，百
堵皆作（堵：古代牆壁的面積單位。古代用版築法築土牆，五板為一堵，板的
長度就是牆的長度，五尺板的高度就是牆的高度。《詩經》有謂：「之子于垣，
百堵皆作」），丹堊（用紅色塗料粉刷牆壁）青碧，悉遵王度（王朝規定的標準
範式）。」

　　時隔半個世紀，至嘉靖三十二年（1553），諶廷詔來任英德縣令。他對地方教育甚為重視，「首圖易俗之政，興修學之役，勞費不及閭里，歷甲寅（1554）歲之冬，三月而畢工。（縣學）乃煥然改觀，而諸生學道樂得其所矣。」「由是陟降（上下樓梯）有堂，省習（學習）有齋，出入有門，膳食有舍。由是質（請教）之於師長，博（學）之於經史，摩（切磋）於朋友，觀之於眾庶。聖人在上而敬之，諸賢在目（教室牆掛賢人肖像），思而齊焉。見善而遷（學習，仿傚），不遠而復（不因為善者崇高而卻步）；知善（惡？）而止，知止而修，所以日就月將（日趨向善），陶鎔變化以幾（接近）於成人之德而志乎（有志於成為）三代之英者（夏、商、周三代的聖人，如夏禹、商湯、周文王、周武王、孔子、孟子等），端（的確、實在）在此也！」古語有云：「君子如欲化民成俗，其必由學乎（有見識的統治者如果想做到化民成俗，一定要重視教育）！」振興教育是「化民成俗」的最有效的辦法，士人學習了儒家的禮教，成為道德的榜樣，民眾自然而然就會受到影響而改過遷善，社會風俗由此得到美化。故而有人說，教育對於民眾的影響，其道理就像五穀之養人生：人雖時或患病，若以五穀專心調養，則可使病人精氣日復，而藥石針砭無所施用焉。教育亦然，可使人心日趨向善，法制牢獄亦將失去存在的意義。（《同治韶州府志》卷 17《建置略·學校·英德·明提學江治記略》，第 354 頁）

　　《同治韶州府志》卷 17《建置略·學校·英德·明提學陳肇昌記略（按：此題名疑誤。文章敘述的是清朝康熙年間事，故疑「明」為「國朝」即清朝之誤；當然，也有可能是作者曾在明朝末年擔任過提學之職）》記述：過了六十餘年，至清康熙十九年（1680），縣學又趨於傾圮。韓登雲縣令與縣學博士阮某擬重修之。但經費無法籌措成為一大難題。於是，韓縣令具文（打報告）向提督學政陳肇昌請示，希望得到上級的支持，撥給官帑以作修葺之資。陳肇昌「聞之愴然（悲傷），廑懷（掛念）批行，設法僉助（幫助）」並捐俸為之首倡。「於是，卜吉經始，由辛酉（1681）孟夏至壬戌（1682）季冬，其間作綴靡常，遲之又及（停工很長一段時間之後又再復工）。韓（縣）令與阮子（某）鑒前車之覆，務為堅致久遠（之）舉。諸生之好義謹厚者如范楚、胡定卿、吳君宰、李良標裹糧（自帶糧食）從事，幾經拮据始克成之（歷盡艱難才最終完工）。今廟廡一新，垂於有永（必將堅固持久），均有功於聖賢者矣……」

　　康熙五十一年（1712），貴州安化人、舉人田祖來任英德知縣。他「初任於此即慨然以振興學校、造就人才為己任，於學宮（縣學）之旁建近聖書院，

聚邑（縣）學士之秀者而教之。政事少暇輒至其中，與諸生衡文課藝，孜孜不倦。於是，人文蔚起，薦賢書（科舉及第）者踵相接。」田祖知縣的努力終於改變了清初以來英德縣教育不振，人才寥落的局面，一時之間「人文蔚起，薦賢書者踵相接」。但田祖在英德縣任職僅一年，即「以內召去」，接到調令入朝任官。接替田祖任英德縣令的是母儀，山西陽高人，歲貢，康熙五十二年（1713）任。田祖雖已入朝任官，卻未忘記英德縣士人的學業及仕進，「然猶不以既去而忘英（德）士（人），其倦倦無窮之意仍未已也」。當時，胡範（直隸容城人，監生，康熙五十四年即 1715 年任韶州知府）還在朝中任秋官郎，主持科舉考試，與田祖相遇，田祖常常說到在英德縣任職之時，曾有志修築一條「青雲路」，借助「風水」協助英德縣士人仕途順遂，可惜未及付諸實施即奉命入朝任職，至今依然「闕然於心而不能忘」，深感遺憾。母儀來任英德縣令之後，繼承了田祖的遺願，依然將振興地方教育視為自己行政的當務之急。田祖自朝中致書母儀縣令，以修築「青雲路」一事囑託其辦理。至康熙五十四年（1715），胡範自朝中奉命來任韶州知府，田祖亦致書胡範，將協助修築英德縣青雲路一事相託。乙未（1715）十月，胡範始至粵。次歲丙申（1716）即與母儀縣令「捐俸鳩工，仰成公（田祖）志」。縣中縉紳之士亦莫不感激於田祖的厚意，踊躍捐輸樂助。工程「經始於（1716）仲春，落成於秋季，建尊經閣於上，闢青雲路於（縣）學前；又建儒學二署與近聖書齋；左右拱學宮如翼然，蓋不欲英（德）之士僅為一鄉一國之士，而欲其進于大成（成就非凡）以顯名於當世。」郡守胡範在寫作記述田祖重視英德縣學教育的文章中，對田祖前縣令備加讚揚，並對英德縣儒士寄以殷切期望，謂：「故雖養士之制已詳且備，而猶積久不忘如是，是其愛英（德）士（人）者彌殷矣。豈非所謂不倦之仁而教士之深且遠者乎！英之士苟能體田公（祖）無窮之教思，不甘以一鄉一國自限，而從此乘雲車驅康莊，排賢關，入聖域，以自達於鄒魯也（成為傑出人才），是亦吾所厚望也夫！」（《同治韶州府志》卷 17《建置略·學校·英德·國朝胡範記略》），第 355 頁）

　　對於建文廟以佐祐教育，亦是英德地方鄉紳對於教育事業重視的表現之一。在封建社會裏，孔子被統治者和儒家們奉為「大成至聖先師」，文廟即孔廟、夫子廟，是我國古代歷代封建王朝統治者祭祀孔子的廟宇，也是古時郡學、縣學的有機組成部分。英德縣早在宋代已於大慶山下建立了文廟，時在北宋慶曆四年（1044）。這一年，朝廷頒發詔書，要求地方各州縣皆建立州學、

縣學，推廣教育。地方官奉令行事，建立了英德縣儒學，同時也建立了文廟，祭祀文昌神。文昌神是大成至聖先師孔夫子，古代，凡讀書人均拜孔夫子為文昌神，祈求文昌神助祐英德地方教育事業順利發展。在明代，隨著時日推移而漸趨崩壞的文廟，在地方鄉紳的重視之下得以修復，相沿崇祀。清嘉慶十九年（1814），文廟（文昌宮）移建於會英書院之側，大慶山文廟遂成為廢址。文廟的重新興建似乎真的有助於英德縣儒學教育事業的發展。曾在會英書院就讀，後來於「道光乙未（1835）幸領鄉薦，五試禮闈（禮部主持的科舉考試會試），南北奔馳，殆無虛歲，乙巳（1845）忝列雁塔（晉身入仕），服官北直（北直隸）」的英德籍進士謝蘭省是其中成才者之一。在會英書院讀書期間，謝蘭省就曾設想，如果將文昌廟移至書院之旁，其助祐文教之功或許會更顯然。因為，此地「前朝翁水，後枕梅墩，左挹帽峰之秀，右抱南山之奇」，是一塊風水寶地，因此，他「周覽形勝，未嘗不慨然有興廢之志（興建文昌廟於此之設想）」。只是因為當時謝蘭省還未科舉及第，還只是芸芸諸生之一，名微位卑，故未敢提出此倡議。道光二十九年（1849）謝蘭省接到父親來信，告知合邑諸紳議於大慶山前建立文昌廟，內心「慰悅之忱實無既極」。他說：「夫文昌主宰祿籍科名，而大慶一山為吾邑鍾靈毓秀之地，雖堪輿（風水）之家說多近誕，未盡可信，然求所以妥神之靈而肅其觀瞻者，烏可（怎可）不擇其地而漫然（胡亂）創建哉！」對鄉紳的計劃表示贊同。「闔邑諸公協力襄事，捐銀近萬兩，爰（於是）鳩工庀材，經始於道光己酉（1849）十一月，告成於咸豐辛亥（1851）八月」，終於建成了新的文昌廟。雖然「風水」之說是否可靠，各人見仁見智，但信之者能舉出不少的「實例」以證明其可信。例如有人舉例說，北宋時，范仲淹（范文正公）曾占卜，得到一塊「吉地」。術者說此吉地當世產（出）文人。范仲淹「以為私之一家不若公之一郡，即以其地為學宮（建立郡學），自是蘇郡（蘇州）文學甲於天下」。謝蘭省在應鄉人之請，為遷建文廟而寫的文字中，對文昌廟的建成表示祝賀，堅信在家鄉父老縉紳的重視支持之下，英德縣日後的教育必將會大有起色，「將見後之繼起者崛然而興奮」，「發名成業，如燈取影（就像點亮油燈就會照出影子一樣）」，但同時也告誡故鄉縉紳及學士，不可全然祈求依賴於文昌神的助祐，關鍵還是要依靠自己的刻苦努力攻讀，才能成為對國家對社會有實際之用的人才。(《同治韶州府志》卷 179《建置略·壇廟·英德·國朝邑進士胡蘭省記)》，第 404 頁)

在明清兩代英德縣教育事業的發展過程中，有幾位地方官的事蹟值得一提。

一是丁仕明。丁仕明，浙江秀水縣（今浙江嘉興縣）人，明萬曆四十一年（1613）任英德知縣。丁仕明對於英德縣儒學的建置始末有所瞭解，知道縣學創自北宋慶曆年間，初址在大慶山；後於宋元改朝換代之際被毀。明朝立國之初重建。嗣後世代更迭，學校遷徙無常：或在舊分司；或在湞陽驛地；或在嶺南道故址。屢屢遷徙的原因是出於「風水」說的影響，試圖通過遷移學校以迎合「風水」，使學校教育取得良好的教學效果，早出多出人才。「計大慶山一地凡（共）三遷焉。地脈或未擅靈（學校地址雖然未必是風水最佳之處），而人文亦曾間出，科第自李宗仁、胡澧而下（之後）代不乏人。」然而，自從明隆慶二年（1568）創浚縣城外濠，傷害了「地脈」之後，「鄉（試）會（試）寥落垂（將近）四十餘年」。丁仕明來任英德縣令後，有志栽培地方人才。於是，鄉紳暨庠士（縣學生員）聯合向丁知縣請示，要求另外選擇風水勝地以重建學校，改變地方教育衰廢的現狀。丁縣令說：如果你們所請願之事真的能讓縣學教育現狀得到改善，我又何樂而不為呢？雖然遷移校址，另起爐灶，費用頗巨，卻也值得齊心協力付諸實施！於是捐出個人俸金百鎰（「鎰」是古代貨幣單位名稱，此作「兩」解）為倡，「都人士（當地民眾）靡不（響）應而樂輸也」。除了眾人捐資以外，又將學校原址地基出賣，獲得部分資金；又將原來學校的建築材料拆除以為新校建築材料之用。新學校的重建工作委託鄉紳劉某、吳某、鄧某三人負責。經過艱苦的籌備，興工造作，新縣學終於建成。「其規制若（諸如）櫺星門、大成殿、明倫堂、啟聖祠，若廡（走廊）若齋（宿舍），百堵千楹，翕然（同時）並作。甲寅（1614）迄（至）乙卯（1615）而殿宇巋然鼎峙。」有人認為新縣學「風水」良好：說是「按其形勢則發祖於亥龍，結局於辛脈，帶水左合，石印右浮，金峰插其前，玉屏擁其後」。然而，老天爺的「風」和「水」卻並非總是順從人們的美好願望的。不久，縣學就遭到了「風」和「水」的摧殘：「無何（不久），馮夷（馮夷：傳說中的黃河之神，即河伯，泛指水神，此指突發水災）鼓浪，大浸稽天，舉（所有）叢雲麗日之殿宇悉噴薄於層濤駭浪中，垣棟櫨椽（建築物的所有構成部分）漂沒傾圮，令勇作者（積極從事學校建設的人們）灰心。」在眾人灰心喪氣之際，丁仕明縣令卻是「銳不稍挫也（心態坦然而沒有受此影響）」，

不僅不灰心喪氣，反而激起他「與天鬥」的意志，「復增金完葺，已（其後）又建聖域、賢關二坊及文昌閣，而亭檻（欄杆）置『敬一』諸箴（告誡性匾額），規則益備，計工費較前更倍。」縣學重建竣工之後，丁仕明縣令常常於理政之餘，到縣學去勸課諸生，有「文翁化蜀（文翁，西漢官吏，廬江舒人，西漢時期教育學家。漢景帝末年為蜀郡守，興教育、舉賢能、修水利，政績卓著）」之風，時人、縣學訓導周昌明在相關的記述文章中讚美道：「計侯（丁仕明縣令）之焦勞者若而（干）年，侯之創建者若而務（丁縣令為縣學建設焦思勞神了幾年，又做了許多開創性的工作），勞苦功高。侯之師儒登於斯，業於斯，遊且息（遊學、歇息）於斯，入而含咀聖道（在家在學校學習體會聖人的道德學問），出而黼黻皇猷（科舉入仕後成為國家的棟樑之才），孰非侯所覆露（誰說不是丁仕明縣令的無量功德呢）！」《同治韶州府志》卷17《建置略·學校·英德·明提學江治記略)》，第354～355頁）

　　二是清朝嘉慶二十二年（1815）來任英德知縣的周本蔭，直隸舉人。周本蔭對於教育也有足夠的重視。他在文章中說道：「夫裁成之道造士為先，而造士之法興學為最」。甲午（1815）仲春，來任知縣，下車伊始，先到縣學聖廟拜謁先聖，只見堂廡荒陋，規模狹隘，建築並不符合「風水」規則，所謂「辨方既不當夫離明，占像復不應乎奎宿，將所謂安先聖之靈而興作人（培育人才）之化者猶未盡善。」周本蔭縣令有志改造縣學，又考慮到工程浩大，經費支持不足，因而，「欲改建而難其事」。後來接見了英德之紳士，詢悉了英德縣儒學自宋、元、明以來遷徙不一，前朝明朝萬曆甲寅（1614）歲，縣令丁仕明自大慶山遷建於會英書院之基，其後，明天啟七年丁卯（1627）、康熙十七年戊午（1678）二科人才輩出，科第連鑣，幾乎追蹤於唐、宋全盛之時。至清乾隆癸未（1763）年復遷移至大慶山，四十餘年間科舉登第者寥寥無幾。眾人尋找其中原因，多認為是校址「風水」不佳，所謂「學校遷址之不得其地」。於是，縣中縉紳之士聯名具呈，要求將縣學遷回會英書院舊址，且發動眾人捐資以助其事。縣令周本蔭「首捐俸以為倡。於是，董其興作，修成大成殿、兩廡、神廚庫，前為戟門，又前為泮池，為欞星門，又後為崇聖祠、名宦祠、鄉賢祠、倉廥、庖湢（廚房、浴室）無不畢具，左右為兩學、東西齋。經始於甲戌（1814）八月，告竣於丙子（1816）四月，邑（縣）人士深喜其事之成且速也！」《同治韶州府志》卷17《建置略·學校·英德·國朝周本蔭記)》，第355頁）

（五）清遠縣儒學

清遠縣儒學最早建自隋朝開皇年間（581～600）。南宋淳祐四年（1244），清遠知縣楊觀春重建於縣治東南隅。南宋末年元兵南下，縣學毀於兵火。元朝至正年間（1341～1368），清遠縣主簿白太平重建。元末再毀於戰亂。明洪武三年（1370），朝廷下詔各郡縣要設立學校，推廣教育。清遠知縣李鐸、原縣學教諭岑恕復在舊址重建縣學。洪武三十一年（1398），知縣華子厚新之。宣德六年（1431），學校毀於「西寇」（來自廣西的少數民族叛亂勢力）；次年，知縣鄭性初重修了殿堂、齋門及欞星門。正統六年（1441），僉事彭琉闢學基，增號舍（生員宿舍）。十二年（1447），訓導歐陽本徙射圃於西南。景泰三年（1452），縣丞駱雍修建，增明倫堂。成化六年（1470），知縣沈憲、十二年（1476）知縣劉綱、十六年（1480）知縣黃諒均曾重修。這是《民國清遠縣志》卷十一《建置·學宮》對於明代成化以前清遠縣儒學教育興衰歷程的簡要勾勒。

《明江朝宗重修文廟記》記載了成化十六年（1480）清遠縣令黃諒主持重修縣學的經過。其文謂：

> 清遠隸廣州，其自宋淳祐建學宮於縣治南隅。元季（末）兵毀。國朝（明朝）仍其舊址。洪武初重建。德宣（按：應為「宣德」）壬子（七年，1432）因寇毀重修。歷歲滋久，日就圮壞。成化庚子（1480），江西黃君諒奉命來知縣事，下車初顧（就）諮嗟（歎息）曰：「殿廡，神靈所棲；學校，人才所出：其弗修飾若此，伊誰之咎（這是誰的責任）！」毅然為己任，命工陶甓市材（吩咐工匠製作磚瓦，購置材料）。事暇，於殿宇之缺朽者易之；攲側（傾斜）者拆而新之；泮池舊所無者鑿之；明倫堂及兩齋皆修葺之；置號房（生員宿舍）於兩齋之南，俾諸生得以肄業；移贍堂（食堂）於東齋之北，俾諸生便於會饌；改建學門於東南陽明之地，庖廩廨舍（廚房、倉庫、辦公房、宿舍）以次而完焉。費出公帑贏（多餘，結餘）錢及好義之士來助者，未嘗斂（於）民。肇工於壬寅（1482）之春，告成於癸卯（1483）之夏……（《民國清遠縣志》卷11《建置·學宮》，第346頁）

地方官的重視，鄉紳以及「好義之士」的鼎力相助，使破敗的清遠縣學歷時一年多，得以修葺一新，為地方教育創造了良好的條件。

　　明代嘉靖以前，清遠縣儒學皆建在城內。對教學造成困擾的一個問題是縣學地勢低下，易受水淹；而且校址狹隘，擴建困難，所謂「前逼城牆，敝且日甚，非陶育英俊之所」。於是有人提議遷移重建縣學。嘉靖二年（1523）邑人成恩向督學（舊時主管教育的部門中負責視察、監督學校工作的官員，是提督學政或督學使者的簡稱）歐陽鐸及兵備（即兵備道，官名。明制於各省重要地方設整飭兵備的道員，置於各省重要地區）孫懋請示，希望將縣儒學遷移重建，獲得批准。

　　同一年，清遠縣令調任，由縣學訓導胡魁代任縣令，並主持遷建縣學事宜。經考慮商議，最終選定北門外瑞峰寺故址，「遂卜地涓吉（選擇吉日），舉而遷焉。首創大成殿、明倫堂，（其）余以次規畫」。遷建縣學正在進行之中，會胡魁因故辭職，工程遂告中止。

　　嘉靖四年（1525），洪子誠（福建莆田人）奉命來任知縣，遺憾於前人未竟的遷學之事，於是節縮冗費，增建東、西兩廡及大成門、欞星門、兩齋、學舍、泮池、庖廚等，「靡不畢修，役不逾時（工程沒有延時），民不告勞」，最終將遷建儒學這項工程付諸完成。這項工程「經始於癸未（1523）十月，落成於丁亥（1527）十月」。新建成的儒學「厥土（其地）高爽，厥水回繞，前望縣前諸峰秀出如畫，識（者）可謂得一邑之勝概；回視舊學迥（完全）不可及。所未備者，四圍宮牆（未建）耳。」新建儒學竣工之後，督學歐陽鐸通過考試，選拔了一批「民間俊秀」入學讀書，「弦誦之聲洋洋盈耳」。不久，歐陽鐸遷任他官，代之者是山陰（今山西省朔州市山陰縣）人蕭鳴鳳。蕭鳴鳳「按臨巡視，又命以賣地百金用葺內外牆之費」，總算讓遷建縣學之事大功告成了！

　　然而所謂好事多磨。縣學遷移至城外，雖然解決了原儒學「隘陋」即狹隘拘束、低窪潮濕的問題，但又造成了新的問題：因為遠在城外，給官員的政教活動以及士人的入學讀書造成了不便，尤其是颱風下雨，天寒地凍之時。於是，又有人提出應將縣學遷回城內。

　　據《倫以詵遷學入城碑記》所載：

　　　　清遠邑學故在城北門外，荒陋稍遠。有司歲時享奠，朔望（初
　　一、十五）拜謁，博士弟子咸稱不便，官茲土者（地方官們）每議
　　徙中綴（多次提議遷回城內，都因種種原因而作罷）。曩（過去）兵
　　憲（按察司兵備道）西渠楊公定議遷之城中，以丁艱去（因父母去

世而辭官回鄉守孝）。比者（近來）兵憲小洛何公（何小洛）代楊公
之任（赴任），甫下車謁學（剛到任就考察學校），仰瞻四顧，徘徊
不已，歎曰：「嗟夫！學宮之設誠（確實是）造士之域，作人之需，
治理之首務也，宜建國中（應該建在城內）而在郊外，尊崇弗稱（尊
敬崇拜聖賢的祠廟建造得不理想），甚非所以上妥聖靈，下俾諸生遊
息誦習、敬業樂群也。予職（在）治兵，然盛世右文偃武（重視文
化教育，不重視武功），且古者受成淑問咸有事於學校（自古以來傳
授知識培養人才都依靠學校教育），予則何辭（我有什麼理由推
辭）！乃牒上撫按言狀，咸韙之（於是呈文向巡撫、按察使說明情
況，終於獲得批准）。遂以（遷學之事）屬（託付）邑令林侯（林繼
賢縣令），俾顓董厥事（令負責其事），議遷城中故憲臺遺址。林侯
為政有聲，向敷教茲邑（過去曾在清遠縣學任教官），迨擢為令，又
宜其民（擢任清遠縣令後，為政又深得民心），每留意教事（常常留
意學校教育）。於是一心悉力，圖維有終（期望善始善終），乃樹表
測景（影），量地展圖，鳩工庀事（召集工匠，開始動工），經始於
甲辰（1544）之十二月，落成於乙巳（1545）之十月。前為欞星門，
次為泮池，為大成殿，為明倫堂，為尊經閣，為啟聖祠，為敬一箴
亭。左為名宦祠，右為鄉賢祠，東西為官師之居，為群弟子學舍。聯
次畢（各項工程依次完成），厥地視舊（縣學）寬衍爽塏，閴伽（清
淨、寂靜）嚴肅，邑人若（諸如）父老、子弟咸鼓舞樂育（為振興教
育而歡欣鼓舞），胥慶何公之來之暮而多（讚美、頌揚）林侯之功者
藉藉不容於口矣……」（《民國清遠縣志》卷11《建置·學宮》，第348頁）

　　明清易代，多年的戰爭令社會成為廢墟，教育趨於停廢。清初，任嶺南
分守道的藍潤在《重修文廟碑記》的文章中敘述道：「清遠……在昔盛時，城
廓繡錯，阡陌相望（城內人煙稠密，城外田連阡陌），弦誦之聲遍於都鄙（城
鄉），科第接踵，代不乏人。殆（等到）鼎革之交，盜賊多有，城內五罹兵火
（遭遇五次戰亂），慘莫甚焉，王師（清軍）入粵，削平禍亂，歸鴻漸集，而
過賓大吏（過往的賓客、高官）之擾如故也。正供之外視昔有加（正規賦稅之
外巧立名目的賦斂比過去大有增加），安望其廣厲學宮而谷彼多士耶（怎能期
望這些官吏能振興教育，培育人才呢）！」藍潤初到粵北，目睹的是一片殘
垣斷壁。他敘述當時所見情形說：「余奉命來蒞嶺南，今年（順治十七年，1660

年）正月以觀兵之役巡歷其地，目擊頹垣敗壁，清燐白骨，食不下嚥，與民有同患焉。上元（俗以農曆正月十五日為上元節，也叫元宵節）之辰（早晨、上午）謁先師廟……余顧而歎之，遂與洪令（洪某縣令。查《民國清遠縣志》卷九《職官表·清秩官》，「洪令」大約是指戀洪樞，山東日照人，拔貢，順治十五年即 1658 年任清遠縣令）、學諭（縣學教諭）卜日之吉以開正門……洪令首為捐俸修葺，完舊益新（將各項破敗設施維修一新），夫子克壯厥居（孔廟修葺更是富麗堂皇）。」目睹修葺一新的縣學，藍潤喜在心頭，相信「今秋必有登賢書者（今年秋天科舉考試時必有及第者）。言猶在耳，未幾，發榜之日，本（縣）學萬子琳琅（即萬琳琅學子）果以□（捷）聞。」（《民國清遠縣志》卷 11《建置·學宮》，第 350）縣學修葺一新之後，當年科舉考試果然就有生員中舉！

在粵北地區，清遠縣文教事業相對而言較為落後，所謂「文化不振，科甲寥寥」。明代尚有進士四名，至清代僅得兩名。康熙年間，有順德縣人梁壺洲（字學源）隨其父親做木材生意而入籍清遠，中康熙丁丑（1697）科進士，官至安福（治所即今湖南臨澧縣）知縣。當初，梁壺洲家貧，跟隨其父親到梧州、清遠等地採伐木材，因而落籍清遠。一次，梁壺洲因事受到縣吏的欺侮，被摑了三掌。壺洲受此奇恥大辱，發誓要放棄父親從事的這種「低賤」而受人欺負的伐木職業，立志要讀書做官，出人頭地。他拿著斧頭走到江邊，向天發誓道：「天果令吾以此賤業終者，則沉吾斧；不然宜浮以示我！」發誓完，將手中的斧頭向江心擲去。斧頭落到江裏，果然浮在水面上：原來，水中有一根大木，被江水從上游沖下，半沉半浮，因為江水渾濁，岸上的人看不見，而落下去的斧頭正好砍在這根半沉半浮的大木之上，仿似大斧浮於水面上一樣。岸上觀看的人都大覺驚奇。梁壺洲初時不知真相，以為真有神助，「自是決志向學，不十年得第。嘗舉（此例）以語及門（弟子），假是（藉此事）以為勸學。至今粵人能道其事。」

此事記載於《民國清遠縣志》卷二十《雜錄》中，題為「憤激成名」。

二、明清時期粵北地區教育事業發展之原因

（一）最高統治者推行重視教育的文教政策

明代，統治者從立國伊始，就對教育事業高度重視，頒布詔令要求全國各地都設立學校，廣行教育，以育人才，以美風俗，以穩定封建統治秩序。正

如明人劉克正所說:「昔國家稽古右文,混一之初首詔輔臣定學校規制條教,頒行海內。學宮之設蓋自畿甸(京師)以達邊繳(邊疆),無間遐邇。以故二百年餘人才之盛,風俗之美,遠迖(超越)前代,則豈徒(難道是因為)法制文為之未能維持而繩束之哉,良由(確實是因為)鼓舞振作所得於學校之涵育者固遠也。」(《同治韶州府志》卷16(建置略·學校·乳源),第350頁)明人林文在《重修翁源縣學記》中說:「恭惟我太祖高皇帝(明太祖朱元璋)龍飛淮甸(自淮南起兵),舉弔伐之師,建一統之業,安四海之民,孜孜焉以得賢為輔治之要,首詔自國都以至天下郡、州、縣皆建學立師,簡(選拔)俊秀,教之以聖賢、明體、適用之學。故由賓興(鄉試)而出者布列中外,其學足以化民成俗(教化民眾,造成良好社會風俗),雖百粵(嶺南)海外之遠,莫不涵照詩書禮樂之澤,其治效可媲美於唐虞三代(原始社會後期至夏、商、周三代),率用此道焉。」(《嘉慶翁源縣新志》卷9《藝文略》,第419頁)

　　清代,重文教的政策依然得到了繼承。雍正四年(1726),清朝廷頒布一道詔旨,此詔專在督責地方官一定要重視地方教育事業之發展。其主要精神,一是對督學大臣及教官的諄諄教導。詔謂:

> 朕孜孜圖治,欲四海之大,萬民之眾皆向風而慕義,革薄(革除澆薄陋習)而從忠,故特簡(選拔)督學之臣,慎重學臣之職,欲使自上而下端本澄源以收實效也。凡為學臣者務使持公秉正,宣揚風化,於教官之稱職者即加薦拔,溺職(失職)者即行參革。為教官者訓誨士子悉秉誠心,如父兄之督課子弟,至於分別優劣則至公至當,不涉偏私。如此,各盡其道,則士子人人崇尚品詣,砥礪廉隅,且不但自淑(獨善)其身,而群黎百姓日聞善言,日觀善行以生其感發之念,風俗之丕(大,巨)變庶幾(大約,或許)其可望也。

二是對地方學校生員的嚴格要求,謂:

> 士者四民(士、農、工、商)之首,一方之望。凡屬編氓(編戶齊民,國民)皆遵(尊)之奉之,以為讀聖賢之書,列膠庠(學校)之選,其所言所行俱可為鄉人法則也,故必敦品勵學(培養良好品德,致力於學業進步),謹言慎行,不愧端人正士,然後以聖賢詩書之道開示(教導、引導)愚民,則民必聽從其言,服從其教,相率而歸於謹厚。或小民偶有不善之事即懷愧恥之心相戒勿令某人

知之，如古人之往事，則民風何患不醇（純）？世道何患不復古耶？
朕觀今日之士子雖不乏閉門勤修、讀書立品之輩，而蕩檢逾閑（放
蕩而違法度，偷閑而荒正業），不顧名節者亦復不少。或出入官署，
包攬詞訟；或武斷鄉曲（橫行霸道於一方），欺壓平民；或違抗錢糧，
藐視國法；或代民納課，（先代替貧困民眾繳納租稅，後加息索取），
私潤身家⋯⋯種種卑污下賤之士難以悉數。彼（那些）為民者見士
子誦讀聖賢之書而行止尚且如此，則必薄待（鄙視，輕忽）讀書之
人而輕視聖賢之書矣。士習不端，民風何由而正？其間關係極為重
大。朕自即位以來，加恩學校，培養人材，所以教育士子者無所不
至，宜乎天下之士皆鼓舞奮興，爭自濯磨，盡去其佻達（輕薄，不
莊重；即行為自由，無拘無束）之習矣⋯⋯（《同治韶州府志》卷1《訓
典》，第26頁）

（二）地方官員對教育的重視及推動

明清時期，地方官多有只重視「農桑」而不重視「禮樂」，只重視「刑政」
而不重視「德教」者。正如《同治韶州府志》卷18《建置略・書院・英德・
國朝仇兆鰲新建書院記》所言：「近世所稱良吏惟急催科，嚴緝捕，剖決訟獄，
彌逢上司，無他案詿誤者，便得循例升遷而去；即有糾集耆老講明鄉約者，
不過朔望（每月初一、十五）間舉奉行故事（例行公事）而已。桑農之不暇，
況（何況）教化乎哉！」然而，粵北地方官則大不一樣。

粵北地方官對於教育與政治的密切關係有著清楚的認識。明朝成化二年
（1466），翰林侍讀學士、福建莆田人林文在應邀所寫的《重修翁源縣儒學記》
的文章中，開篇即云：「國家治天下之要莫切於用賢。賢才者治化之所由成。
學校者賢才之所由出。然教養不以正道，欲得其才之用以成治化之隆者幾希
（幾乎不可能）。自古聖明之君所以致太平登上理（達到理想的治理效果），
皆由得賢才，以正道輔治耳。」以上文字見《嘉慶翁源縣新志》卷9《藝文略》。
說明了學校教育的發展，培養出品學兼優的人才，以這些人才為官，政治才
會清明，天下才會太平，民眾才可以安居樂業。

正因為如此，有遠見卓識的地方官員，不管文官武官，都將助興教育視
為自己義不容辭之責。例如，《民國清遠縣志》卷8《人物・先達》有載：「張
韶九，（清）道光間（1821～1850）任濱江司巡檢，遷建雲橋社學於司署之右。」
據常識，巡檢主緝捕盜賊，盤詰姦偽，凡各府、州、縣關津要害之處俱有設

置，學校教育事宜顯然不在其職責範圍之內。巡檢而熱衷於地方教育事業，正是封建統治者自上而下皆重視教育的體現之一。

　　明朝翰林院詩講學士、提舉市舶的江朝宗（巴縣即今重慶市人）在應清遠縣儒學掌教范傑、司訓林淳、周禮道之請，為重建清遠縣儒學所作的《重修文廟記》一文中說：

> ……惟昔聖帝明王堯、舜、禹、湯、文、武，善治天下之道備載孔子刪述之經（五經），士之學者亦惟窮（精通，研究）是經明是道而已。是道也，以之修身則身修，以之齊家則家齊，以之治國則國治，以之平天下則天下平。故我國朝自京師以至天下郡邑（縣）皆建學立師以造就諸士。學（校）必建廟以祀先聖先賢，所以崇重其道也；又得良有司（優秀的地方官、教官）知所先務而作興（培養造就）之，則人材輩出，豈不裨於治道者？……（《民國清遠縣志》卷11《建置‧學宮》，第346～347頁）

　　這段文字指出了國家建立學校的目的在於培養天下年青的學士學習、掌握儒家所倡揚推崇的修身、齊家、治國、平天下的政治理念。有了設施齊全，面貌嶄新的學校，生員讀書修業就有了良好的條件，日後人才輩出，天下大治必然可以翹首以待！

　　正因為對於教育的重要地位及其意義有著清醒的認識，明清時期，粵北地區府、縣地方行政官員之中，重視教育者大有人在。這不僅是因為明清兩朝，最高統治者對於發展教育事業都高度重視，一再頒發詔令要求地方興學育才以供國家、社會之需；另一方面，地方官員中絕大多數人本身就是通過教育而科舉及第者，他們對於教育的地位及意義有著清晰的認識。故在他們任職一方的短短幾年時光裏，振興教育被他們視為義不容辭的工作重點之一。

　　即以明代仁化縣政官而言，這樣的例子就不乏其人。

　　例如志載：「羅俊，泰和人，由進士官御史，謫知縣。天順元年（1457）任仁化縣（知縣），猶有蹇諤（遲鈍，正直，即任勞任怨，忠直敢言）風，守廉行公，恤民禮士，凡學校壇壝等事罔不修舉」；「左潘，寧德人，由舉人授餘干縣（學）訓導，擢知（仁化縣）事。潔己愛民，修學校，獎士類。當道薦其才，調劇縣（任務繁重而難於治理之縣）去」；「於詳，江西東鄉人，由舉人知（仁化）縣事。政尚寬平，留心學校（教育），創濂溪書院，修建文廟及申明旌善亭，升肇慶府通判」；「陳豫章，長樂人，舉人，嘉靖七年（1528）知仁化

縣。剛方自持，周恤民隱，興起風教，建義倉以賑窮困，上召褒之」；「嚴時沖，浙江嘉興人，舉人。留心民瘼，凡有關於政教者多所舉修。邑向（仁化縣過去）未有學田，時（當時）有僧以獅子岩下田互訟，（嚴時沖）稟（請求）大府（韶州知府）歸之學（仁化縣學），後升建寧府通判」；「王繼芳，閩縣人，由舉人知（仁化）縣事，宅心光明，處事持大體，以興學為急務，捐俸建修濂溪書院，集生徒往講學，士民畏而懷之」；「高應選，江西泰和人，萬曆四十年（1612）任仁化縣（知縣），多善政，修啟聖祠以培文宗（文化教育根本大業），增學田以厚（厚待）士類，創建文峰塔，凡利民者莫不畢舉」；「胡京球，廣西全州人，舉人，知（仁化）縣事，有德有威，創鄉約所，朔望（舊曆初一、十一）詣（縣學）講六諭（皇上六道告誡生員之詔諭），旌善別惡，人不敢為非。初，知縣高應選創建文鋒塔，未竟而去。（胡京）球至，為成之。凡學宮、公署、城樓，一切更新，不捐（花費，耗用）公帑，不費民財。」

　　以上所述僅為明代出仕仁化縣之仕宦事蹟其中的一部分，見載於《民國仁化縣志》卷4《政績·宦跡·明》。涓涓細流可以匯成江河。自明迄清，這些來自各地而在粵北地區任職的「名宦」，他們對於教育事業的支持與貢獻，無疑對於粵北地區教育的發展有著重要的影響。

　　對學校教育的高度重視可以說是我國古代歷代政權從中央到地方都普遍存在的一個特點，也是一項優良傳統。這從地方志中普遍設置《學校志》以記錄各地教育狀況亦可略窺一斑。《民國仁化縣志》卷二《學校志》序言云：「化民成俗莫大乎學校，所以作養人才也。國家崇儒重道，登賢進良必以學校為本。宮牆巍煥，祀典攸（所）隆。德行本也，文藝末也；實勝善也，名勝恥也（誠實勝於虛偽者是光榮的，徒有虛名華而不實者是可恥的）。其聞風興起者彬彬乎有鄒魯之餘風。書院、社學、義學之設即古之黨庠、術序（在「黨」中設置的學校稱「庠」；在「術」中設置的學校稱「序」）也。藏修（藏書，修身）有地，樂育有資，以期乎人文之蔚起焉。」

　　地方官不僅重視地方的中級教育（府學、縣學、書院），對於初級啟蒙的義學、社學教育也給予了應有的重視。明清時期不少初級教育設施即為縣令所創建或負責修葺，並負責教師的聘任；還設法使義學、社學教育在經濟上有來源，以便可以長久維持。如《嘉慶翁源縣新志》卷六《建置略·學校》所載：「八泉義學在（縣城）東門大街，國朝（清朝）乾隆五年（1740）署縣（代理縣令）徐廷棟建，延本邑歲貢郭良圖為師，復率紳士捐置田租，並將三華

鎮橫石埠官地租撥歸義學以為師生膏火。歲久棟朽牆傾，嘉慶二十四年
（1819），知縣謝崇俊捐廉（清代官吏於正俸外，另給養廉銀，合稱「廉俸」，
簡稱「廉」）重修。」

　　明代，連州也出現過幾位重視教育事業，投入較大的人力、物力修葺破
敗學校，使地方教育得以振興、維持的官員。據《同治連州志》卷十「記」中
所收錄的《復修泮池記》、《修學記（明宏治五年）》、《修學記（明正德三年）》、
《修學記（明嘉靖十五年）》、《修學記（明萬曆三十八年）》等篇的記載可知：

　　明初，連州廢為陽山縣，縣學（原府學）建於後街。洪武十四年（1381）
復置連州。同知劉本和、學正劉平始著手恢復州學，重修了學路；泮池中原
為浮梁（橋），現改為石橋。其後，因為連州州學教育沒有受到當時官員的足
夠重視而漸趨廢弛，一些唯利是圖的地方豪右就趁機蠶食州學利益。載志：
「厥後校官（教官）多曠，壞域四侵，泮池直（至）欞星門者（為）豪右所
奪，竊稅（租賃，買賣）為業，因循有年」。正統紀元（1436），彭毓敬由翰林
編修遴擢廣東僉憲，奉敕署理學正。他巡歷至連州，視察了州學，「激勵士風，
增修學舍，教民力本知禮義，威德兼至」，並且將原來已被地方豪強侵佔的泮
池收復歸州學所有。後來，徐達（浙江人，進士，正統四年即 1439 年任）來
任連州知州，借鑒北宋時期范仲淹以私有田地捐獻給地方學校以資助教育事
業的往事，「乃出稅（出租，租賃）三畝，科（徵稅）米一斗五升三合六勺」，
以作為州學教學經費及生員的生活補助來源；並且對州學進行了一番興工改
造：「攻役（始於）癸亥（正統八年，即 1443 年），成於甲子（1444）春……
梁木易新，建亭於上，摹（臨摹）晦翁（朱熹）『天光雲影』字顏之（題寫作
為匾額）。其東別濬小溝出潦（排水），傍樹揚柳，中植芙渠（荷花），規制完
矣。」

　　天順四年（1460），蔡瑛（福建龍溪即今漳州人，監生）來任連州知州（按，
《同治連州志》卷五《名宦四十四》本傳卻記載為「景泰四年（1453）知連
州」，未知孰是）。在任期間，他「政令嚴肅，興利除弊，事便於民者悉為之。
擇地遷建學宮，殿廡廨宇悉循規制，身自督率，不日工竣。」

　　明宏治五年（1492），連州州學在知州廖輔（福建長汀舉人，宏治二年即
1489 年任）的主持之下，再次作了修葺。「由是連（州）士樂育（娛樂，教育）
有地，追崇（見賢思齊，追蹤崇拜名賢）有依，廟焉而享（廟宇有祭祀），學
焉而興，事業因之造就，文物為之宣明，殆猶（幾乎接近於）綱領張而條目自

振矣！抑（又，再，而且）聞侯（廖輔知州）於政暇必詣學舍，臨講堂，較（考核，比較高下）師徒勤怠以示勸懲。」這對於促進連州地方教育事業的發展，無疑作出了重要貢獻。

正德三年（1508），張書鯉（江西吉水舉人，宏治十八年即 1505 年任）來任連州知州，對州學又大事修葺，使之面貌煥然一新。倫文敘所作《修學記》謂：

> 湟（連州，因湟水即今連江貫穿通過連州，故代指連州）為嶺表名州，儒學之建舊（由來已久）矣，而正殿、兩廡、戟門僅作於蔡侯瑛（蔡瑛知州），至欞星門、講堂、學舍、儲庫則日就隤阤（崩頹，敗壞），歲時齋居無所，會饌無廳，師儒無署，艮隅之地圭削弗端（校舍建築不合風水規則），乾位之途鞠為蔬圃（而風水寶地卻淪為種菜之地）。牧守洊至，曾莫之顧（多位知州接踵而來，卻沒有誰關注到州學風水欠佳這一問題）。吉水張公書鯉來刺是邦（任知州），約己搜弊，振俗裕民，百廢具舉，乃請於大府（廣州知府）出帑（官資）所藏，而繼斥（捐獻）私奉（俸）若干，鳩工庀材，增飾成規，取其阤（敗壞）者撤而新之，缺者度（設計）而營之，市地以就方，闢圃以復故。念昔南軒（南宋初期學者、教育家張栻，與朱熹、呂祖謙齊名，時稱「東南三賢」，曾隨父張浚至連州貶所）過化斯土，則直（當，臨）堂北建祠以祀之。計學徒日倍於前，則翼祠前增築學舍以居之，而後是學之制宏碩完敞，得與諸州埒（得以與國內其他州學相提並論）……

明嘉靖十三年（1534），佘勉學（馬平即今廣西柳州人，進士）以南臺御史謫任連州判官。他「至則夙夜懋圖（專心考慮）風教而崇起之。顧（考慮到）州學阤然日隤（日趨破敗），則歎曰：『事有大此者乎（事情有比修葺破敗學校更重要的嗎）！』乃捐俸鳩工，重建正殿、兩廡、戟門，視（比）舊址益宏（寬敞）；明倫堂以及儲庫、齋房皆撤（拆）而新之。學宮寓舍亦加整飭焉。暇則與多士講明正學（儒學），亹亹（勤勉不倦）焉忘倦。」

黃佐在記述此事的《修學記》中，對此作了一段議論。大意如是說：

> ……我認為古代先賢明王化民成俗，厚其生以富之，拔其秀以教之，弦誦以肄之，廩膳以待之，設置俎豆、飲射諸禮，按規定時間宣讀王朝法令以率生徒，使眾生員們修養身心，以掌握治國安邦之道。生徒內心清靜則術業

專精，不會見異思遷。這一切莫不是因為有學校之設。有了學校教育的開展，社會風氣便會端正嚴肅，無須以嚴酷法令約束才能把社會治理好，賢才亦由此而出，就像清泉湧出於山澗，通過開鑿渠道加以引導，就可以暢流到達大海。這是自古以來賢明的君主都能認識到的道理。在此州學中讀書學習的賢士君子如果能夠體會咱們佘君（佘勉學判官）樂育人才之心，向古代聖賢學習，以無愧於曾涉足於粵北的唐代的韓愈、宋代的張栻等等聖賢，這樣，佘君的願望也算是得以實現了。聖人之道猶如大海，假如士君子們能講究內心修養，不斷擴而充之，就像咱們粵北的湟川（連江）之水奔流至海，未有不能如願以償的。

清康熙三十七年（1689），英德知縣田從典在日理萬機之餘，將已處於衰廢狀態的湞江書院加以維修和改造，改名為「近聖書院」。《國朝仇兆鰲新建書齋記》記述道：田從典縣令

> 於是修葺學校（書院）之啟聖宮。於明倫堂之北，邑（縣）舊有宋三賢祠：蓋唐忠肅公介（唐介，諡號「忠肅」）、鄭監門俠（鄭俠，曾監安上門）、洪宣公皓貶官至此，州人懷賢慕義而建置者，歲久傾圮，乃復為構其堂於學（書院）之西畔，而於祠之兩廊列書齋二十間，外設臺門，左築射圃，顏其門曰「近聖書齋」；又刻米元章（米芾，襄陽人，字元章，世稱米襄陽，特妙翰墨，得東晉書法家王獻之筆意，善畫山水人物）、湛甘泉（湛若水，廣東增城人，字元明，號甘泉，少從陳獻章遊學，明弘治末登進士，授編修，嘉靖時歷南京兵部尚書，是著名理學家，亦善書法）諸名公墨蹟於傍。其糾工（集結工匠）購財，絕不騷動民力，皆節歷年清俸（清廉任官所得俸祿）而經營之者。堂成後延名師訓以經義，勤其課督，俾年少力學之人丕變（明顯改變，明顯進步），其宿習而趨向一新；又為之置廊步田五十畝並桃溪書院遺田八十畝，南山書院遺田七十餘畝，除納官稅外，司收租銀四十餘兩，以供春秋歲祀、修葺書齋及諸生膏火紙筆之需。

田從典縣令不僅「絕不騷動民力，皆節歷年清俸而經營之者」，而且「勤其課督」，勤於考查與監督，積極參與書院的教學管理，還設法置田以為書院教學的經費來源，因此，仇兆鰲在文章中讚美田從典縣令道：「侯（田縣令）之留心德教如斯，所謂鳴琴絃歌之逸響（學士好學之風）於今其再振矣乎！」

由於在任期間政績突出，加之「在官廉潔愛民，不改儒素儉樸，三年之內輿頌（民眾好評）日起，而聲譽上聞，蓋卓然有古循吏之風矣！」以上所述見《同治韶州府志》卷18《建置略·書院·英德》。

田從典知縣振興地方教育之功是顯然的。在此一年之前，即康熙三十六年（1697），學政（提督學政，也稱督學使者、學政使，俗稱大宗師、學臺）左峴在《新建近聖書院記》中敘述道：

> 康熙三十六年，余奉簡命提調廣東學政，五月中度庾嶺至英水。時（當時）邑令田侯以勸課（催繳賦稅）下鄉不值（未能相見）。諸學博來相見，曰：「城中虛無人，子衿（生員）皆散處村落，無一人住城內者」。余慨然久之。及余歷考試瀕海各郡縣，逾年始試韶陽（韶州），再過英水（英德縣），則見江岸宮牆峻麗，鳥革翬飛突起，問之，知為大聖殿聿修（剛剛修葺）而啟聖宮新建於灌莽榛翳之區，筴（竹編）書屋二十餘間，臺門射圃次第臚列，弦誦聲相聞，燈火熒熒出戶外。都（當地）人士曰：「我邑田侯捐出歷年清俸，不動帑財（公款），不勞民力，修築而聚弟子員讀書其中也。」

引文同上。

連州的一些地方官在改造學校時還將之與風水學說相結合，企圖借助「風水」以促進連州教育事業的勃興及人才輩出。

風水之說是我國傳統文化的一個重要方面。在許多人的心目中，風水不僅與個人前途命運息息相關，亦與地方教育事業的興衰有著密切聯繫。如果學校建設符合風水規則，那麼學校教育便會蒸蒸日上，碩果累累，科舉之時便會捷報頻傳；反之，如果建設不合風水原理，或許可以抵消教官及學士們的勤奮努力，數年以至數十年難見科舉晉身者。因此，一些粵北地方官便將學校的改造與風水思想、學說相結合。楊三華寫作於明萬曆四十一年（1613）的《修學建塔碑記》就記述了當時連州知州李世薦（湖廣舉人，萬曆三十二年，即1604年任）對於連州學宮的改造過程。其文略云：

> 今宇內賢才大都育自學宮，而學宮賢才輩出，登科擢甲為國家楨（能勝重任的人才），則又關山川之形勝。堪輿家（風水先生）言雖不足憑，而地靈人傑自古記之矣！稽州志（查閱《連州志》），連（州）古百粵壤（地），在唐宋稱才藪（人才輩出之地），明興（以）來人文濟濟，不減夙昔。乃（而）今科第寥若晨星，何以故耶？戊

申（萬曆三十六年，即 1608 年）春，楚麻城李公（李世薦）來守是邦（來任連州知州），心竊異之，慨然採輿言（接受眾人建議），思改圖也。（州）學東南為學（宮）之巽方，則建浮屠（塔）於蓮花峰之上，百尺高懸，取山靈之遙拱也；學（宮）有隙地，為學（宮）之震位，則祠文昌於尊經閣之左，八窗洞啟，迓（迎接）靈氣之靜涵也。築大石基為眠弓案以鎮於前，濬（重新開挖）已填塘作水潮勢以達於西，設屏牆肅尊聖之儀，造板橋通步雲之路，創新賢關對南方天馬之峰。種種形勝，庶幾（接近於）文明麗澤之象矣。回視昔之曠泄（空曠而洩漏「靈氣」）不煥然殊觀耶！工始於戊申（1608），訖於壬子（1612），塔之費取之善信（善良人士及相信風水學說之人），學（宮）之費取之士紳，僉（都）謀勒石以紀歲月……

在這次按照風水規則修葺連州州學的過程中，李世薦知州「捐俸鏹百餘為眾倡」。李知州的倡導對於改造州學工程籌集經費起到了重要示範作用。故作者在文章之後感慨地說：「是役也，微（假如不是）李（世薦）之捐俸，誰與成其始；微遐邇（遠近）士大夫及諸耆老與首事諸子捐財協力，誰與成其終？」在眾人的齊心協力之下，修葺州學之工程才得以順利告竣。以上所述文本及事由見《同治連州志》卷 10《記》。

入清以後，經過易代戰爭，兵燹之後，原連州學已「鞠為茂草」。清順治十三年（1656），署連州知州竇必勝來履任，僅修葺了州學殿廡，功未成而代去。十八年（1661），劉士芳來州署篆（代任），「見（州學）基址雖存而茅茨（房）土階淳悶樸僿（簡陋或已損壞），喟然曰：『鴻濛之風其奚以股肱文明，敷賁（發揚光大）文命也哉！』」教育、文明如何才可以得到振興呢！於是捐俸倡率諸紳士，鳩工庀材，一時之間殿廡廊祠次第修葺。「其北為明倫堂，歸然廓如（開闊）也；其東北為啟聖祠；又東北為文昌閣，互（連接）於啟聖祠之前者，蕩蕩平平，達天衢也。有志之士當作砥矢觀矣！」《同治連州志》卷 10《記·修學記》，第 805～806 頁）這項修葺工程啟始於順治十八年（1661）秋，是年冬即告竣。

康熙二十三年（1683），安達里（遼東廣寧即今遼寧北鎮縣人）來任連州知州，次年即將修葺州學擺上議事日程，「出其俸資」，將州學修葺一新。梁登甲《增修學宮記》記述道：

立學校於郡縣，所以育人才，培道脈而崇至治（美好政治）也。連（州）之有學（州學）其來舊矣。丁亥（順治四年，1647 年），土寇倡亂，（州學）鞠為茂草（停廢），禮樂鍾簴（古代懸掛鐘磬的架子中的立柱）之地悉化為荊榛瓦礫。迨（及至）國朝定鼎，州牧竇（竇必勝）、劉（劉谷，順治十年任）二公始建復之。然時在草創，規制猶未備也。厥（其）後殿廡及欞星門經風雨飄搖，漸將頹壞。我侯安公（安達里）以癸亥（1683）冬來刺吾連（來任連州知州），越明年，出（捐獻）其俸貲鳩工庀（具備）材，視殿廡、棟桷、榱題蠹者易之，圮（崩壞）者更之，丹雘塗墍（油刷粉飾），煥然一新；而戟門之前為之改樹欄柵，務使寬廣舒暢，蕭疎條達，文運之興將必自公啟之矣！憶吾連（州）迭被寇氛（屢經動亂），蕩析離居（民眾流離失所），公（安達里知州）蒞任一載，哀鴻（流民）漸集，於是遂有正德（端正品德，開展道德教育）之謀。蓋實以施為之次第，隱寓鼓舞之微權（由安達里知州將修葺學校置於當務之急，可以看出他對於教育事業之重視，對於渴望早出人才之深意）。其所為育人才，培道脈（培養良好道德）而崇至治者，其意固深且遠也。連（州）多士（各位生員）顧此慎無負立教之心矣！（《同治連州志》卷 10《記·增修學宮記》，第 808 頁）

不僅是重要的教學設施，那怕是學校中一些僅是點綴裝飾，只具象徵意義的建築，有不完善之處，地方官亦設法及時修復一新。例如泮池，原是西周時期「大學」中的一種設施，其後歷代沿襲不改，其有無及興廢實際上並不影響學校教育的開展；然而，一旦有所損壞，地方官也看在眼裏，急在心上，一旦有所餘暇，那怕依靠個人捐資，也要設法建設完善。例如清朝康熙四十一年（1702），王濟民「奉檄調連州，初篆（蒞任）之明日，循例謁先師廟，（只見）堂廡奕然整肅，所缺者泮宮池。稽古學制，建於天子（京師所建大學）曰『辟雍』，建於諸侯（府州縣）曰『泮宮』。池之不備，何泮宮之足云！」這是新任連州知州王濟民對於州學泮池的認識。連州地處粵北，毗鄰湖南、江西，當時瑤族動亂，戎馬倥傯，一時未能顧及州學泮池的維修。「迨八排（瑤）率服，振旅凱旋，又度州務之緩急先後次第就理，爰（於是）及斯池（泮池），圖以鑿之。」王濟民知州與州學教官商議倡捐，諸紳士亦樂從襄事。「（泮池）形如半月，橋跨其上，周（圍）以石欄。於是泮宮之制遂大備」。

此事見《同治連州志》卷 10《記·鼎建泮池記》。學校各項教學、生活、遊樂設施皆齊備完善，為教學的開展，人才的培養創造了良好的條件。

州學泮池開鑿建橋竣工之後，王濟民知州召集州學諸生，對他們發表了一番講話。大意如是說：自古以來，文治與武功同等重要，互相配合，才能把國家治理好。連州向來稱得上是「人文淵藪」，科舉及第，躋身顯秩者，早在唐宋時期已是指不勝屈！如今，地還是連州之地，人還是連州之人，能否還像過去那樣人才輩出，就看你們努力不努力了！你們有幸在州學之中受教學習，只要注重講學修行，攻詩書，循禮樂，學有所成之後，不僅可以入仕為官，還可以將詩書禮樂傳揚出去，使得遍地絃歌。如此，即使是那些居住生活在深山老林地區的「盤瓠遠裔」（少數民族），也會受到感染而「慕義向風」，轉變成為具有高尚品德之人。這就是我們地方官在任期間要開鑿這個泮池的深意所在啊！

以上內容，原文見《同治連州志》卷 10《記·鼎建泮池記》。清乾隆五十八年（1793），趙鴻文（順天宛平即今北京市人，吏員出身，《同治連州志》卷五《職官》記其乾隆五十五年即 1790 年任）來任連州知州。剛到任，修廢舉墜，忙得不亦樂乎。當時，連州學中的文廟正修葺完畢，州人請初來乍到的知州趙鴻文寫一篇文字以刻石垂久。趙鴻文知州對於地方教育很重視，他說：「余維（我認為）我皇上壽考作人（健康長壽，注重人文教育），文教覃敷（興盛），薄（遍及）海內外涵濡翔洽，凡所以升之俊秀，育之膠庠（學校）者至周且備，故學宮匪特（不僅）崇祀先聖先賢，亦以昭國家棫樸菁莪之化（用以為國家培養人才），典甚巨也（確實具有重要意義啊）！」趙鴻文知州通過查閱地方志，知道州學文廟創建於北宋咸平年間（998～1003），原在城內東南隅，迨明洪武年間始遷移至列秀亭（南宋貶謫名臣張栻所建）舊址，即現州學。入清以後，州學屢經修葺。乾隆甲戌（1754）重葺五王廟、明倫堂、文昌樓；而大成殿、兩廡、戟門、欞星門等俱未之及，日久欄欹砌（臺階）塌。此前歷任州牧（知州）咸慨然有維新之志，然而皆因種種緣故而未能付之實現。乾隆五十八年（1793），趙鴻文蒞任連州知州後，地方眾紳士又再提議重修州學，得到趙知州的支持，「遂倡率（倡議，率領），州人踊躍鳩貲（捐資），經營董作，向（過去）之憾（破損）未修葺者罔不增高式廓（擴建），加以塗飾，兼又構葺忠義、節孝兩祠。是役也，始於癸丑（1793）之八月，告竣於乙卯

（1795）之十月，共費金（錢）一千八百有奇。」以上見《同治連州志》卷 10
《記·重修連州學記》，第 818 頁。

四十餘年後，至道光十八年（1838），愛升阿（滿州人）來署州事，又
與州學學正徐大襄、訓導明離照合議重修。十九年（1839），知州事王熊董
其成。

（三）地方官員對師生教學的諄諄告誠、教誨與薦拔

在粵北地區古代歷史上，在地方政治中有所建樹，享有眾望的官員，大
多較注重地方學校教育事業的發展。他們不僅傾盡全力於破敗學宮的修葺維
新，慷慨解囊捐俸助役，而且在應師生之邀請而書寫的記述學宮修葺經歷的
文章中（這些文章多鐫刻於石碑以傳久遠而為方志所收錄），對師生的教與學
作諄諄告誠與教誨，期望教官認真地施教，生員努力地學習，積極奮進，以
成為日後對國家、社會有用之人才。

康熙年間（1662～1722）任樂昌縣令的任衡，在集資對縣學修葺一新之
後，對生員們說：

> 《記》（《禮記》）曰：「大學始教，皮弁祭菜，示敬道也。」夫
> 「祭菜」之禮，即所謂與秩節（秩序、禮節），祭先師先聖者是也。
> 祭之者何？謂以虔式臨之心，一景仰之志耳（祭祀先師先聖的目的
> 是什麼？就是要對先師先聖懷有虔誠之心，專心致志以他們作為效
> 法的榜樣）。心虔而志一，則讀其書而尊所聞，行所知於五常（仁、
> 義、禮、智、信）之理，而求明於五倫（即君臣有義，父子有親，
> 長幼有序，夫婦有別，朋友有信）之道而求踐修，已而（然後）體
> 以立（立身，立足），治人而用，以行其上，德可成也；其次，藝（知
> 識，技藝）可觀也，庶於（接近於）記（《禮記》）所謂「建國君民，
> 教學為先」，由小成而大成，以化民而成俗之意，無悖是道也。備弟
> 子員者聞之習矣（作為縣學生員的你們應該是耳熟能詳的），而卒少
> 遠悅近懷之驗者（而最終真正能做到使遠近之人都佩服都尊敬的卻
> 不多），獨何歟（這是為什麼呢）？毋亦（難道也是）科名是急，而
> 於遵所聞，行所知者緩耳？……

這段文字見《同治韶州府志》卷 16《建置志·學校·樂昌》。一席話，諄
諄教導縣學生員們要重視各項禮儀、各種知識，要有虔誠之心，專一之志，
學好知識，培養高尚之品德，如此才能成為社會、國家有用之才。

康熙三十六年（1697）提調廣東學政的左峴，在所寫的《建近聖書院記》的最後，對近聖書院的前景同樣充滿了期待與信心。為激勵諸生，他寫道：

今諸生皆誦法孔子，朝夕登堂，觀俎豆祭器，以時習禮其中，其亦可以奮起矣！士希賢，賢希聖（士人期望成為賢人，賢人期望成為聖人），希之云乎豈徒日近之也（所謂「希」難道說只是不斷接近就行了）？昔胡瑗（宋代理學家，曾在浙江湖州以教授為業，弟子數百人）以經義治事（以經義教授生徒），兩齋設教，其弟子散在四方，言談舉止望而知為安定〔注：「安定」即胡瑗，北宋海陵即今江蘇泰州市人，字翼之，以經術教授吳中即今太湖流域一帶。景祐（1034～1038）初更定雅樂。范仲淹薦之，以白衣應對崇政殿，授校書郎。後以保寧節度推官教授湖州，弟子數百人，置經義、治事二齋（課堂），諸生各就其志，以類群居。慶曆（1041～1048）中興太學，下湖州取其教學法，著為令。後任教太學，其徒益眾。禮部考試所取士，胡瑗弟子居十之四五。人遇之，雖不識，皆知為胡瑗弟子。以太常博士致仕歸，卒諡「文昭」，學者尊稱「安定先生」〕門人。異時（日後，將來）有秀才高等及經明行修，為人師表，出可為公卿輔弼者，皆耳而目之也（是完全可以預期的），曰：「此皆近聖書齋中人也，則侯（田從典縣令）之所漸濡沐浴豈淺鮮哉（這些公卿名人都是出自近聖書院，如此，田縣令修葺學宮，重視教育的意義就顯得十分深遠了啊）！」（《同治韶州府志》卷18《建置略・書院・英德・學政左峴建近聖書齋記》，第376頁）

乾隆十一年（1746），樂昌縣對昌山書院作了修葺，使之面貌煥然一新。修葺完工之際，馮翕縣令也召集諸生發表了一番講話。他對諸生們說：你們知道讀書向學的實質和意義嗎？學習的目的就是要明體達用。什麼叫做「體」？「體」就是指心性；何為「用」？「用」，在身則包括視、聽、言、動；在家則指孝、友、姻（姻親互敬）、睦；在國在天下則是禮、樂、兵、農，順從條教，服從號令是也。自古及今，無不如此。由此而可以成為聖人、賢人、士人。學力不同，同歸於道（品德高尚的人）；否則只能成為平凡的眾人。重要的是要做到「體」，「體」做到了，才能說到「用」。所以學士讀書的目的就是要達於「道」，成為品德高尚之人，而不僅僅是為了學會寫文章，應科舉之試。雖然如此，聖人之道集中在儒家的六經以及「史」（正史）、「子」（諸子百家）之中。制科以經書取士，看重的是文章寫作；而「道」則體現於自身言

行以及治國平天下。再說，各行各業之人皆可達於「道」，何況專心讀聖賢之書的文士呢？其實，科舉之學與所謂「明體達用」的「正學」是有著共同性的。前人曾說過，學「理」學「文」，與「心」與「道」合一，「道」、「用」就算具備了。今天，你們在座的生員們，大多都將科舉考試看得比明體達用的儒家學說更重要，這就有失偏差了。一般說來，人有文章寫得好而不懂道理者，未有深明道理而文章寫不好，做不到「坐言起行」（即學以致用）的。我對你們是充滿信任和期待的；對你們日後的成才，我將拭目以待！

以上文字所據為《同治韶州府志》卷18《建置略·書院·樂昌·國朝（韶州）郡守薛醞記》。

清朝嘉慶年間（1796～1820）任英德知縣的周本蔭，在記述縣學修葺過程的文章中，最後如是寫道：

上古學校之設與多士之所以自修，非專尚夫文章而貴乎能盡聖賢之學。夫所謂能盡聖賢之學者，危繳（戒慎而細心）精一，允執厥中（堅持做到不偏不倚）之學也。格（物）致（知）、誠（言）正（心）、修（身）齊（家）、治（國）平（天下）之學也。堯舜相傳至今不易。朝廷之所以造士，多士之所以自修，靡（沒有）不以此。故一時之士服習其間者無偽學、曲學之弊，人心（人慾）以之而去，道心（美德）以之而明，格致誠正之學無不醇（精純、精粹），修齊治平之學無不備，於是乎有鄉舉里選之典；於是乎有書升論秀（薦舉、科舉）之條。於戲！何其盛也！迨後競尚乎文藝詞章之學，不能深體乎危微精一之傳而所學偽矣，不致力於修齊治平之業而所學曲（走向歧路，出現偏差錯誤）矣。我國家（清朝）敦崇儒術，文教覃敷（普及），監三代（夏、商、周）之成憲，擴萬世之宏謨，畿輔（京師）有學（國子學或太學）以教國子；州縣有學以教秀士，不即（接近，符合）上世鄉學、國學之義乎？有童子試以取俊秀，不即上世選士進士之義乎？又有孝廉、方正、博學鴻詞諸科，不即上世言揚行舉、拔茅連茹（嘉言懿行受表彰，貧困學士得薦舉）之義乎？多士躬逢盛世，尚其（期望你們）砥礪廉隅，懋修乃業（砥礪名節，刻苦修業），笙簧六籍（習禮樂，讀六經），鼓吹休明，實體夫聖賢心學之傳，毋襲夫偽學曲學之弊，以仰副聖天子作人（培育人才）之雅化（文明教化）焉。是所厚望於英（德）之士也，亦

　　不僅有望於英（德）之士也……（《同治韶州府志》卷17《建置略‧學
校‧英德》，第356頁）

　　甚至是肩負著軍事重任的官員，一旦局勢稍為平穩，他們也將目光投注
到地方教育事業方面來，期望能為促進地方教育的發展而盡自己一份力量。
例如明朝弘治年間（1488～1505），吳廷舉任按察司僉事、整飭兵備道，負有
軍事之責，在任三載，「剿平猺（瑤）賊，而尤加意士林，親為訓迪，特著《立
志說》一篇刊布學宮以勉多士」。其所作《立志說》，今略作譯述，大意如下：

　　君子之所能取得偉大的成就，都是因為他們有著遠大的志向。所謂「志」，
即期望一定可以達到的目標。志之所至，氣必至焉。有毅焉必至之志，而最
終竟一事無成者，世上沒有這樣的事！之所以有些人未能實現自己的志向，
一定是因為其志向不夠堅定。志向不堅定，思想不集中，時而努力，時而鬆
懈，結果自然是一事無成！這樣不堅定的「志向」，實際上不能稱作真正的
「志」。「志」最可貴的就是要堅定，並且須注重其最初所立之志：最初立志
要取得富貴的，最終必得富貴；最初立志要取得功名的，最終必然取得功名；
最初立志做一個品德高尚的人，最終便是一個品德高尚者。世上未見立志富
貴的人最終卻取得顯赫功名；也未見立志取得功名的人最終成為品德高尚者，
所以說立志不可以不慎重！商朝的賢良之相伊尹在成為丞相之前躬耕於有莘
之野，就已經立下了遠大志向，要協助君主成為像歷史上著名的堯和舜那樣
的明君，而使民眾成為像堯、舜當政時期那樣的循良之民。孔子的得意弟子
顏淵，窮居陋巷之時就已有了要成為聖人的志向。因此，伊尹最終成為了王
者之良佐；顏淵也終於成為僅次於孔子的「亞聖」。古人由於志向遠大，所以
成就也就偉大。秦漢以後，世情的變化就像是江河日下，讀書之人往往嚮往
的是富貴利祿，以聲華（名聲和榮華）相高，其志之卑，其人之陋，無足掛齒
者！其中雖然也有一些所謂的「有志之士」，但也不過是見機行事以獲取功名
者，雖有「儒者」之名，卻無道德之實，真正的「豪傑之士」極難看見。我看
宋代理學家程顥（字伯淳），自十五六歲時即慷慨有求道之志，寧學聖人而不
至，不欲以一善而成名；寧以一物不被澤為己病，而不欲以一時之利為己功：
其志向之遠大有如此者！因此，他最終可以成為天下的聖賢。范仲淹（字希
文）自做秀才（府縣學生員）時便以天下為己任，先天下之憂而憂，後天下之
樂而樂；其志向之遠大有如此者，一旦宋仁宗大用之（任宰相）而事業顯於
天下。由此可見，士君子立身天地之間，固當以國家大事為懷，立志成為像

伊尹、顏回、程顥、范仲淹那樣的聖人名賢。而如今，士人當中，卻多有對此不屑一顧者，直把官場當作自己謀取功名利祿的場所。《尚書》說「功崇惟志」（功高是因為有志向）；《左傳》說「有志者事竟成」，說的都是這樣的道理。一些人立志不高，甘於平庸，說到程顥、范仲淹這些歷史上有成就的名賢就說他們是「大賢君子」，我是什麼人，敢跟他們相比？因此可以說，自己認為高不可攀就不去努力的人，實際上是「自暴」（失去信心）者；認為自己有能力做到，但又不願意去做的人，是「自棄」者；認為自己有能力做到，但又不能持之以恆者，是「自畫（停止，截止，侷限）」者：這些人都可以統歸為「無志者」。唉！天下之大，真正有志者實在是太少了！我讀過不少古書，不少古代著名人物都有這樣的感慨。因此寫下這篇《立志說》以勉勵學士們。希望你們立志明道，向宋代名臣范仲淹學習，做一個真正有志向能成就大事業之人。

原文見《民國清遠縣志》卷二十《雜錄·吳清惠公訓》。

地方官發現潛質優異者，便積極為其創造良好的接受教育的條件。如《同治韶州府志》卷 40《雜錄》「翁源黃器先」條記載：明代翁源縣人黃器先，年十一遊庠（入縣學讀書）。郡守唐升奇其文，薦之提學副使歐陽鐸。鐸復奇（讚賞）其文，令遊郡庠（推薦進入郡學讀書），齎以兩漢書（《漢書》、《後漢書》）俾讀之。（唐）升買學田，立明經館教六邑之來學者，躬詣郡庠為（黃）器先加冠，請謫官、御史、盧陵（人）黃國用作賓，設大宴，郡邑傳為盛事。」一個十來歲的少年，因為文章寫得好，竟然得到郡守及提學官員的器重，薦舉進入府學接受良好的教育，並親處為之舉行加冠禮，讓其讀兩漢書，期望其成才之心昭然若揭！這無疑對於其他年青學子產生了激勵作用，使他們將學業看作神聖而光明的事業！

地方官不僅重視府學、縣學的扶持，同時亦重視對基礎教育如社學、義學的支持。以仁化縣令李夢鸞扶持社學為例。

清朝初年，包括基礎教育在內的教育事業得到了中央、地方統治者的重視，得以從明末以來戰亂造成的廢墟中重新復興，「山阪海澨之吏，靡不設義學以興（教育，培養）多士」。即以仁化縣為例。仁化縣有扶溪、洪山等社學。清初，歷經改朝換代戰爭的洗禮，多已趨於破敗，「悉穢然兔葵燕麥（形容景象荒涼）中」。康熙二十三年（1684），李夢鸞來任仁化縣令。縣儒學教官崔登桂、陳上達等以縣儒學教育衰微見告。時經動亂（此指「三藩之亂」）之後，

李夢鸞縣令對教官們說：俗話說，禮義生於富足，如今廣東遭遇兵燹之後，瘡痍未復，民未可教也。過了兩年，天下形勢漸趨平定，徭役均，稅斂薄，田疇開闢，城鄉社會秩序良好，士庶（知識分子，平民百姓）漸次欣欣向榮。李夢鸞縣令認為應該將振興教育事業提上議事日程了。仁化縣城之南有周濂溪（周敦頤）先生祠，祠之左為文昌閣。文昌閣又稱文昌樓、奎閣、魁星閣、魁星樓等，是中國古代一種傳統的祭祀建築，祭祀傳說中掌握文運功名的神靈，為保一方文風昌盛而建，寓義文運興盛，步步高升，是中國古代學問、文章、登科舉的守護神。時文昌閣已傾圮。李夢鸞縣令「乃捐捧（俸）葺而新之，延宿儒處焉，以教士之艱於適館（因貧困而未能入學受教）者」。修葺工程既已落成，李縣令召集地方鄉紳、生員，對他們說：各位鄉親、生員知道為什麼要在學校中設立周濂溪先生祠及文昌閣嗎？學者以明道為本，而只會背誦儒家經書，通過科舉考試，學而優則仕，這是舍本逐末了。查考仁化縣的歷史沿革，過去屬於曲江縣，漢時統屬於荊州。濂溪先生過去曾任桂陽縣令，又曾在韶州任過提刑官，可知包括仁化在內的韶州曾是濂溪先生的宦遊之地。濂溪先生著有《太極通書》，上接洙泗（孔孟儒學），下啟河洛（程顥、程頤理學），政績復卓葷不群，故而千秋從祀，豈止是在仁化縣受到人們的祭祀呢？文昌乃是星官家之說，儒者所不道（不應該談論）。古語說，天垂象，君子則之（君子應該順應天象以生活、讀書）。然而，依我看，按照人的形象來描畫文昌神的形象固然是錯誤的，而將文昌作為神靈來祭祀則又是符合禮儀規範的。仁化縣雖是個小縣，縣城斗大，但山川秀麗，桑麻掩映，在國家統一版圖之內，怎能將仁化縣看作是一個貧窮落後的小縣而自暴自棄呢！諸生們只有一心一意於學習和完善自己的道德仁義觀念，才能成為一個有益於家庭，有益於國家之人。否則，僅僅是在濂溪先生祠及文昌閣前虔誠祭拜，企求得到神靈之助，這是我所不贊成的。而且，本縣以「仁化」為縣名，你們知道是什麼原因嗎？諸生異口同聲地說：宣揚朝廷仁德之意（仁），振興教育（化），尊賢祀神。

以上所述本自《民國仁化縣志》卷七《藝文第十二·義學記》。

此外，對於盡職盡責於地方教育事業的教官，地方官亦給予禮敬。為已逝教官立祠致祭即為體現之一。一般而言，地方民眾立祠致祭者多為對地方政治、經濟、治安、教育等作出過重要貢獻的文武官員；而在粵北地區，除此之外，還可見地方官或當地民眾為教官立祠致祭者。如《同治韶州府志》卷

19《建置略・壇廟・翁源》有記載:「林公祠,在(翁源縣)儒學後,明嘉靖間署縣(代縣令)鄭宗彝奉文為教諭林永齡建」。

(四)地方官員撰寫「科貢題名記」或其他文字以激勵士人奮發向學

《同治韶州府志》卷7《選舉表》選錄了明朝黃榮撰寫的《科貢題名記》。黃榮,南康(今江西贛州市)人,明永樂二年(1404)來任韶州知府。他在《科貢題名記》中說:

> 人才由山川風化出也。韶(州)之山水分自(大)庾嶺桂陽,透迤盤礴(磅礴),宏澄曲折,歷數百里而峰巒交萃,三水合流,所以鍾靈毓材者視他邦特盛也!張文獻公(張九齡)、余襄公(余靖)二公擢高科,秉鈞衡(任高官,掌大權),勳名操節昭輝史籍。及諸致身科第,記名碑碣者彬彬可考。今山川之流峙無間,士君子出於其間,幸際明時(有幸遇上開明的時代),聖天子躬行德化於上,藩憲大臣(地方官員)宣化於下,加之以師友淵源切磋之意,是以多士濟濟,比昔尤盛。自洪武(明初)設科迄今,領鄉舉、賜進士者科不乏人,然未克(能)題名庠序(縣學)以紹先啟後,非缺典與(這難道不是令人遺憾的事嗎)!乃者(於是)琢石立碑,爰以合郡累科之舉子暨比歲(及近幾年)之貢士,分類題名於石,餘則俟夫來者,蓋不特為士子之觀美(學習榜樣),抑亦表夫聖朝之風化,山川之靈異,且俾夫(使)題名之士上有以報朝廷,下有以輝(爭光)鄉邦,遠(日後)有以垂名不朽,豈徒計其一時之榮已哉!

這篇《科貢題名記》撰寫於明朝永樂五年(1407)六月。文中指出,韶州有良好的山水,「所以鍾靈而毓材(育才)者視他邦特盛」。唐代韶州出了名人張九齡,宋代韶州又出了余靖,這就是明證。其他科舉及第而成為國家有用人才者還有不少。及至明代,由於統治者高度重視教育,學校教官又盡職盡責於教書育人,「是以多士濟濟,比昔尤盛」,「領鄉舉(薦),賜進士者科不乏人」。然而,對於這些科舉及第出仕為官的地方出類拔萃者,卻一直沒有豎立石碑,將他們的姓名刻寫於碑上,讓眾人觀瞻銘記,這畢竟屬於「缺典」,是地方官的失職。為彌補這一缺陷,黃榮郡守決定「琢石立碑」,將歷年來韶州府科舉及第者,分門別類,刻其姓名於石碑,不僅對地方人士有激勵作用,而且對於科舉及第、石碑題名者也是一種鞭策:「俾夫題名之士上有以報朝廷,下有以輝鄉邦,遠有以垂名不朽」,其意義可謂深且遠矣!

在郡守的率先示範之下，韶州府所屬各縣長官、士人亦紛紛撰寫「進士題名記」或「科貢題名記」以期對該縣人士起激勵作用。如《陳邵樂昌（縣）進士題名記》云：

> 曲江（縣）人物自唐文獻公（張九齡）以剛方正直著明（著稱，盡人皆知），天下之所推重久矣！樂昌為邑（縣），則又曲江人物最盛之地也。試舉其略：忠義則有若譚公必；敢言則有若梁公應中。至於文學如二李並典雄藩（同時在著名地方任高官）；科名如三蕭而俱為顯宦，至今昭人耳目，赫赫如目前事。其有進身上庠（進入國子監讀書學習），蜚聲仕路，彬彬輩出，抑（又）未易枚舉，矧（況且）今文教日隆，儒風逾振，魁賢書，擢上第（鄉薦及科舉名列前茅）者蔚然相輝，是（這）獨可以無紀乎！昔人有言，士之致遠，先器識而後文藝（士人如果想有一個光明的前途，就得先有器量、見識，然後再培養文藝）。夫以人才如此之盛，豈但躡巍科，躋膴仕（科舉高第，出仕顯宦），耀閭里（光宗耀祖，揚名鄉里）而已哉！將忠言讜論，高標勁節有若諸公者出，則紀是碑之意也（立碑記名的目的是使地方今後湧現出更多忠言敢諫，高風亮節的人物）！

以上這段引文見《同治韶州府志》卷7《選舉表》。何經《英德縣科貢題名記》則云：

> 朝廷重興賢之典，屢降璽書簡命，憲臣（按察司官員）專督學政。時（當時）姑蘇（今蘇州）張公習（張習）以按察僉事督學粵東，教條（有關教育之條規）一新，作興士類，人才之出倍蓰疇曩（比過去多了幾倍）焉。成化乙巳（1485）秋，（張習）以較士（考試生徒）至英德，翼日謁學宮，謂是學（英德縣學）百廢初舉，但科貢（科舉、貢舉。貢舉即府州縣學舉薦人才進入國子監習業）之名未紀（記），誠為缺典（憾事），亟命教諭、安溪（人）胡瑄，訓導、廬陵（人）蕭雅，興國（人）羅鼎舉事（共同辦理此事）。適縣令、懷安（人）邱策繼至，遂訪貿貞石（探問、購買用於刻寫科舉及第者名字的石碑），次第（依次排列）其歷年科貢名氏並所任官職，將刻石而立之，謂必有文以風屬於後（人們認為除了題名之外還應有文字以激勵後人見賢思齊），因具書幣，遣庠生詣予請記。予惟（我認為）人材之出雖本之山川之秀，然未始（未必）不由乎作

養激勵之功所致也。矧（況且）韶（州）近接大庾（嶺）之脈，宇宙磅礴之氣、山川靈孕之秀得之最先，故唐有張文獻（張九齡），宋有余襄公（余靖）忠肝義膽，凌霄摩漢。英德為韶（州）屬邑，山明水秀，民俗殷醇，科貢人材不乏。宋有馮寅安上父子繼登進士，皆有清風惠政（清廉作風，仁德之政）；鄭敦義知潮陽，力陳時弊，大得民心；至國朝（清朝），由科目（科舉）而出者若憲副李時秀，由科貢（鄉舉里選，薦舉）而出者若郡守劉震輩，皆卓然名臣。況今沐聖朝清化，督學張公（習）黜浮崇雅，縣令邱君（策）蒞縣事，作興鼓舞有方，與會師儒之官訓迪弗懈，風俗寖（逐漸）趨於厚（誠實，忠厚），士之遊泮庠（就讀於官學）者益眾，歷茲（此）以往，而賢俊之出安知不有盛於前乎！凡英（德）之士由科貢而登名茲石者可不自勵，以忠義期（等同，並肩）於張（九齡）、余（靖）二公，以惠民法（效法，學習）於馮、鄭、李、劉者哉！由是則上不負朝廷作養（培養，教育）之隆，下不負所學，庶幾（如此才可以）流譽於無窮，使將來視茲石（題名碑）指其名氏曰：「某（人）也忠於國者；某也惠於民者；某也……」；否則斥之曰：「某也奸而回（邪僻），墨（貪贓）以敗也。嗚呼，可不懼哉（能不引以為戒嗎）！可不勉（激勵自己）哉！特書此以為戒。（《同治韶州府志》卷7《選舉表》，第166頁）

明朝成化乙巳（1485）秋，按察僉事張習督學粵北（按：志載為「粵東」，實為粵北），並蒞臨英德縣考察學政，見學校雖然「百廢初舉」，教育正在振興，但歷年來英德縣科舉及第者卻未見刻石題名，認為這是一件遺憾之事。於是，張習將縣學幾位教官召集來商議為本縣歷年來科舉入仕者刻石題名以激勵後人之事。幾位縣學教官請張習書寫一段激勵眾學士奮發向學以成為國家有用人才的文字，一併刻寫於石碑之上。張習在應邀所寫的文字中，歷述了韶州山水靈秀，人才輩出的歷史，指出目前從政官以至教官都重視教育，作興鼓舞有方，人才之出應比過去更加眾多，給予了該縣人士以莫大的激勵。

明末，崇禎十年（1637），應天上元（今江蘇南京市）選貢朱景運受命來任翁源縣令。次年，新會人古意存來任翁源縣學教官。為了激勵翁源縣儒學生員奮發向學，古意存利用朱景運縣令所講述過的他接到任官令時所做的一

個有點離奇的夢，加以改造，並「添油加醋」，寫成了一篇題名為《夢花社序》的文章，目的同樣是激勵後之學者。其文云：

夢昉於風後（夢幻這種現象最早開始於風後氏。按：風後氏傳說是原始社會末期黃帝時宰相，精通相術，被算命先生奉為祖師爺），力牧（力牧是中國上古時代神話傳說中的一位人物，道家前身。他與風後、大鴻在傳說中是黃帝的三位大臣。史載：黃帝舉風後、力牧、常先、大鴻以治民，得力牧於大澤，進為將，稱拜將臺）著於負鼎，築岩（商朝大臣傅說在傅岩從事版築）至青鏤（即青鏤管，指毛筆），如椽而筆始入夢。其最靈秀者為江淹（南朝政治家、文學家，歷仕宋、齊、梁三朝，據說六歲能詩）之筆花（夢筆生花），因是文藻日綻，夢之徵驗若此！邑侯朱公（朱景運縣令）以天挺仙才拔縉墨綬（應選貢任官），謁選曹（到京師吏部等候授任）時固未知植花何城（未知將授官何處）也。一夕，栩栩然非想非因，夢一人持選牘（選官登記簿），指所授為「探花縣」。夢中竊謂輿圖無是也（國內並無探花縣）。其人增注一「新」字，為「新探花縣」，並異矣。乃後所授厥（其實）為翁山（廣東翁源縣）。此夢胡為來哉（此夢預示的到底是什麼呢）！邑侯（朱景運縣令）志氣如神，爰（於是）啟社（建立「夢花社」）於翁山書院而以「夢花」名之。其寓意也厚（深遠），其屬望也殷（殷切）。不佞（作者古意存自稱）首蓿寒胸（忝任縣學教官），於邑侯無能為役（無能力幫助朱縣令實現造就傑出人才的理想），然確乎信是夢之非偶（然）者。其有所試矣，月有兩課（每月諸生要考試兩次），每見諸生文筆舌陸離尺幅中（寫作文章十分順手），種種燦絢不啻荷之清，桂之馥，蘭梅之幽韻。諸生心花怒開，實受江郎五色管（筆），豈非杏園會宴之先夢（此指會試及第。古代科舉考試分鄉試、會試及殿試三級，最終及第者天子於御花園設宴款待以示榮寵）！昔叔孫夢豎牛（春秋時魯叔孫穆子與庚宗婦人所生之子，號曰「牛」，官為「豎」，稱「豎牛」，頗受寵愛，年長，使參與政事，後釀成禍亂。見《左傳·昭公四年》和《昭公五年》）之貌於牛未生之前；曹人夢公孫彊之名於彊未遇之前。今邑侯夢「探花縣」於鼎甲未第之前，夫何疑（夢花）社之初集正明秋（明年秋天，會試之期）初場之日，諸生其磨厲（礪）以須（等

待時機），斯年拜賜（科舉及第，榮受官職）直轉盼（眼）間，無事
訊之占夢矣（無須追究夢幻之事是否可靠）！（《嘉慶翁源縣新志》卷
9《藝文略》，第 424～425 頁）

　　教官古意存以上文字，通過列舉歷史上一些夢幻與現實存在一種「必然」
聯繫的典故、故事，如江淹夢筆生花，其後果然文思泉湧，佳作連篇；還有
「叔孫夢豎牛」、「曹人夢公孫彊」等，說明了人作夢並非完全是子虛烏有，
曇花一現，而往往是未來真實的一種「預兆」，由此說明了朱景運縣令授任之
前夢到被吏部授任到「探花縣」去任縣令，預示著翁源縣日後一定會有科舉
高第者出現！這無疑是給翁源縣儒學之生員注射了一支「強心劑」，激勵他們
努力攻讀，人人都為成為日後的「探花」而付出最大的努力！

（五）建立牌坊、尊經閣等以激勵士子

　　牌坊有貞節牌坊、義烈牌坊等。在粵北，除此之外還有「育才坊」之建。
例如方志記載，乳源縣儒學之前，原有一「育才坊」。此坊始建於何年，志無
記載。嘉靖十四年（1535），於兵亂之中被毀。嘉靖十九年（1540），丁文隆
（貴州人，貢生）來任乳源縣令，恢復重建。至萬曆三十一年（1603），乳源
知縣吳邦俊重建。地方官員一再恢復重建「育才坊」有何意義？吳邦俊縣令
在有關恢復重建育才坊的一篇文章中，敘述了此坊的興建歷程，末了就「育
才坊」的「育」字之意作了較詳細的闡述。

　　他說：「育」的意思就是「養」。養育兒女、生徒是父母及教官的職責。古
代的教育，趨庭有教（在家裏，父母要對子女進行禮儀方面的教育）、義方有
教（為人處世方面的教育）、不屑有教（對行為不良者之教育）、取索有教。教
育雖有不同內容、不同科目，但教育的宗旨則是一致的，那就是要培養對國
家對社會適用、合規範的人才。這就像是人們養育子女：有人對子女愛護有
加，讓他們吃飽，把好的東西都讓給他們；但亦有相反的，什麼也捨不得給
子女，讓他們去適應艱苦，或鼓勵他們自己去創造：方法雖然不一樣，目的
都是好的，都是希望子女能順利成長，適應社會，成為「氣質中和，言必先
王，動遵規矩」的合格良民。這就不能沒有「庭趨之教」，教導他們尊敬父母，
愛護弟妹。年青人之中，有些人有才華（「才足助勸」），但品德有缺陷（「趨
向或異」）；有些人則雖有志向（「志能建立」），但唯利是圖（「功利是依」），通過
教育可以使他們成為治世之能人，否則有可能成為危害社會國家的因素（「戎
難之首」）。因此，不可缺少「義方之教」，即教育他們如何為人處世。士人之

中，有些人虛榮心強，熱衷於趨炎附勢，這樣的人，一旦有了一官半職，難免不以權謀私；而一旦出仕無望，則又難免不灰心喪氣自甘墮落。於是不能沒有「不屑之教」，使他們能改邪歸正。有些人雖然有儒生之名，但「墨行口是」，即行為貪婪，卻滿口「仁義道德」，表面上歌頌堯、舜等「聖人」，而行為舉止卻與古時候的盜跖那樣的「大盜」差不多。然而，他們畢竟還年輕，可塑性強，可以通過教育改變他們的思想行為，使他們棄惡向善，於是不能沒有「取瑟（索）之教」。然而，當前的教育存在諸多問題：「或始教而終棄」，教育半途而廢，沒有把人培養成真正的人才；或「初飭而後弛」，前期重視，嚴格，後期則忽視，鬆懈；這都不能為國家為社會培養造就真正的人才。要做到「人才有造」，學校教育就應該做到：寬宏大量者又能莊重；性情柔順者又能獨立不阿；老實謹慎者又能恭敬；好動而易於作亂者又能有敬畏之心；軟弱怕事者又能剛毅；正直者又能溫和待人！總之，品德全面而不偏頗，這樣，才能算得上是「有常之士」。這大約就是「育才坊」中「育」的含義吧？我希望能夠與各位鄉紳士民齊心協力，把地方教育辦好，為社會為國家培養出適用的人才！

　　這就是《同治韶州府志》卷20《建置略・坊表・乳源》中《明吳邦俊記》一文所述的內容。

　　激勵生員刻苦讀經也是地方官重視教育的體現。

　　古代學校教育，其學習內容以儒家五經《詩》、《書》、《禮》、《易》、《春秋》為主，科舉取士任官亦以五經為主，文史為輔。因此，官辦學校之中，尊經閣為必不可少的設施之一，刻苦讀經是學子的一大使命。尊經閣一旦有所損壞，官府便及時修葺，並不忘撰文以激勵諸生刻苦讀經。

　　例如，清朝乾隆（1736～1795）初年，仁化縣令戴程旬（乾隆元年即1736年任）主持重修了縣儒學中的尊經閣。事後，戴縣令寫作了一篇《重建尊經閣記》的文章，既敘述了他奉朝廷之命修葺尊經閣的經歷，又在文中對諸生諄諄教誨，闡明尊經讀經的重要意義。其文謂：

　　　　天地之道備於聖人，聖人之道著於六經，傳注史冊：皆所以明
　　　經學者也。「經」之一字，於天（道）為常序，於聖（人）為常道，
　　　於（凡）人為常性，於學為常法。奉（重視，敬仰）之者命曰真儒，
　　　畔（叛）之者擯為異端，小（輕視，無視）之者名曰典學（「典」通
　　　「殄」，滅絕，即廢學）。故真精奧髓不在蠹□而在寸靈（真理不在

破損的古書中而在人心中）。學者務（專力從事，追求）身體力行，拳拳服膺，不當一毫苟且。此尊經閣之設於學宮，國家所以造就人才，俾培德行，廣學問，而收養士之功也。仁化屬韶陽（州），地僻民醇（純潔），士敦古處（士人敦樸有古人風），據江曲上游，分庾嶺半壁。錦江匹練，□來萬道金光；奇石插天，挺起千株玉樹。自昔（過去，歷史上）科甲蟬聯，人文濟濟。學宮規制，頗為周悉。明倫堂後建有尊經閣，由來已久，迨後而鞠為茂草（後來逐漸殘破而成為廢墟），莫有起而修之者。歲甲寅（1734），鄭侯（鄭縣令，志書失載其名，雍正十二年即 1734 年任仁化縣令）來宰是邑，奉憲檄（上級命令）興修（尊經閣），鳩工庀材，仍舊址而經營之。旋（不久）以病去而工未竣。高侯（高某縣令，志書失載其名，雍正十三年即 1735 年署任仁化縣令）署理邑事，捐俸接修，工亦未峻（竣）。余於丙辰（1736）秋奉命來理茲土，躬逢聖天子覃敷文教，特諭天下府州縣學宮，凡有尊經閣者，悉行修理，令儲十三經、二十一史諸書於上。蒙上憲行檄催修，無非欲士子窮經（努力攻讀經書）有地，啟聰明而一心思者，典至巨而恩至渥也。余不敏（我無德無能），敢不悉心營辦以底於成（建造完成）！用是（因此）與學博劉君談、鄭君振會督捕張君元正，各尚未有艾（窮盡）也。請以余言為左券（請記住我以上所說的話）。

以上文字見《民國仁化縣志》卷七《藝文第十二》，第 566 頁。

（六）對基礎教育的高度重視

明清兩代統治者對於基礎教育的社學皆較重視。明洪武八年（1375）詔立社學以教民間子弟，兼讀《大誥》、律令、習冠婚喪葬之禮。規定：假如能熟讀《大誥》，犯罪者可以未減（輕判）。學政考選行誼謹厚者每鄉一人充社師，給予廩餼。清雍正七年（1729），准動支庫項供給。

基礎教育包括義學、社學等。

義學也稱「義塾」，是指中國古代靠地方公款或地租設立的啟蒙教育機構。義學的招生對象為貧寒人家子弟，免費上學。教學內容大多只是識文斷字，不會有太高深的內容，學生年齡為六至十一歲，學習讀書寫字，為地方的基礎教育。明清時期各府、州、縣又皆立社學，教育 15 歲以下之幼童，在明代，教育內容包括御製大誥、本朝律令及冠、婚、喪、祭等基本禮儀以及經、史、

曆算之類。清代，每鄉置社學一所，社師規定擇「文義通曉，行誼謹厚」者充補。凡近鄉子弟年 12 以上，20 以下，有志學文者，皆可入學肄業。入學者得免差役。社學是古代城鄉常見的一種啟蒙教育形式，多採取公眾辦學的形式，帶有義學性質，多設於當地文廟。社學創始於元代，至清末而告終。

　　社學與義學雖有所不同，義學規模略大，社學規模略小；亦有共同之處：皆為初級啟蒙教育，皆以經書為教學內容，而且設置較為普遍。《道光佛岡縣直隸軍民廳志》卷三《學校志第六・鄉學》記載：「鄉社學各鄉皆有，大小不一，亦義學之遺也。廳屬鄉堡率多聚族而居，即（就在）所在各社廟間延師課（教育，教學）該族子弟，童冠（幾歲至二十歲之青少年）畢集。如小坑堡有靈應廟，為該處劉氏學；田思堡文昌閣，為該處各姓學。餘皆仿此。雖村塾（而）咕嗶（即使是鄉村私塾，也有朗朗讀書之聲）。余（按，此即《道光佛岡縣直隸軍民廳志》纂修者，時任縣令的龔耿光）每因公（務）過之，聞誦讀聲朗然，見執經問難者交錯其間，若擴而充之，不難成義學也。」

　　義學或社學的教師，一是由當地書院教師兼任；二是由府學或縣學畢業的優異者（這些生員常因家庭貧困或因父母年老需要服侍而無法參加鄉試，失去出仕機遇）擔任；三是由當地致仕官員充任。例如在翁源縣，「國朝康熙二十年（1681），知縣戴君聘在文廟兩廡及明倫堂書室開設義學，延（聘）邑原任山東曹縣知縣林蔚春掌教。」（《嘉慶翁源縣新志》卷 7《經政・義學田》，第399 頁）

　　初級教育的義學、社學，其創建者或重修者主要是重視教育的地方官或地方鄉紳，如知縣、訓導、紳耆、生員（庠生）、監生等。常從因故而未能出仕的貢生中選任教師。如《同治韶州府志》卷 34《列專・人物・翁源》載：「郭良圖，翁源人，歲貢，品端學博。督學王丕烈保薦文行兼優，以侍養（照顧生病或年老父母）未赴京考。邑令（縣令）延掌八泉義學講席，歷二十餘年，多所造就。」「劉有泉，翁源人，應道光庚子（1840）鄉魁（鄉試中選者中名列前茅者），主講八泉義學，多所造就。」義學諸生在校學習，主要是研究經史，討論藝文，延文行茂修之士以講習其間。「弦誦洋洋（聲音嘹亮），冠裳濟濟」，實在可以與府學縣學並駕齊驅。許多因各種原因未能進入府學、縣學（規模僅為生徒四五十人）讀書的，只能成為義學、社學的生徒。

　　明清時期，粵北地方官不僅是重視對地方中等教育（縣學、書院）的受教者的諄諄教誨，即使是對初等啟蒙教育，地方官同樣重視對受教育者的循

循善誘，殷切期望。例如，明代嘉靖年間（1522～1566），乳源縣養正社學廢而復興之後，縣學教諭王世澤偕同太學生劉鵬到韶州府衙請知府（俗稱郡守）唐升寫一篇《養正社學記》以教導、激勵生徒努力學習。唐升知府在敘述了社學廢而復興的歷程後寫道：社學是先王設置以教誨兒童，實施啟蒙教育的。「蒙」即事物的幼稚狀態，事物幼稚不能不悉心養護。蒙學的設置正是為了「養正」，培養正確的思想，正確的學習方法。對兒童的教育，如果只重視其方法而沒有合適的場所，小孩子受周圍不良環境的影響，必將妨礙日後的栽培成才。這就像樓房的建築，地基未打好，卻想將樓房建築得堅固紮實而且富麗堂皇，這是絕難做到的。我因此而心有所懼，故每每對蒙學的師生們說：教育兒童首先要安詳恭敬，學習聖人要先從禮儀廉恥開始……乳源縣知縣陳崇將唐升郡守這段文字刻於石碑，「使發蒙者（蒙師）知所警，而童蒙者有所觀法（學習準則）。」這篇題名為《明唐升養正社學記》的文章見載《同治韶州府志》卷18《建置略‧書院‧仁化》。

曲江縣有四隅社學，分設於縣城四門附近，凡貧窮人家之子弟年未成童者咸得肄業其中，其功實足與義學相表裏。然而，在清代前期，受社會動亂之影響，社學教育相對衰廢。志載：「惜（社學）傾圮日久，故址多無復存，而造就小子（兒童）之方遂致闕如」。社會衰廢不振，造成大量民間兒童失去接受教育之機，終日無所事事，四處嬉遊。「夫貧乏之家子弟率多不謹（不受約束），非必天性使然也，家徒壁立，又焉能束髮受書，遂至目不識丁，怠戲成習，漸入奇邪而罔覺。」道光三年（1823），福建侯官人，舉人葉繼芳來任曲江縣令。他對當地基礎教育甚為重視，「下車伊始，議擇地重建（社學），苦無合宜之處；而又不忍遷延，爰（於是）度（考察）城中四隅，各賃別室數椽，訪延茂格一，捐廉（俸祿）一百六十兩以作歲修（教學經費），暫為啟館（開學）督課。行之期年（過了一年），屬民無力延師者咸率子弟來學，爭先恐後，每處生徒多至三四十人不等，書聲朗朗達於通衢。」目睹此情此景，曲江知縣葉廷芳喜在心頭，「因更（再）捐廉（俸祿）一百五十餘金（兩）為善後計。邑人聞之，慕義奮興。耆民譚大振、譚大德、文童（即童生，亦稱儒童，應秀才考試的士子）譚大觀捐地一丘（古代地積單位），計長二十丈七尺，寬倍之。適敷（正好符合）西門社學基址；又得例貢李生光輝捐銀三百兩，予（葉廷芳知縣自稱）乃召匠估計，尚短（缺）經費一百一十金，予復籌款足成之。正在度地庀（準備）材間，適予奉檄移宰電白（奉命調任電白縣令），須

速為鳩工（集結工匠），於四門重建社學各一，分顏其門（分別題寫門額名稱），東曰『懷少』，南曰『養正』，西曰『啟蒙』，北曰『小成』。棟宇牆垣主於（追求，講究）樸實堅固，每學可容生徒四十人。工既竣，更酌（情）撥存公閒款一千二百七十兩，發存東北煤商，權其子（取其利息）得一百五十二金，以為每歲延師修脯（教師聘金）。並酌立章程（制定教學規章制度），詳請（請示）道府評定（審查）存檔，俾（使）免日久弊生。」（《同治韶州府志》卷 18《建置略·書院·曲江·葉廷芳記》，第 371 頁）

（七）教官的盡職盡責

從粵北方志《宦績錄》等篇章的記載來看，明清時期，粵北地區各府、州、縣學任教的教官，大多具有敬業、樂業精神。他們多出身於舉人、歲貢甚至進士，雖說在教書育人這一「清水衙門」中工作，然而他們並不因此而意志消沉或得過且過，而是將教書育人視為神聖職業。他們除了對生員嚴格要求外，還在生活各方面對他們悉悉關心，極力為生員排憂解難，使他們能專心致力於學業，為國家為地方培養造就了眾多人才。

即以明代樂昌縣教官為例：如，「吳奎，新喻人，治《春秋》，受業於石門梁寅。洪武間（1368～1398）由進士任樂昌（縣學）教諭，教育成就，得人為多。布政使白思謙、參政蘇恭則皆出其門。後以（蘇）恭則薦為穎州推官。」「蕭為，莆田舉人，正統（1436～1449）教諭樂昌，崇（熱衷於）修禮器，表率生徒，人慕其風，士懷其德。」「周儒，崇仁人，歲貢，嘉靖五年（1526）教諭樂昌，溫恭易直（平易近人，為人率直），有古人風，嘗（常）試課生徒，修創祭器，皆捐俸為之。年老乞休（請求致仕），諸生詣講（懇請）勉留，竟飄然而去。」「周仕行，直隸嘉定舉人，器宇清奇，資性通敏，正統（1436～1449）中訓導樂昌，教誨諸生，不憚勞瘁。」「戴昂，三山人，天順元年（1457）訓導樂昌，模範端嚴，與諸生講業，不間寒暄（持之以恒，專而不雜）。」「戴謙，湖廣江陵人，成化間（1465～1487）訓導樂昌，動履（行為）率直，持論必引經據禮，尤長於詩，（樂）昌之學詩者宗其教焉。」「王禮先，會同人，隆慶辛未（1571）由歲貢訓導樂昌，性耿介，日進諸生授經旨，士之貧者卻其饋（免收學費，拒受其禮），部使者（上級派來考察地方教育的官員）張守約廉其狀（暸解到他的事蹟），遣檄彰其丕懋（向有關部門報告其事蹟），有『表揚節婦，周恤貧士』及『取與不苟』之語。會有邑簿（縣主簿）王一鳳者不由經術進（不通經術而被縣衙門錄用），負氣睚眥，不諧於學（認為這樣錄取用人

對學校的經學教學有負面影響）。禮先為士類立赤幟（王禮先為了給學校生徒樹立良好的學習榜樣），毅然爭之，當道（上級官員）率中傷（之），罷歸，縉紳惜之。」王禮先敬業樂業，曾得到官員的良好評價；只因他懷著一腔正義感，容不得官場之中一些不光明的層面，奮力抗爭，終於得罪了上級官員，被迫離開了他熱愛的教壇。以上事例見《同治韶州府志》卷28《宦跡錄‧明》。

再列舉明代仁化縣幾位教官事蹟以見之。如，「翁瑛，（福建）莆田人，由舉人授仁化（縣學）教諭。學舍頹廢，（翁）瑛以次完繕，無不雅飭，日進諸生親為講解。胸次（懷）灑落，於人無所愛憎（與人無怨），人有小善稱道不置」；「林岩，莆田人，由舉人教諭仁化，博學多才，詩文下筆立就，善真（楷）草書，四校文衡（四次參與科舉考試評卷），多得名下士。教人為學以敦行孝弟（悌）為先」；「趙康，道州人，由舉人授教諭……典教仁庠（仁化縣學），恭儉樂易，誨人不倦」；「陳雲□，全州人，舉人，授（仁化縣學）教諭，寬厚簡默，毅然以振作人才為己任，啟迪譽髦（讚譽出類拔萃者），多賴造就。士有貧寒者（輒）解囊給助。待諸生若父子，自是士知奮勵，文風丕（大）振。一時登賢書（科舉及第）者咸出其門」；「黃夢鯉，增城人，萬曆十一年（1583）由歲貢署仁化教諭，科條（約束生徒）有力，士無蕩檢（違禮，違法）者。束脩（學費，禮物）之饋有卻無較（時有拒收，從不計較多少優劣）。才學峻博，負山斗（泰山北斗）之望」；「史慶，莆田人，舉人，為邑（縣學）訓導，大有學識，黎明即起，盥（洗）漱後授諸生書，講解明晰，諄諄教誨。筆削文字（為生員批改文章），時至日晏無惰容。擢升（晉升）國子監助教」；「尹之遇，字行父，萬曆三十二年（1604）為仁化訓導。時缺司教（當時教授、教諭等教官缺乏），兼綰庠符（代任縣學校長職務），歷五載，一介凤嚴（一介不取，一向嚴格），廣甄（化育，造就）後進。學中藏書殘缺，手葺之（親自修補）。急濟生徒無難色。雅眈吟詠，有大曆風（即大曆詩風，唐朝大曆至貞元年間即766～805年活躍於詩壇上的一批詩人的共同創作風貌。通過描寫自然山水的恬靜、幽遠、清冷甚至孤寂來表現人生的感歎及個人內心的惆悵。詩歌幽雋、閒雅，重清麗的韻致。這批詩人的生活由開元盛世轉向安史之亂之後的慘痛，因此他們的詩不再有李白那種非凡的自信和磅礴的氣勢，也沒有杜甫那種反映戰亂社會現實的激憤和深廣情懷，大量的作品表現出一種孤獨寂寞的冷落心理，追求清雅高逸的情調。詩歌創作由雄渾的風骨氣概轉向淡遠的情致，轉向細緻省淨的意象創作，以表現寧靜淡泊的生活情趣，雖有風味而氣骨頓衰，遂露出中唐面目）（慷慨激昂，胸懷

坦蕩）。時作人（培育人才）稱最盛」……以上所列諸人事蹟見《民國仁化縣志》卷 4《宦跡》。這些曾在明代仁化縣儒學中任教官者，作風正派清廉，愛士如子，育人不倦，在他們離任之後，大都被當地人祀於「名宦祠」中，或刻石立碑以志去後之思。

以上僅為明代樂昌縣及仁化二縣教官的若干事例。事實上，明清兩代，曾在粵北地區任教而盡職盡責，奉獻良多的教官還有不少，真可謂群星璀璨，熠熠生輝！

教官們不僅在施教過程中克盡職守，一絲不苟，以教書育人為職志，對於造就人才作出了莫大的貢獻，不少教官還通過多種途徑、方式以影響感化生徒，使他們能樹立良好的品格，掌握豐富的學識。

為了使教官盡職盡責做好教書育人工作，一些地方官、教官還通過撰寫《教職題名記》以鞭策諸教官。

例如，乳源縣就有「選舉題名記」。關於乳源縣設立「選舉題名記」的歷史及其緣由，胡寅守（貢生，廬陵人，明嘉靖二十六年即 1547 年任）知縣在所作的《乳源縣選舉題名記》中，大略如是說：

選舉題名是幹什麼的？記錄賢良者也。把賢良者的姓名鐫刻於石碑有何意義？記錄一時期人文之盛況也。古書有謂：「觀乎人文以化成天下」。古代的聖王培養美德，樹立功勳，安輯民眾，使天下太平，治化休明，沒有哪一朝代是不以得到賢才視為盛舉的，也沒有哪一個朝代是不以教化為先務的。我明朝國家肇造鴻業，混一區宇，建立學校，任命教師，推崇道德，學習賢良典範，以儒家經典培養人才，以科舉制度選拔人才，三年進行一次全國考試（鄉試），被稱之為「賓興」，選舉出來的人才推薦給朝廷的大司空、大司徒，進獻於天子，由天子根據各人的品德和才能授以官職，通過這一途徑獲得了不少人才。韶州是個古老而著名的州郡，乳源縣為其屬邑，很早之時已有人才湧現而為國家社會所用。如唐代的張九齡、宋代的余靖，名載史冊，遠近知悉。他們「事功掀揭，聞望優隆，奮乎百世之上，百世之下聞者莫不興起」。如今，距離唐宋之時還不算太遙遠，乳源縣距離曲江縣又甚近，所謂「近水樓臺先得月」，乳源縣出人才是完全可以預期的！我奉朝廷之命來任乳源縣令，入其境，見其民風淳樸，士人都有奮發向上的精神；再從風水角度來看，「雲門（峰）屹其左，雙鋒（山）奠其右，豐岡（嶺）幹（處於）其後，瀧水滯（流淌）其前」，乳源縣具有良好的風水，不禁令人感歎：啊！地靈人傑，日後乳源縣一

定可以人才輩出！只是縣儒學建於縣署之東，而且建設得因陋就簡，不符合學校建設的基本要求。既然如此，我作為一個地方官，怎能推卸責任而不肩負起振興教育的重托呢！於是啟動工程修葺縣學，並設立臥碑以宣明「聖訓」（皇帝對於士人的訓誡文字），又於縣學的東邊建了一座「登科坊」，將乳源縣過去通過科舉考試或被地方官選拔出來任官者的姓名鑴刻於石碑之上。選舉題名碑樹立之後，許多人都來觀看。未能通過考試而進入縣學讀書之人說：「真令人嚮往，我為什麼沒能進入縣學讀書學習呢？」曾入縣學讀書的生員則說：「我為什麼不能列名於石碑之上呢？」既然羨慕賢者良者，便自然產生見賢思齊之心，日後人文興盛不就大有希望了嗎！

原文見《康熙乳源縣志》卷8《藝文志・乳源縣選舉題名記》。

明代萬曆年間（1573～1620），連州州學教官鄭儒寫作了《連州儒學教職題名記》。鄭儒，瓊山（今海南瓊山縣）人，貢生，萬曆十三年（1585）任連州學正（學正為中國古代文官官職名，掌執行學規，考校訓導）。他在「題名記」中，開篇就點明了教官職責之重要，云：

> 國家設學校，置博士官以教一方子弟，秩雖卑而風教所繫則至重；祿雖薄而節以制用可養廉。時而升堂講藝（六藝，即六經：《詩》、《書》、《禮》、《樂》、《易》、《春秋》），諸生雁行魚貫（列隊進入），濟濟在列者咸北面稱弟子。有衣冠文翰之樂，無錢穀訟獄之勞。苟盡其職，亦可垂名竹帛（史冊）者。博士何負於人哉！第（只是，然而）近之業是官（任教職）者往往提空名於諸士（對諸生教學不能盡職盡責），上求其卓然自立能稱教職之名者，蓋亦難其人矣！

鄭儒考察了連州自設立州學以來，在連州學中擔任過教官的，經查方志記載，計有任學正者二十七人，任訓導者六十三人，人數不為不多了，然而表現突出，得在方志中與「名宦」列名在一起的，卻只有翁淼、程度二人，其餘教官則大多是默默無聞者。他感歎道：「何師名之難稱哉！」為什麼做一名稱職的教官是這樣難！他接著發表議論說：國家設置學校、培養人才，就像我們普通之人教育自家的子弟，父親、兄弟各執其業，不能親自教誨，所以才將子弟交給學校和教師。國家給教師優厚的俸祿，民眾為學校義務做各種輔助性的工作，如修葺學校，給學校捐獻田產物業等等，目的都是為了使教師能專心施教，使他們的子弟能通過讀書，修身而成為賢人君子，日後科舉及第，光宗耀祖！做教師的如果真能端正自身，為生員樹立學習的模範，認

真施教，日夕孜孜不倦如其父兄之所託，則可以將他們的子弟培養成為人才，上可備國家大小之用，下不失為里中善良守法之人，他們的父兄對於教官便會自然充滿感激之情；然而，有些教官卻是工作敷衍塞責，彷彿生員能否成才全然與自己無關似的，甚至有誤人子弟者！如此，他們的父兄必然會想：拙劣的工匠做出了不合格的產品，可以棄之一旁，重新製作；而平庸的教師誤人子弟，子弟可以重新培養造就嗎？他們心懷憂慮和不滿，對教官產生了怨恨之心也就不足為怪了。由此可知，要做一名真正合格甚至是優秀的教官，可不是一件容易之事啊！春秋之時，我們尊崇的孔子是位大聖人，曾為低級的官吏耕田，也不覺得是一件恥辱之事，還說，即使是為人放牧牛羊，也應該盡職盡責，不敢馬虎敷衍了事；我們作為教官，既以教為名，就應該名副其實，將諸弟子教育培養成為人才；假如都漫不經心，「放達者陶情詩酒以俟序遷，卑鄙（低俗平庸）者徒糜升斗（浪費俸祿）以延歲月」，如此而想獲得生員及其父兄的歡心好評，並得以史冊留名，這怎麼可能呢！

在這樣的思想影響之下，鄭儒認為連州學向來沒有題名石碑，這是一個缺陷。於是，他與梁某、易某兩位僚友商議入山購買石碑，將歷任連州學教官之姓名刻列其上。此舉獲得了時任連州知州的時麗寰的讚賞和支持。時知州對學校教育很重視，決定由官府出資運石及聘請工匠雕刻。鄭儒說：「余輩列名斯石者尚期（還希望能夠）顧名思義，毋為父兄所厭絕（失望）哉！」期望在這塊石碑上題名的所有教官們，希望你們能夠珍惜自己的名聲，兢兢業業地開展教書育人工作，不要令鄉親民眾失望啊！原文見《同治連州志》卷10《記‧連州儒學教職題名記》。

許多時候，每當學校修葺一新之後，都會有重要官員到學校來，召集生員訓話，對他們諄諄教誨。例如，清朝乾隆二年（1720）之秋至三年之夏，清遠縣儒學作了一次規模較大的重修。修竣之後，知縣陳哲到縣學召集生徒，對他們說：「士先器識而後文藝，入（未入仕）而孝親，出（出仕）而報國；得志則澤被蒼生（讓民眾受惠），不得志則隱居獨善，慎勿負（國家、君主）經營締造之初心也。況聖天子右文講學（重視文化教育），菁莪之化（學校之設）遍及要荒，德至渥也。教之不立（教學效果不佳），師長之責也；業之不修，子弟（生員）之過也。人文蔚起，作賓王家（成為國家治國安邦的重要人才），拭目而俟之矣！」（《民國清遠縣志》卷11《建置‧學宮》，第351頁）

還有吟詩作文以激勵諸生奮發向學者。

（八）官員及地方熱心人士在錢財、物質方面對於當地教育的熱心支持

許多致仕歸鄉的士大夫對於鄉梓教育事業的關心和致力振興，在方志中都可找到例證。

通過科舉考試入仕為官的鄉紳士大夫們，對於教育的重要性皆有著清醒而明確的認識。他們不僅在出任各地方官時致力於振興當地的教育事業以培養人才；當他們年老或因病致仕歸鄉之後，仍不忘鄉梓教育事業的發展與振興。如明代乳源縣人鄧昌位，「（明）崇正（禎）乙亥（1635）領歲薦任從化、東莞（縣學）教諭，兩庠（縣學）交頌。解組（致仕）歸，為（乳源）合邑人建學宮以興文運。」陳仕輔，明代乳源縣人，「以明經授安慶府通判，為政廉明，運漕著績。致仕後以詩禮課徒，人咸欽其節操。」（《同治韶州府志》卷33《列傳·人物·乳源》，第 672 頁）明代清遠人白彬，永樂年間（1403～1424）貢入太學，後撥兵部歷事，恪共（恭）厥職，授武選司主事。曹務修明，（人）莫敢干以私。考滿敘升員外郎，遽（不久）以老告歸，以《毛詩》教授（鄉間），學者稱「竺山先生」。（《民國清遠縣志》卷 6《先達》，第 179 頁）

1. 設置義田以助學校教學

古代社會，地方學校教育雖然得到了政府的重視，設施較齊全，教官有俸祿，生徒有廩餼，然而，這些條件對於學校教育的開展及長久維持還是遠欠足夠的。諸如校舍破敗需要修葺，學業優秀的生員應該得到獎勵，生活困難的生員應予補助，等等，都缺乏資金來源。於是，一些地方熱心人士便慷慨解囊，給學校捐獻田產，以收益供學校教育之需。

設置義田以助學校教學是明清時期粵北地區熱心人士資助教育的一種常見方式。

設義田以助教育事業，從制度上說大約創始於北宋時期名臣范仲淹。據史書記載，范仲淹科舉及第入仕之初，曾有心置義田以周濟族黨之緩急；待入朝任官後，祿賜豐厚，乃成厥志，世世相承，遂為禮義名家，聲施後世，為眾人所敬仰。明清時期，粵北地區學校教育亦得到了一些民間義士的熱心資助，捐獻田產以為經費，使地方教育事業的發展得到了更充裕的經濟支持。明代樂昌縣籍官員李延大捐獻田產資助學校教育即為其中一例。志載：明「萬曆乙卯（1615），邑（樂昌縣）人李延大捐置田一百畝送學（校）」。對於此事，

《同治韶州府志》卷17《建置略・學田・樂昌・明吳其貴學田記》有較詳細的記述，謂：

　　……夫家置義田且垂不朽，況膠序（學校）人才自出之地，其當扶植培養宜何如？樂昌四餘李公（李延大，字四餘）家學有源，禮義固其天性，爰（於是）自銓郎晉參楚藩，藉假里居（歸鄉居住）二載許，並不問家人產（業），為是創田（購置義田）贍宗族之貧，捐田復（恢復，維持）譚、黃二公之祀，尤懼無以崇師儒而風勵（教化激勵）人士，亟謀所以庇來學（著急謀劃資助年青學子）而置之田，蓋一以資首宿之助（補貼教官微薄薪金），一以佐楮墨之勤（資助生員學業），甚盛舉也……至於拮据稍完，俸錢罄盡，先捐田十三畝，盜贓銀一百五十兩，已而（然後）願入龜峰地值五十兩，多方措處足二百兩之數，為百畝之置……

對於李延大鄉賢這一義舉，吳其貴在記文中給予了高度的評價謂：「處公之時（明萬曆時期），行公之事，公之用心良苦，俟今讀道、府、邑（縣）往還公移（舊時行用於不相統屬的官署之間的公文），於公古心高宜（仁厚之心，高風亮節）靡不為身家計而計及於疏者遠者，斯不亦有龐德公（龐德公，東漢末年有遠見之名士，也是一位隱士。他說諸葛亮是「臥龍」，龐統是「鳳雛」，得二者可得天下。劉備就得到過二人，結果，一不小心弄丟了一個，你說是不是天意？龐德公的這個論斷使得他名揚天下！當然，這個名士也是隱士，終年不仕，最終是採藥而終）疏太□之卓識乎？」

2. 籌集「賓興銀兩」以為考生赴試之助

「賓興」原周代舉賢之法。謂鄉大夫自鄉小學薦舉賢能而賓禮之，以升入國學。科舉時代，地方官設宴招待應舉之士亦稱「賓興」，即鄉試。學士多為貧困者，赴省參加科舉考試，路途各項費用開支較大，許多考生無力應付，只得放棄。

清末，地方官徐香祖助力地方賓興銀的捐集，對於保障地方士子赴省應試，推動教育發展，曾發揮過重要作用。

據《同治連州志》卷五《名宦志》記載：徐香祖，江蘇元和縣人，道光六年（1826）、八年（1828）兩署州篆（兩次任連州代知州）。徐香祖任官，以「風雅宜人，勤慎廉敏」而著稱。在短暫的兩度代任連州知州過程中，他留給當地民眾最深刻的印象就是對地方教育事業的重視與支持。州志本傳記載道：

先是，三屬（即連州所屬連縣、連山、陽山三縣）設有鄉試賓興，獲息甚微。公（徐香祖）力為倡捐，遂成鉅款。至（於）甄別書院生童，厚贈膏火，考課尤勤。嘗吟句云「課密（按，此指徐香祖經常到州縣學考察教學，考試生徒）欲求勤學士，政閒常近讀書人」；又云：「問字不須勞載酒，讀書還要勤加飧（晚飯，夜餐）」。蓋公每課必授飧，恩勤並至。未幾，登賢書（鄉試及第）、成進士（殿試及第）者視前有加，咸以為培養所致云。

《同治連州志》卷10《引》中收錄了徐香祖所手寫的《倡簽連州賓興引》。「引」為唐以後出現之文體，略同「序」。其文云：

古者（古時候）鄉大夫教民德、行、道、藝，三年大比（考試，考核），興（選拔，擢升）其賢者能者，以禮禮賓之（按照禮儀規範給予尊敬優待），甚盛典也！後世師其制而小變之，則於賓興（將地方優秀生員送到省城參加科舉考試）之時，不獨隆之以禮，而且資之以財（給其資費）。其事近俗，其意近古。蓋士人之赴省試也，近省百十里數，邑（州、縣）尚易為力；此外近則數百里，遠至千餘里，行者（赴考生員）需橐囊之備，居者（家人）籌儋（擔）石之儲。既號為士，寒者居多。三年來（明清時期科舉考試三年一次）仰事俯畜（養父母，養兒女），饔飧尚虞不給，一旦「槐花黃，舉子忙」，志切觀光（有志赴試），力艱就道，其將何以處此？所賴鄉里善人情殷（繫）桑梓，化被菁莪（惠及學士），為之鳩其貲（捐集資金）於平時，營其息於富商大賈。積至三年，凡應試者得而均分之，謂之「賓興銀兩」。粵東（粵北）諸郡縣往往有此。此風俗之最厚者。連州地分三壤：星子十四堡，州判分治之；朱岡十堡，巡檢分治之；捕屬十七堡，吏目分治之：皆有賓興銀兩；而星子、朱岡二屬為數充足，可以敷用；捕屬則人數較多，銀數較少，不如星子、朱岡遠甚。今年正月與州城吳君炳烈、歐陽君維新、楊君常卓、李君繼修會飲，（諸君）以此言來告於予，欲得裒集而擴充之。予應之曰：「唯唯（誠然），當捐俸百金（兩）為倡。諸君子方以科第不盛為憂，誠得好善之士、殷實之家，或自置身庠序（學校），或有子弟讀者，各慨助白金，遂於是集腋成裘，發商生息，俾得共圖上進，奮志青雲，必將食其報於異日，不於其身必於其子孫，信

（一定，必然）操券可獲也！」予方有是心，奉檄回佛岡廳本任，將行之日，以予所捐百金付首事（負責人）代為本缺。汪方川同年與予有同志焉，吾知其必能觀厥（其）成也！（《同治連州志》卷10《記·引》，第821～822頁）

3. 捐助學校修葺

（1）官員捐俸助學。

清康熙三年（1664），湖廣蘄水縣（今湖北浠水縣）人、進士李成棟來任韶州樂昌縣令。李縣令對於樂昌縣學校教育甚為重視。他於當年六月蒞任。初來乍到，只見當地「其田則石（在石山之上開闢田地），其山則峭壁層岩，多猿猴難至之處；見其俗半不衣冠而處，對長吏且有『爾』、『汝』之呼」。李成棟心想：粵北山區文化落後竟是如此光景？等到李縣令與當地士大夫相見之後，卻發現樂昌縣的教育其實並不落後：「其大夫則賢，而又聯鑣（同鏢，接連）轡甲（科舉及第）甲於韶屬（韶州所屬各縣），揖其士則慧中秀外，課其士之文而又春華秋實，似絕去昌（樂昌縣）地之樸（質樸，樸素）而獨得昌地之英奇磊落者」。既然樂昌縣學校教育曾有「輝煌」的過去，人才輩出，而如今則處於衰落狀態，是何緣故？經深入調查，終於找到了問題的根源：原來是時過景遷，當年樂昌縣鄉紳李延大所捐獻助學的學田，半個世紀過去，如今已是「其田半在草間」，處於半荒廢狀態。何故？原來是因為缺乏監督管理，學田收入大約一半落入管理學田的職員囊中，即所謂「耕耨可施者又復中飽學役」。換言之，前賢捐獻的學田仍在，而學田卻失去了資助貧窮學士攻讀成才的應有作用。於是，李成棟縣令決定整飭之。他「除令李公（李延大）曾孫收轉荒者（田）賠糧外，尚存田四十畝，與昌庠（樂昌縣學）原置公田四十二畝一分，共八十二畝一分，通學公議撥四餘（李延大）先生緣江田一十三畝，黃岸頭田一十二畝送在學師，每歲收租支用」。然而，租入仍然不足，「無以資闈費」，生員參加科舉考試的路費仍然得不到資助。於是，李成棟縣令又「從而捐俸二十五兩買生員張鼎侯土名斜兜沖等處田計九畝九分以續，又送土名（俗稱）九公丘田八畝與（予）學師收其田，以德行素著齋長二人率門斗（官學中的僕役）看收」。經過李成棟這一番整頓和補充，樂昌縣學在經濟上得到了更有力的支持。以上見《同治韶州府志》卷17《建置略·學田·樂昌·國朝李成棟續學田記》。

　　翁源縣學在清代亦置有學田。設置學田的緣由是，清代，統治者對於地方教育更加重視：提督、憲道有歲考，各府、州、縣有季考，俱皆公儲供給，而學校有月考，供費則無所籌措：欲讓生員各自負擔費用，又覺增加了生員的負擔，勢甚不便；另外學校要對學業優秀的生員進行獎勵，費用亦不易籌措。經費缺乏，影響了學校對於生徒的考試：「以致每考僅一篇，數月或一考。（生員）玩愒（玩忽、荒廢）而課程疏，夙弊大抵然也」。翁源縣某縣令（記事文章無作者姓名，方志作《缺名學田記》）蒞任後，鑒於縣學教學經費困難，有意置買學田以籌經費。原想對縣內違規經營或行為進行處罰，以處罰金購置學田，又覺得如此操作會給民眾造成不便，招致不滿。恰在此時，地方胥吏按傳統慣例在全縣範圍內徵收「饋常例銀」，即官府在公務辦理的迎來送往中的花費，得五十兩；另外，看管倉庫的倉吏羅本芳「饋拜見銀一十五兩」，共得六十五兩。對此六十五兩銀子，該縣令覺得受之有愧。「此銀不受則矯激難為後，若受之則傷廉（有傷為政廉潔之原則），恐滋物議。積個陰功於世上，成些好事於人間。竊（心想）計日學田可買矣，特訪其田之腴且近者，鄉民廖祖元、祖昂、祖興、祖昌有田塘約禾三百頭，坐落老虎岩前，去城二里許，願鬻於官，帖勘明白，契價五十三兩，而謝春芳實佃耕焉；又，江頭民何孟滋、何勝有田禾一百頭，枕（接近）於通衢，往來所必見，亦各願鬻，契價二十兩，而認（接受，願意）佃者即何孟滋輩也。始而民樂於田之售，既而民樂於田之耕，於以（由此）見人心之同然，信不可誣。二處共租銀七兩，除納糧（向官府繳納田賦）外，僅彀（夠）分班月課費」。雖然學田收入有限，但表達了地方官員及地方民眾對於教育振興，人才輩出之厚望：「其翔鳳搏鵬，軼潮超廣（超越教育發達的潮州、廣州），所以屬望多士（眾學士們）之意則豈載筆之所能盡哉！」（《同治韶州府志》卷17《建置略·學田·翁源》，第363頁）

　　清朝「嘉慶四年（1799），（翁源）知縣張宗祊因減去義學租穀過多，遂捐俸買置義學租田一處，坐落土名雪溪橋溫姓屋前後左右。老橋頭一丘（處、塊），屋角頭一丘，釣子田兩丘，圳背（田）兩丘，桃樹下一丘，深丘角一丘，坎面子一丘，鐮子丘上下兩丘，共四十一丘，共種三斗三升。溫先老、溫武魁等承耕，遞年額租六石四斗，分上下季仍照年豐歉收納契存禮房（縣府分管學校教育的部門）。」（《嘉慶翁源縣新志》卷7《經政·義學田》，第400頁）

（2）官民捐資助教。

學校教學的維持，生員的生活條件的改善，破損設施的修葺，都需要不菲的資金支持，這是微薄的官府教育資金所難以完全應付的，因而，許多時候依靠官民以捐資形式給予支持，否則一事無成。

有時候，教學設施的維修依靠的是官員「捐廉」、「捐俸」。學校缺教師，官方任命的教官一時未能到任，地方官只能臨時延聘教官。而自聘的教官，薪資亦由地方自行解決，許多時候亦由地方官「捐俸」予以支持。如清康熙十年（1671），戴聘來任翁源縣知縣，剛到任，「即以興起賢才為事，以為賢才本於學（校），學宮不修非所以告無罪於先聖也（學校不修是地方官的嚴重失職），乃捐俸為倡，逾年而大殿成、兩廡、戟門、明倫堂、左右齋室規模宏麗，一一煥然；又新（修葺）文昌之閣、鄉賢、名宦之祠，置學田若干，俾諸生講業有所，占畢（讀書治學）有贍。（戴聘）復代出脯修以請一二名儒以為教。」此據《同治韶州府志》卷17《建置略‧學校‧翁源》。

捐廉、捐資大多只能救一時之急，難以長久維持。為了使資金能具有持續助教意義，許多時候採取「發商生息」的辦法，以此源源不斷之「水」（息銀）以維持學校教育。如志載：清代英德縣會英書院經費欠缺，「道光十年（1830），知縣張培棟以書院膏火無資，首捐廉銀五百圓，南韶連道楊殿邦捐廉銀五百兩，前任學政傅棠捐廉寄庫銀五十兩；又屬邑貢生朱觀泰等廣為勸捐，合前款（眾官員所捐錢款）共銀三千七百八十兩，交屬內當（鋪）商領運生息，每月每兩息銀一分五釐，閏月照算。（道光）二十二年（1842），總理朱觀泰、監院鄧克修續捐款項暨遞年餘羨（剩餘款項）合銀二百二十兩，均經縣飭該當商領運（領取經營），照前一體生息。前後統交生息本銀四千兩，無閏（之年）週年應得息銀七百二十兩；有閏（之年）應得息（銀）七百八十兩……」此見《同治韶州府志》卷18《建置略‧書院‧英德》。

除了官民眾人捐款並發商生息之外，購置產業以增殖資金亦為維持學校教育的一條有效途徑。

府、縣儒學教育為地方主要官辦事業，當學校年久頹廢，利用官帑進行維修乃是天經地義之事；然而官帑有限，杯水車薪，很多時候地方官又不得不動員民眾資助。

以清初樂昌縣學的修葺為例。據康熙五十四年（1715）任樂昌縣知縣的任衡（貴州鎮寧人，舉人）所記：

邑（縣）之學宮（官學）由來舊矣。自前令羅君銘鼎重修之後，歷今多年，其存者風雨不蔽，不存者惟荒基苔石也。衡（任衡自稱）抵任之初，目擊心摧，急以庫存金權為補葺，得免顏圮。爰（然後）進紳士示（告訴，動員）之曰：「建學而必謂先聖實憑依之，此希（仰慕，企求）聖者如在之心也（建立學校的人都說教學是繼承歷史上聖人思想學說的重要途徑；進入學校，看到聖人的塑像，就像與聖人們面對面交談一樣）。夫聖人斯須先以正（聖人時刻都注重自身思想、言行的端正）。今（縣學）欞星門外河水牽割（侵蝕，衝激），地岸欹側，斯須以正者不安，如在之心者能安乎？作堤障水，俾地形得正，則庶乎可。」眾稱善，為捐資。自丙申（1716）春（動工），歷三月而竣工焉。

欞星門修葺完成後，任衡知縣決定進一步修葺縣學其他各項設施。他對當地鄉紳民眾說：「啟聖祠制（按制度規定應該）在大殿後，今偏在殿之東隅，前臨學廨（學官辦公處），於制弗宜；大成殿樑柱各材皆合木而成，歷今年久，朽蠹不堪；明倫有堂，門不可扃（關閉）；司訓有宮，居無所止，皆不可不急謀者。」邑紳歐鴻儀、白樂英等人乃起而董其事。任衡知縣「爰（於是）捐俸勸輸，鳩工庀材（召集工匠，購置材料），越五月而啟聖祠式制（按規範格式建成）矣，大成殿告成矣，昇明倫之堂者得門而入，膺司鐸之官（教官）有宅可居。」（《同治韶州府志》卷 16《建置略·學校·樂昌》，第 347～348 頁）

清順治十八年（1661）至康熙元年（1662）乳源縣學的改造工程所需資金亦出自官民的慷慨捐資：其中，裘縣令「銖積寸累，以襄厥（其）成，悉罄匣中所有錢，不足繼之以穀，前後共捐五百餘金（兩）。至郡趙中憲公曲咸捐助亦如其數（五百餘金），紳士樂助約八百餘金。同事學博龐君瑋傾其薄俸之橐，捐資五十金。一時當道（現任官員）諸公約共捐助數百金。」（《同治韶州府志》卷 16《建置略·學校·乳源》，第 351 頁）

不僅是學校主要教學設施憑著官民的捐資得以維修，即使是生員生活的「膏火之資」、應試的「文武科費」等，也得到資助，有所保障。

此外還有其他一些收益可以資助地方教育的方式。例如置田置塘收租以課士。翁源縣學有「學塘二口，一在儀門左，並菜地一塊，原係學地，今召租；一在東門外，名曰蠣塘，明嘉靖間知縣沈維龍捐置，收租課士。」（《嘉慶翁源縣新志》卷 7《經政·科費》，第 399 頁）

　　初級教育的義學與縣學一樣，同樣設置有「義學田」作為教學的經濟支柱。這些義學田也主要是由官員或紳商士民自願捐獻。如「乾隆五十一年（1786），（翁源縣）知縣陳均因梁誠中、林東耀等相爭田畝，勸令捐入義學；田租一處，土名『凹下』，共田八丘（古代地積單位；或由田塍隔成的水田），種九斗，額租九石，今為林相祐、林家賓、胡祿增等承耕，每年共納實租市斗四石六斗，案契存（縣衙）禮房。」又據志載：「（翁源縣）新江墟店廠官地租，知縣張宗祊勘定，遞年租錢二十二千（緡）四百文，著落（由）胡慎非、林相華二人承繳」；「西門墟鋪店官地租，知縣陳均撥入（為）義學膏火，每年十一千（緡）零六十文，係王偉烈等十四戶承納，遞年差號房收繳，除號房飯食錢一千六百文（錢），仍存錢九千四百六十文。」（《嘉慶翁源縣新志》卷7《經政‧科費》，第400頁）

　　也有將官地收入撥付學校作生員膏火者。如志載：「嘉慶十一年（1806），（翁源）知縣鄒紹觀撥入義學膏火九龍鋪、鳥飛坑官山地租錢兩千文，遞年著（由）蔡思親等繳納存工房。」（《嘉慶翁源縣新志》卷7《經政‧科費》，第400頁）

　　由方志資料記載來看，義學的興建及維持基本上皆依靠官員及鄉紳民眾的捐俸捐資，少見官帑的投入。

　　義學亦稱「義塾」，有某家庭建立者，亦有村莊或社區集體建立者。前者受教育對象主要為家族後人，後者則為村莊或社區適齡兒童。其教育經費來源主要是私人地租或民眾的捐款捐資。義學因主要設於基層社區，故又稱社學。民間十五歲以下的幼童皆可入學就讀，學習冠、婚、喪、祭之禮及初級經、史、曆算，並兼讀「御製大誥」或「本朝律令」。清代社學設置較普遍，幾乎每鄉一所，社學之師選擇「文義通曉，行誼謹厚」者充任。

　　翁源縣社學、義學即為官員、鄉紳捐俸捐資興建及維持。清乾隆初年署翁源縣事的謝崇俊在所撰寫的《重修八泉義學記》中說：

　　　　……翁邑社學多置於各鄉，而城東義學則建於乾隆五年
　　　　（1749），為諸生李炳等所捐置，為前縣（令）徐君廷棟所經始，顏
　　　　之曰（題名為）「八泉義學」，以翁山八泉之名名之也。四十二年
　　　　（1777），黃君始一復捐俸修之，迄今又四十餘年矣，棟朽牆傾，勿
　　　　早補葺，後將日益傾圮而莫可整治，其何以為諸生肄業之所？是（這
　　　　是）守土者之責也！爰（於是）捐廉鳩工，擇吉庀事，閱（歷）三

月而告成。有堂有室，煥然一新，警鼓發篋，以時入學，研究經史，討論藝文，延文行茂修（品行良好學識豐富）之士以講習其間，庶幾哉（如此才可以使）士風日以淳，士氣日以振，人文興起，炳然蔚然，豈僅躒足天衢，揚鑣藝苑（豈止是參加科舉考試，能寫出好文章），博取科第，邀一時寵榮已哉！將見經明行修，人皆知學，雖比隆三代（夏、商、周）可也。（《嘉慶翁源縣新志》卷9《藝文略》，第424頁）

由此可見，粵北義學的興建及維持，皆依靠官員及鄉紳士民的捐俸捐資，集腋成裘，沒有官帑分文的投入。

明清時期粵北地區的書院及義學教育，其主要經費大都來源於學田收入。而學田的來源又主要有三個途徑：一是官府將罰沒的「不法」之田或有爭議而難以公正、合理判斷的田地充公撥付學校，作為教學經費之來源；二是官員的捐資購田；三是地方鄉紳熱心於教育事業，主動捐獻自家田地以作為贍學之資。亦有一些義士捐獻自己的商鋪給學校作為教學經費來源。

鑒於參加科舉考試為學校教育的重要一環，而這方面又缺少官方資助，不少貧困人家子弟雖品學兼優，但因為赴考費用無力承擔，而不得不放棄者，使多年努力用功無果而終。有鑑於此，一些義士慷慨解囊以供學子科舉之資。如據《嘉慶翁源縣新志》卷七《經政·學田》之記載：「國朝（清）乾隆十六年（1751），涂廷魁妻賴氏捐田十畝零五分，土名橋頭等處，佃戶賴琳郎承種，歲納鄉斗租穀二十石歸學收租以為諸生科舉卷資」；「職員羅馬邦即羅文全於乾隆五十九年（1794）將買受劉引興土名高車下田種二斗一升捐出送學作兩學（府學、縣學）膏火之資；又將買受何培植土名井頭田種一石九斗十四升捐出送學作為文武科費」；「監生劉百展捐銀一百兩買受（購買）鄧宗昌南門大街第五間鋪一大所，坐西向東，直進一長大棟分作三間，簷映一隻，映內進去屋一間，鋪內石側傍屋一間，大小共五間，遞年租銅錢六千四百文作為文武科費。」

（九）私學教育（包括家庭教育）較為普及

一些曾在府、縣官辦儒學中接受過良好教育的士人，在學期間或學成之後，亦熱衷於開展私學教育。受教育者或為家族子弟，或為鄉村適齡兒童。

如蔡仞昌，「曲江人，邑（縣）文學士，有清名，督學魏浣初表其閭（鄉村、社區）曰『娉修掞藻（品德高尚，文采飛揚）。黨族子弟咸樂育之。』」子

（蔡）而烷以恩薦（貢）授辦事中書，而（蔡）而煜戊午歲貢。」（《同治韶州
府志》卷 32《列傳‧人物‧曲江》，第 646 頁）黃霆，明代英德縣人，增廣生，「勤
學好問，試輒高等，一時庠俊（縣學優秀生員）多出其門。」（《同治韶州府志》
卷 33《列傳‧人物》，第 694 頁）

　　也有退職還鄉的仕宦人物，被鄉人崇拜敬仰，爭相延聘為師教育子弟者。
如清代岑敏鵬，曲江人，博學精學業，由歲貢授樂會縣學教諭。致仕後歸鄉，
甘貧自守。郡人欽其學識品行，爭相延聘為師，訓誨子弟。岑敏鵬授徒「以德
行為先，從遊（接受教育）成名者甚眾，司牧（地方官）為請充鄉飲正賓。」
蔡森然，清代曲江人，以歲貢授平樂縣通判，「致仕歸，設帷講學，悉心訓誨，
一時雋士（優秀人才）皆出其門。」（《同治韶州府志》卷 33《列傳‧人物》，第
647、648 頁）

　　粵北私學教育具有「早」的特點，即對求學者及早授教。勿謂經濟條件
優越的富貴人家，即使是一些貧窮人家，也自子弟四歲至七歲左右的年齡段
即開始啟蒙教育，目的在於讓子弟養成勤學習慣及豐富學識，在日後的科舉
考試激烈的競爭中佔據優勢。

　　如明代白純素，「樂昌人，幼聰敏，九歲（能）詩，大父（白）玉衡見而
奇之，謂曰：『大丈夫所用心者與自有在（大丈夫之所以能成就大事業，是因
為自小用心專一），聲律對偶（詩賦）非所習也。』授以壁經（儒家經典），輒
能心解。膺永樂乙酉（1405）鄉薦，甲午（1414）春以選俊擢南京大理評事。」
（《同治韶州府志》卷 33《列傳‧人物‧樂昌》，第 658 頁）白純素顯然是家庭教育
而成才者。大約是其父教授其詩賦，而其「大父」即祖父教授其儒家經籍，既
通經又能詩，最終得科舉晉身入仕。又，歐鍾黃，「樂昌人，（歐）鴻麻長子，
幼承庭訓，卓有文名，康熙癸丑（1673）拔貢」。李式德，亦「樂昌人，孝友
端方，言笑不苟，性聰穎，十歲通五經，目數行俱下，試輒冠軍。」十歲已通
儒學「五經」，並且能「目數行俱下，試輒冠軍」，閱讀及理解、應試能力都已
超乎同齡兒童，可知其啟蒙教育頗受重視，應為家庭教育之結果。

　　再如清代曲江縣人曾壽見，「大父（祖父）（曾）環有孝行，家貧力學，以
拔萃（明清時期選舉人才科目之一）教諭興寧（縣）。父（曾）辰登武科。（曾）
壽見幼慧，甫四歲，口授壁經（刻在石壁上的儒家經典），背誦如流。髫年（幼
年）遊庠（考入縣學讀書），督學茅元銘賞其文……嘉慶戊辰（1808）舉於鄉，
辛未（1811）考取宗學教習，授石城教諭，主講封川（今廣東封開縣）奎壁書

院，連州南軒書院，以身立教，弟子詵詵（眾多）稱賢才焉。」高遴，亦曲江人，家馬壩鄉。祖（高）大猷、父（高）同仰均有隱德（隱居不仕）。（高）遴生甫七歲，授之書輒能解，受業於周錫躬，頗受讚賞，選乾隆丁酉（1777）拔貢。這些較早開始接受啟蒙教育者，由於基礎好，其後學業日進，故大多走上了一條科舉入仕的「光明大道」。例如高遴，據方志記載，他「由四庫館議敘州同，分發廣西……署南丹州同……署布政司經歷、調補全州、西延州同……擢知西隆州……知賓州……會總督蔣攸銛按賓州（到賓州考察），察能保薦，授太平府龍州同知。」在地方任職三十餘年，「安良戢（打擊、鎮壓）暴，復義學，查義倉，革弊鋤奸，境稱善治，奉獻良多！」（《同治韶州府志》卷 33《列傳·人物·樂昌》，第 649 頁）

家庭教育受重視，使明清時期粵北地區湧現出不少「神童」人物。如清朝初年，曲江人吳中龍，其父吳異品，廩生。吳中龍年甫十二之齡即登順治甲午（1654）賢書（鄉試及第），被當時人稱為「神童」。吳中龍之父吳異品「生而聰穎，髫年（幼年）食餼郡庠（府學）」，父子都「早熟」，十歲左右已嶄露頭角，必為家庭教育之結果而無疑。以上人物事蹟皆見《同治韶州府志》卷 33《列傳·人物》。

也有一些基礎教育設施不以「社學」、「義學」稱名，而以「書室」等為名者。如，據《民國清遠縣志》卷 11《建置·書院》所載：清代，在清遠縣龍頸墟，有「步雲書室」，「為屯步八約（清代廣東地方行政單位名稱，略相當於鄉）課育之所。」「步雲」顯然是「平步青雲」之意。又有「三臺書室」，在龍頸墟，嘉慶二十年（1815）紳士黃鐘靈、白聯芳等倡建。這些名為「書室」的「課育之所」，顯然屬於招徒講學的教育機構。

一般而言，書院多建於縣城；縣城及各分屬則建社學。書院為初、中級結合的教育機構，而社學、義學則屬於初級教育機構。

地方社學一般由地方鄉紳（包括致仕官員）、地方教官、士人及普通民眾聯合捐資籌建。這由《朱潤芳明新社學碑記》即可略見一斑。文云：

> ……我邑（清遠縣）向有鳳城書院，復有瑞峰書院，固見教化覃敷，人文薈萃。已至（以致）濱（江）、港（江）、回（岐）三屬亦均有社學，惟捕屬未之建焉，不無遺憾。余自光緒己卯年（1879）由甘肅解組（致仕）歸來，暇與屬內耆議興此舉（創辦社學），皆稱有志未逮。方歎創始之難，幸有廣文（縣學教官）陳君國勳、明

經歐君夢庚極力贊成其謀，職紳（任官職之鄉紳）麥君穎芳、麥君
霖芳多捐倡首而（且）謀度經營，賴有廩生（縣學生員）歐君衡南、
增貢生李君伯興不辭勞瘁，然後此舉乃成。爰（於是）集紳董籌金
創建，且喜同人樂助，捐有成數，遂買地於縣城武安街，鳩工庀材，
乘時興築。經始於光緒乙酉（1885）年十二月，落成於丁亥（1887）
年三月，規模宏壯，煥然一新，顏（門額題寫）曰〈明新社學〉，取
義於《大學》〈明德新民〉之旨，將見人材蔚起，所學優明德之功，
科甲聯登，筮仕（出仕官職）者著〈新民〉之效……（《民國清遠縣
志》卷11《建置・書院》，第363頁）

三、明清時期粵北地區教育事業發展之侷限

　　總觀明清時期粵北地區學校教育的發展歷程，可以看出，上自統治者，
下及鄉紳民眾，對於教育事業皆高度重視，投入了大量資財一再修復破敗的
學校，並從多方面籌集資金，力圖改善師生的教學及生活條件，使粵北地區
教育事業得以持續發展，為國家社會培養造就了大量人才。然而，事物總有
兩面性，我們也應該認識到明清時期粵北地區教育事業發展過程中，也有一
些侷限性的方面，例如對於「風水」的講究，就耗費了不少的人力物力。

　　明代嘉靖年間（1522～1566），韶州知府陳大倫在城南小洲湞水、武水合
流處創建了一座「通天塔」，又稱「文峰塔」，目的是以此風水之塔助興當地
教育。萬曆年間（1573～1620）「司李」（又作「司理」，即推官）吳三畏續修
之。《明李延大通天塔記》有云：

吾韶（州）當二水（湞江、武江）之中，張文獻（張九齡）、
余襄公（余靖）實篤生（生而得天獨厚）焉。非風氣靈異，何以後
先比肩若是！父老言曩時（從前，過去）湞、武二水合流環拱，風
氣完（聚集）不旁泄，人文所由蔚起。不謂（料）陵谷變遷，水南
徙而直至於海，科第遂為少遜（今不如昔）。世廟（即明世宗，年
號嘉靖）丙午（1546），陳公豹谷來守吾韶（州），愛民好士，事事
為千百世利，尤精堪輿（風水）。逝水無情，惟塔可障，惟洲可（建）
塔。因（依靠，憑藉）小洲突起之處堵水而（築）堤，易沙而石（挖
去沙土，建築石基），既堅且厚，塔（建塔）於其上。水去而若來，
急而若緩，稱砥柱中流矣。丙午（1546）時登賢書（科舉及第）遂

有六七人。陳公（豹谷）殆旋乾轉坤而大有造於吾韶（州）哉！迄於今上癸卯（萬曆三十一年，1603 年）垂六十年，塔已圮壞。是時，韶（州）司李（推官）吳公（三畏）適攝府事（代任韶州知府），念此塔洵（實在）關文運，奈何（怎可）不得為魯光之巋然，而摧頹幾同培塿（蟻穴泥堆）也！則大興修築，佐以俸金，翼如煥如。塔影掛青漢（塔高聳入雲）而鐘聲和白雲，猶之乎（猶如）陳公舊也（與當初陳豹谷知府所建之塔一樣）。及孟秋為諸士勸駕（及至秋天為諸士赴省試而送行），餞於塔中，陳設甚盛，禮意甚濃，為近世所未睹，放（放榜）而登賢書（及第）者亦如丙午（1546）之數……

以上文字見《同治韶州府志》卷 26《古蹟略·寺觀·曲江》。由上述文字來看，地方官勞民費材於江心洲島興建「通天塔」（文峰塔），目的就在於迎合「風水」，以實現助興人材的目的。雖然其間似乎也真的「靈驗」，科舉及第人數比以往有所增加，但這不過是巧合，認定為建塔所致畢竟缺乏科學依據。

連州也存在「豎塔以培風氣」之舉。《同治連州志》卷十二《墓碑·莫推官墓碑》記載了明代連州人莫與齊的事蹟，有謂：「庚戌（1610）歲貢北上；又五年乙卯（1615）始舉於鄉。榜首周君文煒，而公（莫與齊）名第二。周（文煒）為公門人（門生），連（州）數十年稀（缺少）科第，至是，公師弟並起（及第），聞者豔（羨慕）之，謂連（州）新豎塔以培風光，其應（報應，顯效）在兩公（周文煒、莫與齊）云。又七年壬戌（1622），始成進士……」

正是在歷代行政官員及鄉紳民眾的重視和支持之下，連州的教育事業獲得較大的發展，培養造就出了眾多的人才。《同治連州志》卷 3《選舉志》序言有云：「在昔（古代）樂正造士，論秀書升（把優秀者推薦給國家相關部門，按才任用），此選舉所自昉昉（開端，啟始）也。後世復有薦辟、特科（君主臨時確定）、科目（常科），士之登進固不一途。連（州）自唐宋以來經明行修之士及操觚（古代書寫用的木板，『操觚』指執筆書寫、讀書之學士）工舉子業者類（大抵）皆掇魏科（科舉及第），膺顯秩（出任高官），正色立朝之概，史冊昭然，何人文之蔚起也（人文蔚起，何等令人矚目）！方今（清代）聖天子學儒重道，治媲唐虞（政治可與傳說中的堯舜時代相媲美），教澤涵濡，英才輩出……」

再以清代清遠縣學的一再遷移重建為例。

　　清朝初年，面對改朝換代之際戰爭給社會造成的嚴重創傷，一些富有遠見的統治者，在百廢待興之時，已把重振教育置於首要地位。順治十七年（1660），時任嶺南分守道的藍潤來到清遠縣，目睹殘破局面，不覺感慨萬端。他在《重修文廟碑記》中感慨地說道：「起視城內，茆（茅）屋數楹，居民不滿百戶，觸目荊榛，半是虎穴，倉箱（倉庫、箱籠）無卒歲之儲，田野無口分之業，皆其苟延旦夕者也。軍國重務，遑念斯民哉！余深為之太息。假（如）我夫子（孔子）身際末流（改朝換代之際），目擊時艱，老安少懷之念當有倍切於今日者（矣）。非鐸教（教育）之靈，辟雍之化，何以挽世運而漸基隆平（逐步建成興隆而和平之社會）乎！」（《民國清遠縣志》卷11《建置·學宮》，第350頁）即與清遠縣令及縣學教官們一道，首先動工修復縣學，進行教育。

　　此後，歷經康熙、雍正、乾隆數朝，清遠縣儒學一再遷建或重修。在遷建過程中，一個重要的推進因素即風水思想。

　　據《民國清遠縣志》卷11《建置·學宮》篇記載：

　　康熙四年（1665），清遠縣紳士白炯中等請知縣劉堯枝、教諭黃許榮根據風水原理選擇清遠舊衛所故址遷建縣學，五年（1666）工竣，以直街為青雲路，以正南門為文明門，中為文廟、明倫堂、戟門、欞星門；左為啟聖宮，旁為兩廡、鄉賢祠、名宦祠；左右分別為文昌宮、尊經閣。康熙九年（1670）、康熙二十三年（1683），清遠知縣馮皋強、劉士驥曾主持重修。至康熙五十九年（1720），大約是半個世紀過去，縣學培養造就出來的人才未能如人所願，證明「風水」還欠理想，於是，紳士歐嘉遇等呈請知縣孫繩祖復將縣學遷建於瑞峰寺故址。至乾隆二年（1737），有人見縣學「文風未振，多謂學宮方位不合，紳士郭際望等聯請知縣陳哲欲再改遷。（陳）哲親詣瑞峰（故址）度其形勢，謂陰陽向背果未盡善，因為之經畫位置。適（正好遭遇）四月二十二日大風雨，聖殿及各祠宇俱為龍氣（龍捲風）所攖（摧毀），遂具文申詳督憲鄂、布政司薩、知府劉批允舉行（重修）。時日者（風水先生）謂拆卸尚需諏吉（選擇吉日），未便輕舉。及考前風雨日，正拆卸吉期也，於是，知府劉庶暨知縣陳哲皆捐俸先倡，紳士踴躍簽助，不及公帑，八月鳩工經始，（乾隆）三年（1738）二月成。」

　　乾隆十九年（1754），署縣事（代縣令）周紱「以學宮處城外，非所以崇文教也，議遷入城內登瀛街縣署舊址」。次年，知縣王玠經請示上級批准，將縣學遷移至城內舊縣署故址，又於隔河創建奎文閣。光緒十三年（1816）「濬泮池；遷移節孝祠於書院對面，其舊址即開闢為義路（正道）。」

以上是清朝一代清遠縣地方官府對於縣儒學的一再修葺及遷建簡歷。從中可以看出統治者對於教育事業的重視；同時也可見風水觀念對於官員及民眾的影響之深遠，為迎合「風水」原則，縣學多次遷建，其中也耗費了不少的人力物力。此類風水觀念影響學校建設及教育發展的情況，在明清時期粵北地區其他府、縣也不同程度地存在。

明清時期粵北地區教育事業的發展，使該地區人才輩出。眾多的粵北人通過科舉考試進入仕途，成為行政官員，在朝廷，在各地方發揮了重要的作用，作出了重要的貢獻，如張九齡、余靖之類名載史冊者亦不乏其人；也有眾多受過良好教育者進入教育領域，成為官學教官或私學教師，在傳播傳統文化，培養社會適用人才方面亦貢獻良多。這方面的情況，本著作中冊《古代粵北地區鄉賢事蹟述論》篇已有詳細敘述，請參看。

明清時期粵北地區的書院教育

　　書院是中國古代一種特殊的教育機構，最早出現在唐玄宗時期，發展於宋代。一般由富商、學者或地方民眾自行籌款，於山林僻靜之處建學舍，或置學田收租以充經費。書院有別於官學的教育系統，是唐宋至明清出現的一種獨立的教育機構，是私人或官府所設的聚徒講授、研究學問的場所。明代書院發展到一千兩百多所，但其中有些是官辦書院。一些私立書院自由講學，抨擊時弊，成為思想輿論和政治活動場所。清代書院達 2000 餘所，但官學化也達到了極點，大部分書院與官學無異。明清兩代，粵北地區也建立了不少書院。書院教學的開展，豐富了教育形式，為國家、社會培養了大量人才。

一、明清時期粵北書院建置興廢概略

　　關於粵北地區最早的書院，都認定是曲江縣的濂溪書院；而濂溪書院最早建置於何時，粵北方志則有兩種說法：

　　一說創自南宋乾道四年（1168）。《同治韶州府志》卷 18《建置略・書院・曲江・國朝齊嘉詔記》云：「韶（州）之有書院則自宋熙寧中（1068～1077），濂溪周子（周敦頤，號「濂溪」）提刑廣南東路（按：廣南東路簡稱「廣東」。宋太宗至道三年，即 997 年，將廣南路分為廣南東路和廣南西路，廣南東路的治所在廣州，廣東大部分屬廣南東路）。知州事周舜元（南宋乾道四年即 1168 年知韶州）思其遺澤，築祠祀之，遂以『濂溪』（命）名。新安朱子為之記。後提刑吳燧請於朝，額曰『相江書院』者也。」這條資料認為周舜元是濂溪書院的創建者。「遂以『濂溪』名」，即祠在書院中，祠及書院均以「濂溪」命名。後來提刑吳燧請示朝廷批准，將「濂溪書院」改名為「相江書院」。

　　另一說則是創自南宋淳祐七年（1247）。《同治韶州府志》卷 18《建置略·書院·曲江·明祭酒許存仁記略》云：「（南宋）淳祐丁未（1247），提點刑獄公事揚大異始創建書院於帽峰山之麓、相江之濱。中為祠堂以祀元公（周敦頤）而以二程夫子（程頤、程顥）、文公朱子（朱熹）、宣公張子（張栻）取（從祀、配享）焉；旁翼兩齋，置弟子員使習其業。」《國朝金蘭原記》亦曰：「宋淳祐間（1241～1252）長沙揚大異提刑於韶（州），覽周子（周敦頤）之（遺）跡，慕其道，擇勝地於筆峰之麓，始建濂溪書院，明所宗（學說本源）也。既而提刑吳燮復請於朝，得賜額曰『相江（書院）』，而（書）院以顯。」此二說都表明：濂溪書院創始於南宋淳祐年間，創建者是揚大異。

　　明清鼎革之際，兵燹頻仍，相江書院成為廢墟。康熙十年（1671），韶州知府馬元范蒞任，見百廢待興，對地方教育尤為關注，決定重建相江書院以興文教。「爰（於是）卜撤（占卜選取）筆峰山之麓，不忘舊也，捐資庀材，乃堂乃序（廳堂），乃亭乃池。配以王陽明（王守仁）、陳白沙（陳獻章）、湛甘泉（湛若水）三先生，私淑之資取諸近也。」但是，相江書院修復不久，又遭遇地方動亂，原來煥然一新的書院再度「滿目荊榛」，以致「春秋舉祀望空而拜，不禁惻然」。康熙二十七年（1688）仲夏，朝廷要員王權奉命到粵北來考察政治，振興教育。他將韶郡生童召集至書院，親自主持考試；又命生徒作文《相江書院記》，然後對生員們說：章句帖括（章句：分析古文的章節和句讀；帖括：即默讀、默寫，考記憶，比喻迂腐不切時用之言）只是應試的手段；至於說到治身經世，則必須體會周敦頤、王守仁、陳獻章、湛若水等幾位著名理學家的「致知力行」之說並付諸實踐，取法於名賢。如今大清王朝聖明天子崇獎文教，你們莘莘學士潛心攻讀，日後登科取仕，都是奠基於今日！希望你們珍惜時光，勿虛度年華！清人何嘉元在相關記述文章中，對此頌揚道：「美哉斯舉也！其為髦士（英俊之士）激勸裁成，典至渥（寓意深厚）也；其為當世陶育英賢，收得人之效，意良深遠也！」（《同治韶州府志》卷 18《建置略·書院·曲江·國朝何嘉元記》，第 365～366 頁）

　　清嘉慶二十五年（1820），江蘇吳江人、附貢生金蘭原來韶州任知府，又對書院作了一次遷建。其遷建的緣由是，前郡守馬元重建書院之後，「其後移建書院於縣庠（曲江縣學）之右，易其名曰『韶陽（書院）』。久之弗吉，居者多不利，且規條未具……」金蘭原郡守初來乍到，書院生徒紛紛請求遷建書院。金蘭原太守回答說，此事未可操之過急，眼前當務之急是籌集膏火鼓勵生童向

學之志。於是，金太守倡議捐款相助，眾人響應，「得白金（銀）六千有奇，歲權（取）其息，資用不匱。」金太守又對書院生徒說：「是宜廣其額以遂其來學之思也！」於是「為定生童內外課，合計八十名。於是，延宿儒，慎支發，立章程，諸生童始憬然思欲共學矣。」金太守此時才將遷建書院之事提到議事日程。他對諸生說：「弗安厥居，無以樂其業也！」遂於甲申（1824）冬，即筆峰之院基改築之，去「韶陽書院」之名，仍沿用「相江書院」舊名。兩年後，書院工程將近完工，金蘭原奉朝命調任潮州代理郡守。之後又歷任職於瓊州（今海南）、高州、廣州等地，「往來替受，靡有暇晷」。儘管仕任不定，來去匆匆，但金蘭原對於韶州的相江書院的建置及教育一直記掛於懷，「心恒戀戀於茲，慮（憂慮）厥工之作綴也」。丁亥（1827）冬，金蘭原「濫膺卓薦入都（考核優等被薦舉，入朝報到接受新的任命），重過韶（州），經書院則（見）已輪奐跂翼（宏偉壯觀）而規模倍闊敞。綜計由門而堂凡四層，最後為樓，樓祀文昌，其下仍祀四子（周敦頤、王守仁、陳獻章、湛若水），更益以張（九齡）、余（靖）二先生；其左有閣，閣祀奎星（奎星又稱魁星，是二十八宿之一的西方白虎宮的七宿之首，是主宰天下文運的大吉星。魁星賜斗是古代科舉人士最為喜歡的意頭，具有吉祥如意、功成名就的象徵意義）；其下義舉（祠？）；祠東西學宮凡四十餘楹，誦讀之聲朗朗達於巷外。」金蘭原考察了維修一新的書院，頗有感觸地說：「噫嘻！是真足為興藝樂學之所矣！」於是召集書院生徒，對他們說：國家及地方官府對教育大計甚為重視，無日不期望諸生學有所成。值得慶幸的是，如今書院各項設施煥然一新，生活、學習條件齊備，你們有倖進入書院學習的生徒們應該思考一個問題：如何刻苦學習以不負地方父母官對你們的厚望！我知道也期望你們日後都能科舉及第，平步青雲；然而，人品與科舉功名相比，是功名重要呢，還是人品重要呢？你們在書院學習，要思考如何才能增長個人遠大的見識，如何面對義與利的關係問題，能否正確認識古今治亂之源，能否做到古為今用……只有這樣，才能做到「處（未出仕）則為通儒，出（任官）則為名臣」。你們真正領悟了周子（周敦頤）有關「天人」之道的思想，才能算是不辜負郡太守對你們的厚望，才能成為像唐代的張九齡、宋代的余靖（二人均出自韶州）那樣對國家對人民有突出貢獻的人才。如果僅僅是學會了寫文章，別的毫無所得，這哪裏是郡太守對你們的期望呢！「其環列而聽者咸以為然」，諸生童都認為金蘭原說的話很中肯，很深刻。(《同治韶州府志》卷18《建置略·書院·曲江·國朝金蘭原記》，第366頁)

　　翁源縣書院見於方志記載者有兩所：一是翁山書院，在城東翁山寺左，明嘉靖十九年（1540）建。後改書院為公署。萬曆四十一年（1613），知縣林自芳建造文昌樓，復改建為書院。另一所是崇德書院，在縣西門外，明萬曆年間（1573～1620）建。此據《嘉慶翁源縣新志》卷10《勝蹟》。

　　仁化縣舊屬桂陽郡，治所在今湖南省郴州市，後改隸韶州。北宋時期理學家周敦頤曾於廣東任官職，據說仁化縣也是「周子（即周敦頤，古代人們敬稱著名學者為『子』，如孔子、孟子、荀子等）所宦遊地也。」北宋淳祐九年（1249），德化（今福建德化縣）籍人鄭軫來任仁化縣代縣令，最早在縣儒學的右邊設立朱子祠以崇祀之。明朝嘉靖六年（1527），知縣于詳以城南真武閣改建濂溪書院。「濂溪」為周敦頤之號，故周敦頤又常被稱為「周濂溪」。仁化縣之有書院自此始。隆慶三年（1569），知縣王繼芳修之。明末，書院漸漸「鞠為茂草」。清朝康熙二十四年（1685），仁化縣令李夢鷥捐俸葺治，改名「義學」，但「濂溪之跡猶未湮（失去，埋沒）也」，周敦頤的學說在仁化縣士人中仍有很大影響。歲月流逝，「日剝月削，荒棄弗事，遂即（接近）傾圮。」嘉慶二十五年（1820），縣令鄭紹曾將周敦頤神主（神像，牌位）遷移至試院之後左廂，而濂溪書院遂廢。同治八年（1869），劉鳳輝來仁化縣儒學任教官，到周敦頤祠廟中致祭，詢問縣人何以將周子祠遷移至此地？眾人皆曰不知。大約是因為時間過去太長久了，事情的真相已無人知曉了。同治十一年（1872）秋，陳鴻來任仁化縣令，倡修縣志，開局於舊書院。縣學教諭劉鳳輝是參與修志人員之一。他看見舊書院堂構雖已剝蝕，而雄壯輪奐依然，便向縣令陳鴻提出修復濂溪書院的請求。陳縣令與縣中紳士商議此事，徵求他們的意見，獲得他們的支持，於是捐俸倡修。但書院還未修復，陳鴻縣令已接官職遷轉指令。接替來任仁化縣令的是長白（今吉林省長白朝鮮族自治縣）人氏葆椿。葆椿縣令對於教育事業頗重視，「以樂育為急務，董勸興率，克襄厥成」，才終於將書院恢復建成。為此，劉鳳輝教諭頗生感觸，他說：

　　　　……嗟夫！書院古之學校也；賢哲（周敦頤），學人之楷模也。
　　　學校興而後作育宏（教育得到振興），楷模端而後學術正。仁化山水
　　　奇秀，磅礡鬱積之氣應鍾偉人（仁化縣風水優良，理應是人才輩出
　　　之地），濂溪造詣幾於將聖（濂溪書院弘揚周敦頤理學），其間必有
　　　聞風興起，應運而生者。故有明之季（明末）以及國初（清初），人
　　　才接踵，文章道德之彥（人才）代不乏人。而其時若王侯（王繼芳

縣令）、李侯（李夢鶯縣令）集生徒，講學正，□□稱盛。百餘年來，
風流稍歇矣。夫人恒隨逐於流俗，汩沒（沉迷，熱衷）於貨利，耳
濡目染，無非鄉曲（平凡）之見，浮靡之說，輾轉流傳，幾（乎）
不知天壤間自有卓□俊偉，希聖希賢（追蹤聖賢），則人才壞（衰落，
不振）；人財（才）壞則名教壞；名教壞而世道人心大不可聞矣！夫
理莫明於周子，道莫明於周子（周敦頤對於「理」，對於「道」的感
悟是最深刻的），而仁（化）又嘗親被其教澤者。前此數百年中，諸
君子之所以兢兢於是，夫豈（難道）無故而可聽其湮沒耶！……（《民
國仁化縣志》卷7《藝文第十二‧重修濂溪書院記》，第567頁）

　　濂溪書院既落成，奉周敦頤神主於其中，供士人祭祀，以為士人追蹤之
楷模，復其舊名曰「濂溪書院」，將修葺書院所剩餘的資金作為日後教學基金，
使諸生童得以朝夕吟詠。

　　除了濂溪書院，仁化縣還有別外兩座書院：一是錦石書院；另一是仁陽
書院。其中，仁陽書院是接受僧人的建議，由文峰寺改造而成。據陳上烺縣
令所撰《新建仁陽書院序》可知：

　　……稽仁邑（查考仁化縣）所創者為濂溪（書院），（明）嘉靖
初年邑宰（縣令）于君詳所建。原立縣治南關。康熙年間，李君夢
鶯遷城內，改為義學，合邑士民又從而建錦石書院。斯（此）時也
文風丕（大）振，攫科名登仕版（科舉入仕）者一時稱盛。迨（及）
傳之久，廢修葺，消磨（於）風雨。傳之又久，鞠（為）茂草，傷
禾黍（雜草叢生，淪為廢墟）而已。厥後文教復振。仁陽書院之設，
又（有）所由來。曾幾何時而頹然廢矣。顧（回首，回視）其建而
復廢，至於再，至於三。余故曰：賴久而勿替焉（期望書院教學可
以長盛不衰）！今睹（如今）西粵鄭君（失其名，雍正十二年即1734
年任）來宰是邑（仁化縣），慨然興作育（興學育人）之思。訪（仁
陽書院）舊址之無存。正躊躇其未已（失望惆悵之際），有水南文峰
寺僧千（干）外事（因事犯法），法應歸俗，立遣之。（鄭縣令）得
間（乘機）曰：「志可行矣。茲之文峰者，正文筆衝霄之地，其寺也
曷（何不）改為書院，仍其名曰『仁陽（書院）』，庶幾哉（如此才）
名實相符。地靈人傑，涵濡久，培養深，濟濟彬彬，文治日昭，而
英才蔚起歟！工甫竣，而鄭君行役（遷官）。余捧檄來（奉命來代任

仁化縣令），紳士輩急以是舉進告，並請序於余以昭來許（請我寫作一篇序言以便讓將來的人們明白書院興廢之由來）。余諾曰：美哉！始基之矣（基礎已經奠定），鄭君之創斯舉，大有關於教化也。邑紳之裏（支持）斯舉，果有造於士林也。創始難，守成（亦）不易。幸（期望）久而勿替焉！」（《民國仁化縣志》卷7《藝文第十二·新建仁陽書院序》，第570頁）

　　明清時期，仁化縣見於記載的書院至少有五所。既有設於縣城者，亦有設於地方墟市以至鄉村者。如，濂溪書院，舊在縣城南門大街，後廢。同治十二年（1873），以學宮（縣學）前橫街舊訓導署改造修復，重建濂溪書院。錦石書院在縣治東，明嘉靖二十年（1514）合邑士民捐建。仁陽書院在縣治南，文峰塔下，隔河相望。嘉慶十八年（1813），知縣鄭紹曾以僧院（寺）改建；署縣事陳上烺接續完工。道光十九年（1839），知縣鄒宗堯修葺。董勸書院在縣西董塘墟，道光二十七年（1847）建，咸豐年間（1851～1861）社會動亂遭受毀壞，同治七年（1868）修復。扶風書院，在縣東北扶溪柴嶺村，道光九年（1829）巡檢司孫汝霖倡建。錦江書院在縣東北長江村，清嘉慶二年（1797）知縣洪人驊倡建。

　　樂昌縣在明代有書院四：龜峰書院、文昌書院、鳳山書院及昌山書院。明代後期，隨著社會動亂，更兼改朝換代，戰爭洗禮之後，書院趨於衰廢。清朝建立後，統治者認識到，書院教育對於治國安邦有著重要作用，「今天子治理熙洽，敦崇文教，令各直省立書院，資給膏火，其有州邑偏遠者聽大吏帥有司為之。」乾隆十年（1745），直隸贊皇（今河北贊皇縣）舉人馮翕來任樂昌縣知縣。次年，馮知縣「乃卜於城外眾善寺之右，規（丈量）其地，縱可三十丈，橫七尋有奇，而築書舍（書院）焉，為門、堂、室各五楹，翼以廊屋三十餘間，出廉俸洎（及）邑士夫釀財成之。經始於乾隆十一年（1746）之正月十二日，訖工仍顏（題名）為『昌山書院』。」（《同治韶州府志》卷18《建置略·書院·樂昌·國朝郡守薛韞記》，第372頁）

　　乳源縣有書院二，均為清代所興建。其中，雲門書院在縣學東門外登雲坊，乾隆三年（1738）知縣高揚於此建立義學，歲久傾圮；嘉慶五年（1800），知縣馬千里仍其舊址建書院，顏曰「雲門書院」。城東書院，康熙二十四年（1685）知縣張洗易建。

　　英德縣有桃溪書院、會英書院等，亦經歷了多次廢而復興的歷程。桃溪
書院在縣西南一里步月臺東，明朝崇禎十二年（1639）知縣吳永澄建，備極
幽雅，並購田宅、賃租為課士之費。吳永澄對此書院之興建過程有較詳細的
記述。其文大意如下：

　　英德縣是個歷史文化悠久的名勝之區，山川秀麗，風俗淳美，經過英德
縣的人都為英德山水之美而感到驚奇，都說此地應有磊落瑰偉之英才出現，
應是個人文薈萃之地。然而，現實卻是，英德縣近來士氣萎靡，讀書人多相
沿成習，未見什麼人才出現。雖說城鄉之間不時可聞朗朗讀書之聲，然而登
賢書應制科而及第者卻寥寥無幾。這難道是山川的靈氣未能得到發揮，還是
文化昌盛還有待於日後？讀書人求學，就像玉石包含在璞石之中，金屬包含
在礦石之中。璞石有待於琢磨，礦石有待於鎔鑄，才能製作出精美的圭璋之
器，才能鍛造出鋒利的刀劍。英德縣的諸生充滿著朝氣，胸有大志，可謂「彬
彬鬱鬱，大都率真而去偽，麗質而吐華，得之資性（天賦）者十九，得之探索
（努力）者十一。」雖然如此，但是，依靠天賦不如依靠人自身的努力；相信
風水之說不如相信勤能補拙，教育可以造就人才。俗語說「業精於勤」；又說
「以文會友」，怎麼能忽視甚至輕視教育的作用呢！如今聖天子在位，重視教
育事業，多次下詔要求地方官要「廣勵學宮，敦本制行，課藝衡文，期得經明
行修之士以風示天下」；地方負責教育工作的督學使者又申飭教條，首重會課
（會考），勉勵諸生，讀書求學要持之以恆，毋敢少懈。地方鄉紳民眾聞風興
起，「已駸駸乎有昌熾之風矣」！

　　於是，英德知縣吳永澄奉朝廷振興教育之令而行，「捐資置產以給課士之
需」。吳縣令核查了前縣令原買學田若干畝，有租若干石，盡以膳士；又捐獻
俸金百餘兩銀，益之以田產。當時，諸生都認為置田產取利息以充書院生童
課讀之資是最好的辦法。於是，向上級打報告申請批准創辦書院，獲得批覆，
遂鳩工動土，很快就將書院建成了。地方鄉紳熱心於教育事業者踴躍捐資襄
助，共募得百餘金（兩）。於是，制定書院學規，會計各項收入，登記於籍以
奉稽核。書院大門書寫「桃溪書院」四字，教學之堂書以「友仁」二字；堂後
有文昌樓，左右兩廂為諸生肄業之所。前有陂池，後有亭榭，景色秀美，令人
賞心悅目，所謂「挹江水之秀麗，漱（吸收）藝苑之芳華」。可以預見，英德
縣日後將人文蔚起，或可與文化昌盛的中原之地相比美呢！

　　以上據《同治韶州府志》卷25《古蹟略・署宅・英德・吳永澄壁記略》。

　　另據《同治韶州府志》卷25《古蹟略·署宅·英德》所記可知，英德縣在明代，書院至少有四處：一是「涵暉谷書院」，在南山下，宋景德（1004～1007）初郡守王伸達奉詔建。元末廢。明朝天順年間（1457～1464）知縣杜宥重建。嘉靖元年（1523）知縣張慎重修。」二是「南山書院，在聖壽寺後，嘉靖九年（1530）邑人以本府通判符錫處（改善、整頓）驛傳，募民兵興社學，開峽路諸惠政，建（書）院肖像祀之，餘資置田一十二畝，歲收租銀七兩為祀費。」三是「龍山書院，在城東北龍山下，明嘉靖元年（1522）知縣張慎建，祀宋謫宦、英州別駕唐質肅介（唐介，諡「質肅」）。二十五年（1546），知縣陳維賢議並祀安置英州洪忠宣皓（洪皓，諡「忠宣」）。三十年（1551）知縣吳希曾建講堂於中，有（唐介、洪皓）二公（傳）記。後又增祀徙英州鄭監門俠（鄭俠，曾監安上門，因反對新法被貶至英州）為三賢祠。明知縣吳永澄重修」。四是「桃溪書院，在縣西南一里步月臺東，即今天後宮處。明崇正（禎）十二年（1639）知縣吳永澄建。（書）院有友仁堂，半舫室，備極幽致，並購田宅，賃租為課士費。」

　　清代，據《道光英德縣志》卷5《建置略上·學校》所記，英德縣書院約有五所：一、近聖書院，「在登雲街學宮之右，訓導署前。康熙三十七年（1698）知縣田從典因前滇江書院廢址捐俸拓買右後隙地創建。」二、龍山書院，「舊址租在先農壇前右地一大段（今名高基）。」三、會英書院，「在登雲街學宮之左，教諭署前，明嘉靖三十四年（1555）知縣諶廷詔查出古滇陽驛地基建。後廢。國朝嘉慶十九年（1814），知縣周本蔭遷□（移）學宮於右，因復建焉。」四、文昌書院，「在城外西南水邊街尾，面南，臨江，即滇陽驛皇華堂廢址，康熙四十五年（1706）知縣齊捷捐（俸）拓左後屋地建造，例貢林嗣茂督理。」五、文瀾書院，「在浛洸街，康熙四十九年辛卯（1710）巡檢、會稽（人）鈕榮即浛洭縣署舊址建。」

　　佛岡廳有一所書院，名「培英書院」，創建於道光三年（1823），創建者為縣令王禹甸。王禹甸，浙江山陰縣人，監生，嘉慶二十年（1815）來任佛岡廳同知（事），「道光三年創建培英書院，捐助膏火，聚生徒講學焉。」培英書院雖由王禹甸創建，而其奠基則在楊學顏代王禹甸主政佛岡廳的前幾年。志載：「楊學顏，字桂山，山西曲沃縣人，嘉慶丁丑（1817）進士。道光元年（1821）初，（佛岡廳）同知王禹甸解（押送物資）香蠟赴部，桂山（楊學顏）以即用知縣護理篆務（代任同知），潔己愛人，雖初任而聽斷明允，吏胥莫敢欺焉。

廳未設學，課士之事莫之前聞。桂山以為司牧者（地方官）養與教耳，烏可偏廢也，乃□示觀風，進生童之秀者月兩課（考試，考核）之，親與講貫（講授，教學），定其甲乙，給之獎勵以振文風，誘掖士類，□（辛）巳（1821）任花縣。舉人宋灝贈之以詩，有『百年學校遺輿論，一日絃歌屬使君』之句。厥後，培英書院之設實由是啟其端也。」楊學顏雖然代任佛岡廳同知只一年，但他重視地方教育，在任期間已經設立「學校」進行教學，並且還親自任「師」，「親與講貫，定其甲乙」，已在當地民眾心目中留下了良好而深刻的印象，「任事一年，去之日，士民相率祖道（餞行送別於道路），咸以為失慈惠師焉。」王禹甸回歸復職之後，在楊學顏發展教育的基礎上創辦了培英書院。在培英書院的發展過程中，徐香祖曾有所貢獻。徐香祖，江蘇元和縣人，嘉慶丁卯（1807）舉人，道光六年（1826）來任佛岡廳同知事，「培養文士，孜孜不倦。廳屬黃華堡，土名大沙壋中心壩、壟田壩等處有淤積，官河八畝八分，先於乾隆四十一年（1776）民人張昇裘、陳思士皆以田業相近，互爭墾種，經清遠縣斷分上下，截給兩姓承耕，旋結施翻（結案不久又再爭訟鬧翻），迄道光五年（1825），復釀成陳邦文服毒之案，枝節愈生。秋臣（徐香祖同知）廉（調查，考察）得其情，以原墾田畝斷歸培英書院，令首事（負責人）黃鳴球、鄭開化招佃批租為諸生膏火，而五十餘年之訟藤（官司）永絕，兩造（原告、被告）息爭，一舉而三善備焉。其明敏果決也類如此。」以上資料據《道光佛岡縣直隸軍民廳志》卷二《宦跡》。

清遠縣在明代大約建有書院三座，即崇文書院、瑞峰書院以及同文書院。《民國清遠縣志》卷11《建置·學宮》記載：「（嘉靖）十六年（1537），兵備僉事李文鳳創崇文書院，建號舍。二十三年（1544），僉事何元述因知縣林繼賢議，以（書院）曠遠，不便瞻謁，遷於城內大觀街。中為文廟，東（為）兩廡，前為欞星門、泮池，各祠、堂、廨舍皆備，其講堂則在城內北隅通衢之東。」此外還有瑞峰、同文等書院。據《民國清遠縣志》卷11《建置·書院》記載：「崇文書院在城內東北門，（明）嘉靖十七年（1538）建。崇文（書院）、瑞峰（書院）昔並為儒學，康熙五十八年（1719）重建。」「同文書院在儒學（縣學）右，明萬曆二十三六（1595）建」；「瑞峰書院在松樹岡，弘治甲子（1504）學使潘府建。」

清代，清遠縣見於方志記載的書院有濱江書院、瑞峰書院、鳳城書院及雲橋書院等。《民國清遠縣志》卷8《人物·先政》許清貴傳云：「許清貴，字

珍圃，漢軍進士，道光二十三年（1842）知縣事，勤於撫字，清操凜然，而振文風，端士習尤為用心，嘗修濱江書院。」又，宋錫庚傳云：「宋錫庚，四川人，同治間（1862～1874）任（清遠）知縣五載……而又廉以（且）自持（自律嚴格），勤於課士。時瑞峰書院毀於賊，錫庚捐銀一千兩倡率重修，且詳定鳳城、雲橋兩書院官課，官給膏火，民皆德之，並崇祀濱江書院遺愛祠，錫庚又祀於瑞峰書院崇義祠。」

　　清遠縣幾所書院並非既定不變，而是隨著形勢的變化而有所變遷，當生員減少之時，有可能合二為一，或將書院改為社學，或將書院改為其他名稱。

　　瑞峰書院始建於明朝弘治甲子（1504），由當時的督學官員潘府主張而建。陳佐在《瑞峰書院記》中敘述道：

> ……今清遠及廣東之屬地，憲副、督學、上虞（人）潘先生（潘府）弘治甲子（1504）歲逢大比（科舉考試），夏四月駐節於斯，檄召南（雄）、韶（州）、連（州）二郡一州士會考較文。行臺窄隘，無以容多士。移（遇）暇，陟（登）瑞峰之巔四顧，（只見）山環水繞，樹木蓊鬱，慨然歎曰：「真佳境也！」遂於僧寺（瑞峰寺）後闢構堂宇於上以會考（會聚諸生以考試）焉。兩旁仍設庖廚、浴室以為生徒饌食寢息之所，苟（姑且，暫且）完苟美，樸素渾堅，額曰「瑞峰書院」，旬日落成。此書院之始創，豈非因先生而得名歟！洌江（清遠縣）士夫耆儒既（與、及、和）諸生各賦詩歌以誦之……
>
> （《民國清遠縣志》卷11《建置‧書院》，第357頁）

　　瑞峰書院是一所官辦書院，肇建之起因是粵北南雄、韶州、連州二郡一州生員會考，缺乏理想的考試場所，即「行臺窄隘，無以容多士」，「遂於僧寺後闢構堂宇於上以會考焉」。以後，由臨時考試場所而改建為瑞峰書院。

　　濱江書院由雲橋書院發展演變而來。雲橋書院後來改稱「濱江社學」。道光二十四年（1844）又改造為「濱江書院」。《民國清遠縣志》卷11《建置‧書院》記載：

> 濱江社學，原名雲橋書院，初在大塘嶺上游，康熙初年建。乾隆年間（1736～1795），巡檢彭日涵修，後由紳士孔繼璇、黎爾蘊、黃鐘英等呈奉知縣饒應泰重修。道光十七年（1837），巡檢張韶九遷建於司（巡檢司）署之右。二十四年（1844），紳士黎乾常等奉商（與……商議）巡檢傳慶，謀請（請示）知縣許清貴移司署於舊廨

之旁以專建社學，改為濱江書院。光緒五年（1879），知縣陳起倬諭
飭建魁星樓於巽位，並買民鋪移司署於珠坑墟。紳士鄭鑠生、程寶
樹、黎景聰、江見圖等董其成。至於膏火各費則同治七年（1868）
馮錫章、劉清元、白玉珩等呈准督撫設立公會「昌柴秤館」，由藩司
發給執照。上自興隆州，下至政江口，所有濱江出口，柴薪在此過
秤，酌收買賣家傭銀以充之。

　　由上述資料可知，雲橋書院創建於康熙初年；後改造為社學，再改造為
書院。官方以「山澤之稅」作為書院的「膏火各費」之來源。

　　光緒二十年（1894）來任清遠縣令的和廷彪（雲南大理縣人），作《雲橋
書院碑記》，對於書院的發展歷程有詳細的敘述。據此碑記可知：鳳城書院因
年久失修，館舍漸圮，且書籍未備，各生童多不進院肄業。和廷彪來任清遠
縣令之後，對地方教育高度重視。他說：「移風易俗端（的確、確實）賴儒修
（學習儒家經典），勸學興賢首崇文教。卑縣處北江下游，風氣尚稱純樸，惟
地多山關，都（地方）人士雖有可造之才，往往囿於習俗，廢棄自甘，似宜設
法提倡，務使各士子講求積學，砥礪有成，方足以宏樂育（振興教育）而振文
風。」他對破敗的鳳城書院作了修葺，並捐獻俸祿派人前往浙江等省購買經、
史、子、集諸書運回。在鳳城書院內建立書樓，將各種書籍發院慎存，使書院
生童可以隨時借閱。然而，清遠縣共分濱江、湞江、回歧、興靖四區，其中，
三區離城較近，三區之士人，來鳳城書院肄業應課（試）往返較易，惟湞江
一區離城百里之遙，且地處山區，該處士子不乏好學之人，文藝亦多可觀；
但因為離縣城遙遠，「向（來）皆以負笈來城（讀書）艱於跋涉」，因此，和廷
彪縣令認為應在濱江區另設一座書院以供當地士子入學就讀。他傳集濱江區
各紳士，飭令他們設法籌集經費，創建書院，並擬定按期考試，由縣官捐廉
給獎以資鼓勵。濱江區雖地處偏僻，但素崇文教，此前已設有濱江社學。經
眾鄉紳等公同酌議，擬在濱江區珠坑將原設社學改建為書院，名曰「濱江雲
橋書院」，並設法籌措了書院生童的月課獎賞、膏火、文武生童書冊之費以及
賓興（應省試）、春秋祭祀之用，規定書院每年舉行考試八次，並由官員捐獻
俸祿設立獎學金，對學業優異者給予獎勵以激勵其餘。為了使書院教學得以
長久維持，不致因為和廷彪縣令調任之後，新任地方官或許對地方教育欠重
視而導致書院趨向衰廢，和縣令還「特繕列章程，聯乞准予通詳大憲（上級）
批示，立案勒石，庶化先學校，絃歌宣琴治之庥（如此才能起到振興教育，培

養人才，治國平天下的作用），亦壽以貞瑉（刻石），一日立百年之法。」「濱江雲橋書院上年（1895）八月末課起，迄今（1896）已逾半載，該屬（濱江區）生童均爭自琢磨，課卷日益加增，士心尚形鼓舞。該書院課期每年除正（月）、二、六、十二等月外，定期考課八次。所有獎銀，前四課由卑縣（清遠縣官員）捐廉給發，後四課即由書院經費提給。該（區）紳士果能認真經理，濱屬（濱江區）文風可期蒸蒸日上……」（《民國清遠縣志》卷 11《建置·書院·和廷彪雲橋書院碑記》，第 362 頁）

鳳城書院。乾隆三年（1738），知縣陳哲捐建。八年（1743），經請示上級批准，撥東林寺鄉小斗租穀 750 石為書院（亦稱「義學」）經費；復撥鼇塔寺租穀 250 石共 1000 石歸縣徵收，以為延師課訓之費。

南雄府志載有書院二：一是大中書院，在府學西，明成化乙未（1475）知府江璞創建；西溪書院，在府治西，明正德辛巳（1521）知府倪宗正修。

明清兩代，雖府有府學，縣有縣學，但學額都極少，僅限十數人，頂多四五十名。年青學子入學的機遇很有限。以清遠縣學為例，據《民國清遠縣志》卷十五《學校·學額》的記載：「明（代）各縣學額二十名。清遠明初二十名，後改為十名。萬曆時期核減為四名，旋復舊（十名）。（清朝）順治初定十二名。康熙八年（1669）改定為八名。」於此記載可知明清時期縣學學額頂多只有二十名，少時則只有幾名。這些都是「廩膳生」，簡稱「廩生」，享受國家助學金的，額內每人給廩米六斗，以補助其生活。此外還有「增廣生」，簡稱「增生」，名額也極有限。廩生有「廩米」，增生則無。此外還有「附生」，附於諸生之末。無論如何，能通過院試而進入府學、縣學成為「生員」者畢竟極其有限，廩生、增生、附生加起來也不過數十人。還有許多有志求學，有志入仕的年青人渴望得到接受教育的機遇。這就為地方書院教育的發展開創了有利條件。

除了政府公辦的書院外，明清時期粵北地區還有不少民間集體或私人建置的書院。前者主要吸收當地適齡年輕學子就讀；後者則主要作為個人隱居讀書之所。如明代清遠縣人朱士讚，「好山水，尤雅愛飛來（峰），自號『十九峰主人』，嘗（曾）建十九峰書院，隱此讀書」。「又，處士（未出仕之士人）李濱，字晴川，亦在峽山闢建書院，隱逸於此，累世子孫在此讀書。」（《民國清遠縣志》卷 6《先達》，第 185 頁）這些名為「書院」的設施自然很簡陋，功能單一，主要是個人或家庭子弟的學習場所。

二、明清時期粵北地區書院的建置由來及其教學管理

（一）由義學改造而為書院

如據《民國清遠縣志》卷11《建置・書院》所載：清遠縣「鳳城書院即鳳城義學，在文昌宮右，乾隆二年（1737）知縣陳哲捐建……二十五年（1760）知縣王玠改遷於文昌宮後學宮之右。道光四年（1823），知縣周浩始改為鳳城書院。」

（二）由寺院（祠廟）改造而成

之所以將祠宇或寺院改造為書院，是因為古代書院除了教學功能之外，同時兼有祭祀功能，這就為二者結合創造了條件。例如，英德縣有一所南山書院，書院中有一座「張公祠」，祀明代知縣張慎及張宇。黃佐在有關張公祠的記文中說：「英德地饒（多）奇石，其南特起枕江中流者曰南山。（南山）舊有僧寺，嘉靖初改為書院，今祀邑大夫（縣令）惠安（人）張公者也。」此見《同治韶州府志》卷19《建置略・壇廟・英德・張公祠》。仰止書院在乳源縣東半里，舊為崇寧觀，明嘉靖三年（1524）改為書院，祀唐韓愈及宋朱熹。此據《同治韶州府志》卷25《古蹟略・署宅・乳源縣》。

樂昌縣南一里許有一座龜峰書院，明嘉靖（1522～1566）中韶州知府符錫將祠宇改建而成。據《同治韶州府志》卷25《古蹟略・署宅・樂昌・明劉節龜峰書院記》，符錫來任韶州知府，將「去淫崇正，興士振民」作為自己任職義不容辭之責。龜峰是樂昌縣一座名山，山下原建有一座祠宇，用以祭祀山神。在符郡守看來，這是一座「淫祠」無疑。符錫在韶州任判官之時，曾將此祠改造為祭祀唐代文豪韓愈（韓昌黎）之祠，「祀昌黎韓公以崇正也」，通過崇祀韓愈以推崇儒學。另外，在龜峰山之南，有一座山，當地人稱作「塔岡」，前人曾在山上建有一座佛塔，年長日久，已趨於崩頹。符錫知府想利用當地民眾對佛教的崇信，重建佛塔，並因而創建書院。當地民眾獲悉，皆大歡喜。樂昌父老聞之，則欣欣然有喜色，相告曰：「幸哉，令吾士民一進於古昔也！」然而，好事多磨。不久，符錫接到朝廷調令，被徵入朝任職太常。興辦書院之事只好中輟。民眾為此備感失望。不數年，出乎人們意料，符錫又從太常僕一職遷守韶郡（任韶州郡守）。樂昌縣鄉紳士民齊趨郡守庭下，跪著請求說：書院將要興建，您大人的功勞真大啊！塔岡、寺廟（浮屠）同時並建，請您大人告知我們工程將要如何展開？符錫郡守明白，鄉紳士民是擔心，

如果不抓緊時間把書院興建工程完成，一旦本人任職安排有變動，或許又如從前那樣，工程又將半途而廢！符郡守於是便捐獻出「贖刑金」（即俸祿）五十兩，令樂昌知縣張堅負責工程建設。工程啟動於嘉靖十八年（1539）臘月甲子，不到兩個月即厥功告成！在興建書院過程中，樂昌縣士民熱情高漲，大力襄助：「（樂）昌之民金者（冶金工人）、帛者（紡織工人）、穀粟者（農民）、帛而貨者（商人）肩歷（摩肩接踵）而至，購材鳩工，陶磚（燒造磚塊）運瓦，爭先恐後。」正因為眾人齊心協力，工程才能在短時間內告竣。書院建成後，人們對於樂昌縣教育事業的發展充滿了信心與期望：「昌邑（樂昌縣）文風士氣信徙往昔（比從前大為改變），英俊（人才）挺出，追曲江（張九齡，曾任唐朝宰相）、武溪（余靖，亦曲江人，北宋名臣，有《武溪文集》）之盛，自茲攸始！」

（三）由廢棄官署改造而成

如連州的南軒書院，（清朝）雍正三年（1724）裁「連州守禦所。五年（1727），州牧（知州）朱振基即廢署改建書院。頭（外為）儀門；內（為）甬道，直達大堂；再進為講堂，顏曰『培風堂』，又再進為後座，座上祀包聖、□聖、張南軒（張栻）、韓昌黎（韓愈）、周濂溪（周敦頤），座左右廂房各二間，左為館師下榻處，右為諸生肄業所。座□建樓五間為廝舍；講堂左右廂房各一間，左廂側為庖廚（廚房），右廂側為菜圃；甬道兩旁廂房十二間，俱為諸生肄業處。頭門右側小星（小房）三間，住院役。嘉慶二十五年（1820）州牧黃錡重建。」見《同治連州志》卷3《學校志‧書院》。

（四）恢復重建舊有書院

早在宋代，教育事業得到振興，粵北地區已有書院之建。這些書院多是在北宋慶曆年間（1041～1048），朝廷下詔要求地方要創辦書院，崇重教化，地方官奉詔而建。歷經歲月變遷，朝代更替，這些書院大多已趨於頹廢。明朝以後，在朝廷重視教育詔令的促使之下，一些地方官將舊有書院加以重建，重新招徒講學。例如英德縣原有涵暉書院，在南山之下，北宋景德年間（1004～1007）郡守王仲達奉詔興建。元末戰亂之後荒廢。明朝天順年間（1457～1464），英德知縣杜宥重建。此類廢而重建的書院在明清時期的粵北並不少見。

（五）為紀念（祭祀）歷史時期的名賢而建

自唐宋以來，韓愈、周敦頤、洪皓、鄭俠等一批名賢，在朝廷政治鬥爭中失勢，遭到姦臣排斥構陷而被貶逐至偏遠荒涼落後的粵北。粵北人推崇他們，設書院興教育以紀念之。如英德縣有龍山書院，據《同治韶州府志》卷19《建置略・壇廟・英德・劉澤大記》，龍山書院在城東北龍山下，明嘉靖元年（1522）知縣張慎建，崇祀北宋謫宦、英州別駕唐介；二十五年（1546），知縣陳維賢加祀安置英州的洪皓；三十年（1551），知縣吳希曾建講堂於其中，又增祀徙英州的鄭俠，合為「三賢祠」。連州有南軒書院，「（清）雍正五年（1666）州牧朱振基捐穀二千石，遴選紳士邱錫禮等經理生息，至十一年（1672）置買糧田一百一十五丘（古代地積單位），歲收穀一百三十三石六斗，勒碑書院記其事。」「南軒」為北宋理學家張栻之字，從書院名稱可知亦是為紀念歷史名賢而建。事見《同治連州志》卷3《學校志・書院》。

書院的教學內容與地方各級儒學教學內容存在共同之處，都是以儒家經典及學說作為主要教學內容。潘府是清遠縣瑞峰書院的創立者，據《明史・儒林傳》云：潘府，字孔修，上虞（今浙江上虞縣）人，官兵部員外，超拜廣東提學副使，以發明經傳（研究傳播儒家學說）為事，抵達廣東清遠縣，即建書院以育才。《民國清遠縣志》卷11《建置略・書院》記錄了《潘府學陶靖節飲酒吟於瑞峰書院詩》，其中有云「盛衰自常理，澆漓當返淳。瑞峰插霄漢，天開書院新。六經忞談講，誰云火於秦？周孔名教在，萬古修不塵。」可知儒家六經或所謂「周孔名教」為明清時期書院教學的主要內容。

書院設有「山長」一員，一般由縣令聘任，有「束脩」（學費）及「薪水銀」（工資）。例如清遠縣風城書院的山長是每歲束脩一百兩，薪水銀五十兩，由縣將所收租穀變價支送。另外，各生童受業者還得自備「贄敬」及「節敬」等項。山長之外，另設監院一員，以貢生資深者當之，管理書院內各項事務，收掌月課、發題各事。院內生童肄業者，月課其文藝而第（確定）其甲乙。由山長主持的考試稱「院課」，每年給膏火銀若干；由知縣主持的考試稱「官課」，亦有若干膏夥銀。

書院聘請當地學優品端，因故而未出仕，或已致仕的官員為生童講授。

聘請致仕或因故辭官歸鄉者主講。如歐堪善，清朝雍正丙午（1726）應鄉薦，乾隆丁巳（1737）成進士，除翰林院庶吉士，散館，授職編修，充八旗信史館，纂修《一統志》館纂修，嗣擢監察御史……「嗣（後來）以丁憂歸，

主講韶陽書院、昌山書院，誘掖後進，備極殷勤。」(《同治韶州府志》卷33《列傳・人物・樂昌》，第663頁) 歐堪善本在朝廷任職，因父病亡辭官回鄉守孝，故地方書院聘其為書院教師。又如郭鍾熙，清代清遠人，「道光辛巳（1821）舉人，挑（大挑，清末一種選人科目）授廉州合浦（縣）訓導，兼署欽州學正，丁內艱（遭遇母親去世而按禮規辭官歸鄉守孝）歸，主邑（清遠）書院講席，勇於任事。」(《民國清遠縣志》卷6《人物・先達》，第194頁) 朱炳章，清代清遠人，舉人，曾「秉鐸（執教）金山（今上海市金山縣）」，後被清遠縣令延聘主講鳳城書院。見《民國清遠縣志》卷11《建置・書院》。

聘請舉人主講。舉人雖已科舉及第，但並未立即得到官職，須在家等候數年甚至十數年才有可能得到任職。於是，地方書院便聘他們為師以課生童。如謝超文，清代清遠人，「沈（沉）醻經史，孜孜不倦，中乾隆庚辰（1760）科舉人，公車七上不第。丙戌（1766）會試，考官畢沅得其文大賞之，因詩經房見遺（未被錄取），歸主鳳城書院講席。」「麥瑞芳，字雪逵，咸豐辛酉（1861）科舉人，品行純粹，掌教鳳城書院，以身作則。」「郭見鑾，字竹坡，（清遠）大坵岡人，道光癸卯（1843）科舉人，歷主鳳城書院講席，培植人才甚盛（眾多）。」數人事蹟見《民國清遠縣志》卷6《人物・先達》。

聘請品學兼優而未出仕者主講。如歐陽安，「樂昌人，年十四應童子試，學院萬（某）賞其文，深器重之。嘉慶癸酉（1813）登賢書（鄉試中式），侍養未仕，主講昌山書院，敦品節，嚴課程，善誘後生，時（當時）有經師之望。」鄧蔚錦，「樂昌人，父（鄧）萬選，歲貢生，以儒術名家。蔚錦幼承庭訓，恣力經書，年十五遊邑庠（考入縣儒學就讀），旋食餼（不久因學優而得享受國家助學金）。嘉慶戊寅（1818）舉於鄉，主講昌山書院。申訓士條約，教以敦品力學，學者慕其宗範，稱為倬軒先生。」歐相晟，「樂昌人，性和順，幼能篤愛，侍母無倦容，母有疾，親調湯藥，先嘗而後進，篤志好學，年十四遊洋（考入縣學就讀），二十九（歲）舉孝廉，掌教昌山書院，士子詵詵（眾多），多所成就。」邱作礪，清代乳源人，恩貢，嘉慶庚申（1800）副榜中式，辛酉（1801）舉人，因故未出仕任官，地方官員便請他主講昌山書院，「昕夕講貫，課士有方，（樂）昌人今猶仰（為）山斗（泰山、北斗）焉。」以上數人事蹟見《同治韶州府志》卷33《列傳・人物》。

書院教育對於教師的選擇及生童的學業都有嚴格的標準和要求。正如《民國清遠縣志》卷15《學校・學舍》所言：「書院即古者（諸）侯國之學校，居

講席者固宜老成宿望；從遊之士亦當立品勤學」；「凡書院之長必選經明行修，是為模範者以禮聘請」。

三、明清時期粵北地區書院教育之特點

（一）環境相對較偏僻，景色幽雅安謐，為師生創造了專心研讀之理想場所

這是粵北書院與府、縣學及義學、社學一個明顯的不同之處。

明清時期，粵北地區書院一般建於偏離城邑人煙繁雜之所的市郊或山中，為的是給師生創造一個幽靜優雅的專心讀書的環境，與佛教的寺院、道教的宮觀建置具有相同之處。例如英德縣的幾所書院，其中涵暉書院「在南山下」；南山書院在「在聖壽寺後」；龍山書院「在（縣）城東北龍山下」；桃溪書院「在縣（城）西南一里步月臺東」，而且「備極幽致」。乳源縣的仰止書院「在縣東半里，舊為崇寧觀」；講書堂（亦為書院性質的教育機構）「在縣東二十里毬岡，宋進士胡賓王讀書於此」；翁源縣翁山書院「在城東翁山寺左」；崇德書院「在縣西門外」；仁化縣的濂溪書院「在縣治南」；錦石書院「在縣治東」；都不在人煙稠密的縣城之中。樂昌縣的龜峰書院「在縣南一里」；鳳山書院「在皈下都（鄉）」；曲江縣的翠峰書院（一名穎江書院）「在縣西北五里」等。置於城中熱鬧繁華之處的書院雖然也有，但極罕見，如曲江縣的濂溪書院，「在府學東」；甘泉精舍，「在濂溪書院右」等。

不僅書院的座落位置較偏僻，而且每一所書院，一般而言，內部都建設得幽雅別致。以英德縣的桃溪書院（又稱「會文書院」）為例，據《明孫谷遊桃溪書院小記》所述：

> 《廣輿志》志（記）：古桃溪為英（德縣）名勝。比來（近年來）種桃人邈（少），三春花事亦復寥寥。邑（縣）令吳公淵如（吳永澄）來自苕上（即苕溪，今浙江湖州市），援琴（理政）之暇時命駕出遊，因之創（建）書院焉。一以為群英弦誦，一以為韻士觴詠，一以為勞人浣塵，致甚曠也（景致十分開朗遼闊）。書院題曰「桃溪」，門首屏巘（險峻的山峰）面江，指顧間，鬱蔥秀爽之氣色霏霏若奔會而入，數十百年榛荒石錯之區，一曙（朝）拔沉湮而增麗焉。其後詹眉詩板為令公（知縣吳永澄）手筆，有賡韻（唱和）者版於廊（張貼於走廊）。小徑互（綿延）數十武（古代六尺為步，半步為武）。

牆之東出（生長）一古樹，甚扶疏（繁茂），綠光映人衣袂。二門之前後曰（題寫）「南國作人」，曰「西園翰墨」。折而入左，洞（門）曰「藝苑」，曰「瑤華」。歷墀（臺階）而上是為「友仁堂」，公（知縣吳永澄）月課諸生之所。堂之前欄以甓（磚），其外鑿池畝許，可魚（養魚）可荷。中壘英山之石為臺。對岸水芙蓉數叢，其上則橘、桂、筠（竹）、桃諸植（植物）森焉（生長茂盛）。而二三龍眼樹獨茂。有亭翼然高出，曰（題額）「川上」。臨池命爵（喝酒）者恒於斯，即所謂「蓉桌」者也。旁有門，設而嘗扃（上閂，關門）外內，迴隔一帶短垣，玲瓏磚甃（磚砌），跂足而憑之，則江山宛在目也。右偏長廊，與左皆朱闌（欄）回互。右洞門稍前築室雅潔，題（額）之曰「半舫」。公（吳永澄縣令）時與客請宴於此。予（本文作者孫谷）飲輒醉，或（有時候）托宿準提庵。庵鄰（書）院，亦公新創，淨（潔）致不減古蘭若（寺院）。室隅（附近）通廊，可繞池散步；後隙地，可遍栽桃李花。升堂而入，高閣數椽。英（德縣）人士將以祝令公者（為吳永澄縣令祈福祝壽之所）。閣上奉梓潼君（道教神名，相傳名張亞子，居蜀中七曲山，仕晉戰死，後人立廟祀之。唐宋時封王，元時封為帝君，掌人間功名利祿）；左偏有亭，曰「留陰」。其傍環書舍十餘間，為諸生問業（學習）處。是構也（桃溪書院這樣的結構），基址不甚廠，而爽塏可觀；棟宇不甚華，而曲折有致。地僻而景幽，主賢而賓樂。闢郊垌（遠郊）之壺瀛（水池，池澤），增湞陽（英德縣）之勝概（增添了英德縣的一處美景），翩翩稱仙令云（人們紛紛頌揚吳永澄縣令營建了這樣一座美如仙境的書院）。

以上文字見《同治韶州府志》卷25《古蹟略·署宅·英德》。書院建成後，吳永澄知縣懷著喜悅之情，寫作了兩首詩。其一云：「英州（英德縣）多勝入桃溪，翠玉蒼煙一望齊。中有文人工慧業，毫端千丈氣如霓。」其二云：「桃溪渡口碧荷池，翰墨分香入座時。漫道（不要說）江山空點綴，文明肇闢（創始）在今茲。」對進入書院攻讀的生員學士（「工慧業」的「文人」）寄予了厚望，將來能成為社會國家的棟樑之才，能寫出「毫端千丈氣如霓」的壯美之詩文；預期著「文明肇闢在今茲」——書院的持續興辦，將會為英德縣培養出一大批對國家對社會有用的英才，亦使地處偏僻貧窮的粵北地區的英德縣成為「文明」之區！

（二）地方官員及熱心人士對書院建設及教育的鼎力支持

例如清代連州的南軒書院，就是在清朝雍正五年（1727），州牧朱振基捐穀二千石，遴選地方紳士丘錫禮等經理生息。至雍正十一年（1733），置買糧田一百一十五丘，歲收穀一百三十三石六斗而興辦起來的。嗣後，州牧（知州）陶德燾、黃錡、汪忠增、吳思樹等遞（相繼）有撥入，連前項共計糧田二百三十八工零八分五釐；另有地租銀五十餘兩，地租錢一十九千（緡）六百文。同治五年、六年（1866、1867）間，眾人捐助糧田三十八工，另外地租錢一十千（緡）。「合計書院糧田共三百五十四工一分一釐，另地租銀三十五兩九錢一分，地租錢二十七千（緡）二百文，遞年公舉□□紳士輪年經理。除辦送山長修脯，完糧公□外，贏餘存貯生息，使置產業。」

不僅是整個書院的教學維持依靠眾官員、紳民的捐助，南軒書院的膏火（考試獎勵、生活開支）同樣是官民聯合捐助。志載：「乾隆四十一年（1776）州牧張利仁捐廉銀一百兩，並闔（合，全）州紳民捐錢匯得本銀一千兩，發交連（州）、陽（山）埠商生息，每月收息銀二十兩」，以作為書院生童膏火。生員 10 名、童生 20 名，每名每月給膏火銀六錢；其月課生童名列前茅者另加獎勵。所餘正、臘兩月息銀共 40 兩留作鄉試賓興（資助金）。連州的星江書院亦由官民聯合創辦：「乾隆十七年（1752），州牧率紳民建於峰□堡劍水地。」以上據《同治連州志》卷 3《學校・書院》。

一些書院雖然由行政官員倡議並率領紳民興建，但官府在經濟上幾乎沒有分文投入，完全依靠民眾力量支持。如連州的西溪書院，「乾隆三十三年（1768）東陂觀紳民諸文煒、謝文□、謝文煜、謝學淵、黃耳細、黃裔裴、黃興□、黃朝矜、鄧經國等共捐置田一百九十一工（古代土地計量單位，相當於今日之「畝」）七分，撥定實糧一石六斗八升零，嗣後續有添置，合計前後糧田共一百九十一工五分，糧米三石六斗八升四合零七抄，歲由租穀為遞年（每年，各年）館師修脯膏火之費。」（《同治連州志》卷 3《學校・書院》，第 628 頁）

部分粵北書院是在官府及官員個人的支持之下才得以維持存在的。如清遠縣的鳳城書院，其前身為鳳城義學，在文昌宮右，清「乾隆二年（1737）知縣陳哲捐建，撥鼉塔田租穀二百五十石交紳士管理，為延師課士之費。」至道光四年（1824），清遠知縣周誥將義學改造為書院，稱「鳳城書院」。道光六年，知縣趙榮捐俸七百餘兩為膏夥。」嗣後，「肄業生童日眾，學舍湫隘，十

年（1830），趙榮知縣再度捐金復建，監生朱翔東、楊彬榮董其成。」此據《民國清遠縣志》卷 11《書院》。

然而，官員的捐俸、捐廉數量畢竟有限，而書院教育的運作則耗費不菲，因此，官員與地方紳商士民的聯合捐資出力則是更常見的現象。

清嘉慶二十五年（1820），金蘭原來任韶州知府，他在《增設膏火記》的文章中記述道：

　　……韶（州）於府治向設相江書院，歷有年所，棟宇未嘗不恢廓也，學舍未嘗不鱗（次）櫛（比）也。歲延主講，接踵聞人，規模未嘗不宏遠也。然而生徒之肄業者恒少，或月一至焉。豈郡邑人士之不向學哉？蓋經費不贍，不足以資膏火（生徒伙食、生活費）也。蘭原蒞韶之初，思所以振興之而獨力難支，且地本磽瘠，室鮮豐腴（民眾少有富裕者），勸募亦恐不逮（動員大家捐款恐怕也不現實）。蓄念既久，怦怦不已。每於歲科童子試甄錄（選擇錄取）俊秀，導之肄（業）於書院，亦既群然知向學矣。乃棲止其中，坐誦不綴，仍復罕覯（但是人在書院中讀書，學習認真的卻並不多）。今歲之春，（余）捐備廉銀（俸錢），復請之前中丞程公、前署觀察恒公、今觀察容公並勸郡屬同官及郡邑紳士，統計增捐銀四千兩有奇，合之向日（過去）捐存銀二千三百兩有奇，得六千四百兩之數，發商生息，歲以息為用，置生徒膏火八十分，月課（每月考試）優等獎賞有差，以入計出（根據收入情況決定開支多少），無不足（者），為之嚴甄別以察勤惰，分內外以限員額，予升降以定優劣，典斯郡者（韶州郡守）、宰是邑者（曲江縣令）佐其理，闔郡邑之紳士參其議。言之有益於書院者無不舉（接受，採納），有損於書院者無不廢（拒絕）。會核度支（會計核實開支），稽考衰益（審計考查增減），規則以程之（制定規章制度以規范開支項目），冊籍以注之（以冊籍登記出入數目）。郡邑之若官若紳（官員縉紳們），夫人得而閱之（人人都可以監督），一秉至公，俾垂永久。是固（這固然是）官斯土者之職也。他日諸生徒行成名立（功成名就），黼黻鴻猷（成為國家棟樑之才），何莫非大本大原之茂其枝而衍其派也（難道不是因為抓住了根本、立足紮實而取得的結果嗎）！非所謂荊玉含璞，幽蘭懷馨，事實扇發也歟（正如荊山之玉包含著雜質，須待能工巧匠細心雕琢；

蘭花幽香，要靠園丁悉心栽培啊）……（《同治韶州府志》卷 18《建置
略‧書院‧曲江》，第 367 頁）

　　將近 40 年過去，至清咸豐十年（1860），史樸來韶州任代理郡守。當兵
燹之後，目睹書院講舍蕭條，弦誦久綴，史樸慨然思振興之。於是，檢查案
牘，又詢之邑紳，知道咸豐四年（1854），前郡守吳昌壽（浙江嘉興人，進士，
咸豐四年任）因「土寇竄擾」，郡城危急，地方官決定將書院的經費提充守陴
兵勇口糧。迨吳昌壽移守廣州，曾籌還銀三千六百兩交紳士存儲。當時，者
中丞駐節韶州，史樸於是請求於釐金項下撥銀三千六百餘兩，除歸還育嬰堂
等項八百餘兩外，其餘歸補書院之款，照原數計增多一千兩有奇，照舊發商
生息。款項一部分用於修補書院學舍並置購書籍及各類器具。規章制度及經
費開支原則一仍前郡守金蘭原所定舊制。史樸在《興復相江書院記》中寫道：
「夫金前守（金蘭原）之增設膏火也，規制以程（約束）之，冊籍以注（登
記）之，刊本（印成本子）流佈，俾人人得而閱之，以示至公而垂永久，其意
美，其法良，茲仍（延續）仿而行之，敢云追步前徽（前賢），亦聊盡司牧者
（地方官）之心云爾。從此諸生徒敬業樂群，行成名立，登甲第而輔辰猷，安
知風度風采之芳規不繼美於唐宋名賢（張九齡、余靖）歟！」（《同治韶州府志》
卷 18《建置略‧書院‧曲江》，第 367 頁）

　　明清時期，眾多官員對書院教育高度重視，不僅捐廉相助，而且對書院
教育的各方面，各環節都悉悉關心，付出了極大的努力和奉獻。如饒應秦（泰），
江西瀘溪人，嘉慶三年（1798）由舉人選授清遠知縣，「為政持大綱，好栽培
士類，書院延名師主講，復親自督課，一時人才蔚起，蒙識拔者多舉於鄉（成
舉人）。」「張晰，河南汝陽人，康熙三十九年（1700）由廩貢官（任）清遠知
縣，有惠政，修復瑞峰書院，作育人才，縣人德之，奉祀遺愛祠。」「趙榮，
字涪溪，四川宜賓人，道光四年（1824）以拔貢選擇清遠縣知縣。前知縣周誥
新改鳳城書院，（趙）榮抵任，籌增書院膏火，自捐俸七百二十兩，發商生息
以增獎金，遇官課日必親詣書院與諸生論文如師弟然。」「許清貴，字珍圃，
漢軍進士，道光二十二年（1842）知（清遠縣）縣事，勤於撫字，清操凜然，
而振文風，端士習尤為用心，嘗（曾）修濱江書院。宋錫庚，四川人，同治間
任（清遠）知縣五載。時當亂後，嚴於辦匪，當時有『宋閻王』之稱，故匪黨
餘孽為之肅清；而又廉以自持，勤於課士。時瑞峰書院毀於賊，錫庚捐銀一
千兩倡率重修，且詳定鳳城、雲橋兩書院官課，官給膏火，民皆德之，並崇祀

於濱江書院遺愛祠，錫庚又祀於瑞峰書院崇義祠。」左璚，雲夢人，由翰林改授清遠縣，「政暇即為諸生校文藝。濱江有韂舍租，歲可（大約）六十餘金（兩），向（過去）由縣署中飽（內部瓜分）。璚查非國課（經核查不符合國家稅收規定），不以自肥，即詳明（向上級說明，申請批准）撥交濱江書院為諸生賓興（赴省參加科舉考試）費。」和廷彪，「雲南大理人，由北京大興籍庠生考取膳錄，議敘以知縣用，分發廣東，來署（清遠）縣事……尤留心作育（教育），振興學校。嘗自捐廉俸千餘金倡修鳳城書院，創建藏書樓，派員赴浙江購買經、史、子、集各書發院儲藏，俾生童借閱；又定濱江書院月課，每年八次，其前四課由縣捐廉給發膏火，通詳（報請）立案，以垂永久，並詳定公會昌柴秤備，永為該書院經費；後四課在此提給，從此文風蒸蒸日上。……去任之日縣民竟贈牌傘以頌德政。」以上所述見《民國清遠縣志》卷八《人物·先政》。這僅是方志所記有清一代清遠縣地方官對書院教育高度重視並大力支持之事例。實際上，此類事例在明清時期粵北各州、縣方志中俯拾皆是，不一一列舉。

不僅是行政官員重視書院教育，一些地方軍事官員也同樣關注書院教育，熱心參與書院的興建或修葺。如，據《民國清遠縣志》卷 11《建置·書院》所記：「濱江社學，原名雲橋書院，初在大塘嶺上村，康熙初年建。乾隆年間巡檢彭日涵修後，由紳士孔繼璀、黎汝蘊、黃鐘英等呈奏知縣饒應泰遷建於司署之右。二十四年（1759），紳士黎乾常等奉商巡檢傅夑，牒請知縣許清貴，移司署於舊廊之旁以專建社學，改（原濱江社學）為濱江書院。」

員官之外，鄉紳對於當地書院的建設、維持亦投入了極大的熱情和支持。鄉紳為地方文化知識水平較高，受過良好教育的人群，對教育事業高度重視是這個群體一個較顯著之特點。這體現在他們常常熱心於捐資捐田捐獻店鋪襄助書院教育等方面。例如清代仁化縣扶溪人羅文斗，縣學生員，以「好善樂施」而著稱。乾隆十二年（1747），仁化縣創辦書院，羅文斗「捐腴田以助膏火，知縣馬遇旌（表彰）以『藝圃流輝』；（韶州）知府薛（某）旌以『義倨橫經』。」（《同治韶州府志》卷 33《列傳·人物·仁化》，第 668 頁）

某些書院雖然由官員主持創辦，教官由官方指（選）定，教學內容以官府限定的儒家學說為主，書院的破敗修葺亦由地方官主持，但是民間力量仍然積極參與其中，貢獻不少。不僅修復工程由地方鄉紳具體負責，他們常常還慷慨解囊，從經費方面給予大力的支持。如清遠縣瑞峰書院的一再修復，

據《民國清遠縣志》卷 11《建置‧書院》所記，該書院在清初康熙年間，知縣張晰曾主持修復；其後知縣孫繩祖又主持重修。乾隆二年（1737），知縣陳哲遷建書院於縣學之左。二十一年（1756），知縣王玠又遷建於城北隅之松岡，不久又廢。道光十九年（1839），鄉紳陳梁書、黃世鉦等協力將書院修復。戊申（1848），知縣程兆桂捐俸再倡修，由鄉紳郭鍾熙、麥天才等董其成。咸豐六年（1856），書院在戰亂之中被毀。同治四年（1865），集眾議修。六年（1867），知縣宋錫庚撥銀一千兩委託鄉紳麥瑞芳、賴子鴻、盧維鈺等在院後建帝君樓。七年（1868），動員民眾捐款襄助，修復後座，安奉牌位，名為崇義祠。再如，清遠縣鳳城書院，在文昌宮右，原為官辦義學，稱「鳳城義學」，乾隆二年（1737）知縣陳哲捐建，撥龜塔田租穀二百五十石交紳士管理為延師課士之費。道光四年（1824），知縣周誥改造為鳳城書院。在鳳城書院的建設過程中，官方的經費支持僅為一方面；另一方面則是民眾的捐資襄助：「道光己丑（1829）歲，邑紳咸集，見其日就傾頹也，簽題（簽名認捐）重建，闔邑同心，即日共簽，得工金（雇傭工匠資金）二千餘兩。」

　　類似這種由官方出資興建書院，而由官民聯合維持書院教育的狀況，在連州亦然。連州的南軒書院是在清朝雍正五年（1727）州牧朱振基捐穀二千石，遴選紳士丘錫禮等經理生息以作書院經費來源，至雍正十一年（1733），置買糧田一百一十五丘，歲收穀一百三十三石六斗而興辦起來的。嗣後，州牧（連州知州）陶德薰、黃錡、汪忠增、吳思樹等遞有撥入，共計糧田二百三十八工零八分五釐；另有地租銀五十餘兩，地租錢一十九千（緡）六百文。同治五、六年（1866、1867）間，眾人捐助糧田三十八工，另捐地租錢一十千（緡）文，「遞年公舉□□紳士輪年經理，除辦送山長修脯、完糧公□外，贏餘存貯生息，續置產業。」南軒書院的膏火同樣是官民聯合捐資籌集的。此外，連州的星江書院同樣亦是由官民聯合辦學的。此據《同治連州志》卷 3《學校‧書院》所記資料。

（三）有嚴格的管理制度及獎罰機制

　　首先是嚴把掌教的入門關。清同治元年（1862），由韶州郡守史樸制定的湘江書院《條規》規定：「書院掌教遞年（每年）由紳士公同訪定已登科第、品學兼優之先達，稟請本府查實，具關（頒發聘書）聘延，不由官薦，以致有名無實。（掌教，教官）掌教務須實在住院，改文（批改生員作業）講書，認真訓迪。」

其次是對書院生徒的嚴格管理。書院設有「監院」一員，由府、縣官府在書院教職中遴選委任，並規定：「該監院務須常川（經常，長期）在院約束生童，毋致時廢（荒廢學業）。」監院還負責組織管理生童的考試：「每年十二月間，監院稟請本府（韶州府），預期出示六縣（曲江、樂昌、仁化、乳源、翁源、英德），考取甄別。總以次年正月間開印（試卷）後齊集示期（告知考試日期），生童分兩日扃（閉門）門考試，須覆（復）試一二次以撥真才而昭公允。」每年考取的生童，名額有限定，且根據考試成績分「內課生」、「外課生」兩類。所給「膏火銀」亦有區別。「每年取內課生、童各二十名（同治十二年改復三十名），每名月給膏火銀一兩；外課生、童各二十名，每名月給膏火銀五錢，以十個月為率，遇閏加增。每屆下月初旬由監院將應領膏火數目列摺（列表）請發。有降罰者照數扣除；附課（附生，旁聽生）不拘名數，但准應課（聽課，參加考試），不給膏火。」

其三，重視考試制度建設。每月十三日為道憲官主持考試；初三、二十三日為府憲官主持考試。考試地點或在官署，或在考棚，均扃門考課。對無故不參加考試者嚴厲懲罰：「內外課生童一次不應課（試）者停支十日膏火；兩次不應課者停支二十日膏火；一連三次不應課者，停支一月膏火，並降為附課（旁聽生）。如有事故（確實原因），准其報明註冊（記錄），但（只）按次停支一月膏火，免其降課。」

其四，對學業優異者給予獎勵。書院「規條」規定：每月由地方官員主持的考試，生員的試卷稱「生卷」，名次分為「超等」、「特等」、「一等」幾個級別；童生試卷稱「童卷」，名次分「上取」、「次取」、「又次取」。其中，生員試中，每試「超等」取八名，獎銀各有不同：「超等第一名獎賞銀八錢；二名六錢；三名四錢；四名、五名各三錢；六名、七名、八名各二錢。」童生試亦然：「上取第一名獎賞錢六錢；二名四錢；三名三錢；四名、五名各二錢；六名、七名、八名各一錢。」如果考試成績優異者眾，還可以破例給予獎勵：「如佳卷果（確實）多，則『超等』、『上取』多取一二名，約量獎賞。此項係奉道憲每年捐發銀一百二十兩以資獎賞而昭鼓勵；如有不敷（不足），由生息項內支發。」

有獎勵還應有懲罰。書院「規條」明確規定：考試成績欠佳者要受到相應的「降級」處罰：內、外課生員、童生一連三次俱一等（生員試分「超等」、「特等」、「一等」）、「又次取」（童生試分「上取」、「次取」、「又次取」）者，

內課生降級為外課生；外課生降級為附課生；反之，外課生、附課生一連三次俱列「超等」、「上取」者，以次升補；附課生升為外課生；外課生升為內課生。如此有升有降，有獎有罰，才可刺激生童各知奮勉。

為了防止生員、童生在考試中弄虛作假，書院「規條」亦有相關規定：「內外課生（員）、童（生）有錄舊雷同及筆跡不符，或不在院作文，並次日交卷者，均不列榜；一次不列榜，停支膏火一月；再次不列榜，降為附課（生）。有冒名應課者逐出扣除。」

官員主持的考試（所謂「官課」），成績優異的，考卷還公開讓其他生員或童生取閱學習，一來可以從中獲益；二來亦可顯示「公平公正」：「每官課取定生（員）、童（生）各卷，各釘作一本，發交監院，准本課生童（參加本次考試的生員、童生）共觀，以示大公而資取益。三日後方准（考生）分領各卷。」

書院還作出了生員「免課」即免與考試的規定：確有正當理由（例如赴省城參加鄉試）者，可免與考試：「內外課生監赴省鄉試，准其報明，免應七、八、九月課（按，明清時期鄉試於秋季在省城舉行），仍給予膏火」；否則不在「免課」之列。對於省試（即鄉試）及第者，書院還頒發獎勵性的「會試贐儀銀」，資助其赴京參加會試：「內外課生（員）、監（生）如應鄉試中式，即行開缺（另外選人頂替科舉及第者的空缺），送給會試贐儀銀四兩；如中式副榜，照常赴課，支給膏火。」

書院不僅重視生員、童生的學業，更重視學生的品行、器識。如書院「規條」有謂：「士先器識而後文藝。有學無品亦不足重（表彰、重視、推崇）。肄業生、童如不孝、不弟（悌）及酗酒、賭博、包訟（代人打官司）、抗糧（拒納賦稅），凡有乖（不合理、不合法）行止、不安本分者，查出扣除究治。」

書院除了「官課」之外，還有「師課」（又稱「齋課」）：「掌教每月齋課三次，以初八日、十八日、二十八日為課（考試）期，將課卷評定甲乙，送本府閱後再行張榜。」

以上所述見《同治韶州府志》卷 18《建置略·書院·曲江·規條（同治元年郡守史樸訂）》。由此可見官府對書院教育之重視及管理之細緻、嚴格。

（四）書院的建立及改造注重符合風水規則

在建築方面，注重風水規則可謂中國古代各地都較普遍存在的一個共有特點，在粵北地區書院的建置上也不例外。人們深信：建築如若符合風水規

則，則日後生活、學習、工作必然順利；否則，即使再努力，也是白費工夫。
適合風水猶如步行平路，隨意而可達；不合風水則如登山，努力爬上，卻又
再退下來，有志而難遂。

清遠縣瑞峰書院最早建立於明朝弘治年間（1488～1505），由督學官潘府
主張興建。最初似乎並不注重風水規則。後來屢經遷移重建。有人發現，書
院如若符合風水原則，便會「科甲鼎盛」，或者「科甲連綿，仕宦亨通」；而
且，符合風水原則布局的書院，其興建或重修亦容易得到人們的鼎力支持。
人們大都深信：書院如若佔有了好的「風水」，不僅日後子弟容易出人頭地，
自己亦可以「沾光」，於是願意慷慨解囊。這一點，從《同治修建瑞峰書院碑
記》即可清晰窺見。其文云：

> 我邑瑞峰書院為後龍結聚之處，前明於此地建立文廟，坐乾向
> 巽。萬曆年間（1573～1620）在飛水坤位建立鼇塔，科甲鼎盛。嗣
> （後來）因文廟遷入城內，飛水塔雖仍在此位而無主之者，則輔之
> 者無從見功。道光年間（1821～1850），郭藕舡先生倡建瑞峰書院，
> 旋捷南宮（科舉及第），官秩（官職、俸祿）均顯。咸豐六年（1856）
> （書院）被賊焚毀。八年（1858），延請明師（著名風水師）馮廣先
> 生審其陰陽向背，據云書院極為得地，但嫌舊制稍前，雖有後樓略
> 低，而控制不靈；若頭座遷入一進院後，更高建文武帝君（廟），則
> 有高屋建瓴之勢。左有艮位之二帽山，有坤位之飛水塔，前對巽位
> 之王子峰，顯豁呈露，定必科甲連綿，仕宦亨通。請先搭篷廠安奉
> 文武帝君，當必同榜連科。今辛酉（1861）、壬戌（1862）、甲子（1864）
> 連科同捷者六人，四屬（興靖區、回岐區、濱江區、潖江區）並無
> 偏枯（四屬皆有科舉及第者），是其言驗也。丁卯（1867）秋間，篷
> 樓遭暴風吹塌，僉議（人們都建議）改建磚石以垂久遠。邑侯（縣
> 令）宋（錫庚）倡首勸捐，撥罰項銀千兩，公選值事（民眾選出負
> 責人）。是年冬間，先建帝君樓，隨即發部四屬勸捐，議定章程，每
> 一主位（書院內供奉的神主牌位）及長生祿位捐銀一十五兩，其前
> 次曾捐過主位銀錢查明已收者加捐工金銀六大元。於是，各鄉踴躍
> 題捐（登記捐款）。戊辰（1868）春雇工修建。秋，書院告成。爰（於
> 是）擇八月初九日丑時升座，新舊主共有四百六十四位，紳士捐工
> 金（工匠雇值）者亦復不少。是地靈之所致也。從此科甲聯登，預

卜簪纓之繁衍（人才輩出；達官顯宦接踵出現）矣。（《民國清遠縣志》

卷 11《建置‧書院》，第 358 頁）

　　瑞峰書院是一座官辦書院，而人們之所以熱情參與書院建設，慷慨解囊，投資襄助，是因為書院的建設符合「風水」原則，人們相信藉此必可獲得「地靈」，「從此科甲聯登，預卜簪纓之繁衍」是可以翹首以待的。這是其中重要的心理因素。

　　然而，智者千慮，必有一失，況且，風水之說本來是比較虛無、抽象的東西，各人有各人的「風水觀」，因此，後來的官員認為前面官員的「風水」觀有錯誤，與自己「正確」的風水觀不合拍，需要重新改造，就是不難預料之事。瑞峰書院的建造更新就是如此。同治七年（1868）修治之後，僅過了 20 年的時間，至光緒十三年（1887），有人認為書院的魁樓「坐乾向巽，正針、分金不合」，需要改造，否則，一粒老鼠屎可以搞壞一鍋湯。於是，儘管「需費浩繁」，官員及清遠民眾還是義無反顧地開始了改造工程。《光緒重修瑞峰書院魁樓記》云：

　　　　光緒十一年（1885）乙酉春祭，僉謂（人們都說）魁樓坐乾向巽，正針不合，議將崇義祠胙肉、賓興（費）暫停頒發以助改建之費，應須若干，由三學公項撥支敷用，當即函浼（懇託）順德左桐軒先生選擇吉課（占卜的一種擇吉方式），是年七月十四日庚戌日酉時拆卸，八月初三己巳時升梁，九月十五庚戌日寅時升座，謹依馮廣、祝庚星兩先生改回乾巽兼戌辰，坐謙卦五爻，實與舊學宮分金符合，且又升高四尺五寸，添多層簷及地腳、石臺，其外則改修圍牆、社壇。工堅料實，洵（實在）足振拔人才，用垂久遠（受益無窮）。惟需費浩繁，計支出銀六百九十二兩有奇，維時三學公項急難籌策，賓興又不果停（賓興資金又不能動用），止（只）停胙肉一年，為數有限，不得已續入東西主位，每位議收銀一十兩零五錢，共入主（死者的牌位）四十二位，共收得銀四百四十一兩。除將已入主、停胙並沽（賣）樹銀湊支外，實由三學一項支出銀一百九十五兩四錢六分。但查此樓係安奉前明松岡魁星，闔邑（全縣）風水所關，即全提三學公項銀改建亦理所當然。此項入主、停胙係一時權宜之舉，日後不得援以為例，庶免崇義祠祀典朘削也（這樣才可以避免長期佔用崇義祠的祭祀經費）。惟願後之登斯樓者知其峽水迴環，眾

山朝拱，花尖毓其秀，筆架聳其奇，大小帽宛列鵷班，黃紫峰紛羅象笏，而且鳳臺鼎峙，兆（預示著）五鳳之齊飛；鼇塔層臨，看六鼇之並駕。行見（可以預見）人文日上，科舉風蒸（科舉及第者眾多）。斯樓殆（這座魁樓大概就是）書所謂「乾山乾向，乾上高峰」者歟！敢志之以質（商榷，求教）同人。光緒十三年（1887）歲序丙戌季冬上浣吉旦。（《民國清遠縣志》卷11《建置・書院》，第358頁）

雖然此項工程有「勞民傷財」之嫌，但考慮到「行見人文日上，科第風蒸」，人們也就釋然了。畢竟，欲有所得，必有所失。「失」的是目前耗費的資財及辛勞，「得」的是日後的文教昌盛，豈不值得？！

清遠縣鳳城書院的建設亦講究「形勝」（風水）。《朱炳章重修鳳城書院明倫堂各工碑記》，開篇即讚美清遠縣有著良好的「風水」。文章說：

「原夫神聖之靈鍾於形勝（說到底，神靈都喜歡風水優良的地方），學業之盛首重倫常。我邑城北枕筆峰，南環洌水（洌江，今北江），東接禺峽，西引回岐，靈秀蔚為人文，固得江山之助」。既有山（「筆峰」、「禺峽」），自然得「風」；又有水（洌水），「風水」俱備。清遠縣既然有良好的「風水」條件，那麼，縣中的鳳城書院自然可以「沾光」，也具備了良好的「風水」條件。正因為有良好的「風水」，因此，書院教育便碩果累累：「是以壬辰（1832）、甲午（1834）鄉榜聯登（省試多人得中舉人），筮仕服官（出仕任官），升遷接踵，信乎地利沐聖化而益靈，文運因明倫而滋盛也。」

清遠縣濱江書院的建置同樣接受了「形家」者之建言。濱江書院由雲橋書院發展演變而來。雲橋書院後改造為「濱江社學」；再後又改造為「濱江書院」。據《傅夔濱江書院碑記》：原雲橋書院的「風水」欠理想；「出而相（考察）其岡巒，觀其流泉，棄樂棄朝，丙巳坐向，方位舛錯，形家（風水專家）所謂『化官為煞』者」。後來對雲橋書院的風水進行改造：「於道光二十五年（1845）夏初開局（開始改造，動工），先建公廨（辦公樓房），秋初鳩工庀材，改雲橋書院為濱江書院，後樂玉屏，前朝展誥，貪狼峙其東，文曲峙其西，捨丙巳，取子午，順岡巒，從形家言也。」

以上皆見《民國清遠縣志》卷11《建置・書院》。

除了以上所述之外，明清時期粵北地區的書院還有其他一些特點之處。

一些書院規模較大，生童人數眾多。如明代嘉靖年間興辦的英德縣龍山書院，有書舍、講堂三百餘所。志載，此書院「建於嘉靖元年（1522），張侯

慎（張慎縣令）其肇基也。唐（介）、洪（皓）、鄭（俠）三賢先後推（列）入祀典，即（依附、依靠）書院為祀，以表先民之忠義；即（結合）祠為書院，以樹後學之師摹（學習，摹仿）。嘉靖三十年（1551），吳侯希曾（吳希曾縣令）復建講堂於中，前樹坊表，次立大門，歷階而進，有步月臺。臺方廣丈餘，兩傍（旁）築書舍，上下堂通共二百四間，聚東西二鄉之名士會文講藝於院中，弦誦之聲晝夜不輟。士皆重道義而卑（輕視，鄙薄）勢利，勵名節而恥媕阿（猶豫不決，阿諛逢迎），駸駸（逐漸）有先民忠義之風。」此見《同治韶州府志》卷 19《建置略・壇廟・英德・劉澤大記》。

　　設施較齊全。粤北書院集學習、生活、娛樂、祭祀等活動於一體，設施較齊全，講堂、書舍、廚房、浴室以及祭祀先聖名賢的祠堂一應俱全。例如，連州的星江書院：「前為大門，藩憲石柱題曰『星江書院』；中為講堂，制軍楊應□、中丞□□共題額曰『立誠』；堂後為川（穿）堂，祀唐昌黎伯（韓愈）；後為魁星樓，州牧（連州知州）暴煜題額曰『騰蛟起鳳』；樓之下為後堂，學使劉星煒題額曰『克廣德心』；樓房兩間，□房兩間；左右書舍十二間，為館師下榻及諸生肄業之所；頭門左右側庖廚（廚房）四間，為館（書院）中飲□之所……」連州西溪書院：「前為大門，中為講堂，後為後樓，上下共五間；廳左右書舍十餘間；頭門兩側耳房兩間，館師下帷（住宿），諸生肄業各有寧宇（舒適之所），以及庖廚、湢室（浴室）靡不悉備。其規制（規模，布局）與南軒、星江兩書院稱鼎峙（等同）云。」以上據《同治連州志》卷 3《學校・書院》。

　　注重理學教育。如《同治韶州府志》卷 29《宦跡錄・國朝》區慕濂傳載：「區慕濂，字靜齋，高明人，道光辛巳（1821）解元，十七年（1837）訓導樂昌。性剛介，清不言貧，知府周壽齡心重之，檄（任命）教授郡庠（韶州府學）。課諸生以敦品力學，有岩岩（崖岸，崇高）氣象。主講相江書院，撰《讀書條約》榜於堂（課堂，課室），悉言性命之學。動靜交養，不規規（專注，追求）於時藝（八股文）。遊其門者講求心得，頗知理學淵源。」

　　仁化縣濂溪書院建成之後，仁化縣令王繼芳請韶州知府李渭「贅言（寫些文字）發『太極』、『無極』旨以告諸生。（李）渭以『父子有親』講義（對儒家經典中的『父子有親』進行詳細解釋）示之：即此是『誠』；即此是『無欲』；即此是『中正』、『仁義』而主靜修之……」李渭知府應邀為仁化縣濂溪書院諸生童所作的《「父子有親」五句講義》，文字較通俗，逐錄如下：

學問只在倫理感應上用工（功）。一日之間不是父子相感應，即是夫婦長幼；不是夫婦長幼，便是君臣朋友。捨此再無別處工（功）課。何謂「父子有親」？諸生講說都是舊講章。他人口齒縱說得好，只是唇吻上流轉（人云亦云），這個不是「有親」，只是孩提時有知覺便會認父母，便要父母抱，別人抱便會哭。四五歲時一時也離不得父母：此孩提真心，此便是「有親」；只是大來（長大以後）便會忘記。孟子說人少則慕（依戀）父母；知好色（青年時期春心萌動）則慕少艾（戀美女）；有妻子則慕（愛護）妻子；仕（任官以後）則慕（效忠）君：這心便分了。今曰「父子有親」，只是不失孩提時真心便是，且如我今做官，如何能「父子有親」？《（尚）書》曰「百姓不親」；《大學》曰「在親民」：都是這個「親」字。百姓以訟獄來，以賦役來，我替他處得不停當（合理，公允），且如訟獄不能挑（啟發，喚醒）他良心，縱（即使）曲直分明亦是末務（意義不大）。已得其情又不能哀矜勿喜，且如天旱，禾漸焦枯，我不能祈求雨澤，民將無食：此等即是我父子不親。一日坐在堂上，反觀默察多少不親處，此心頗覺真切爾。諸生在家庭間亦自默察事父母處果是那孩提時真心，乃為「有親」，這真心自首（至）踵，徹骨徹髓，有不容言的妙處當真默識，自作一場話說。默識得這點真心，遇君便會有「義」，遇夫妻便會有「別」，遇長幼、朋友便會有「序」（先後、親疏等），有「信」。「親」、「義」、「序」、「別」、「信」，雖有五者不同，只是（要）父子有親，真心發達（真正發展、發揚）將去，莫零零星星、沒頭沒腦。大抵學問只在倫理上用工課（下工夫，努力），捨此再無別處工課。孟子論王道只是「五母雞」、「二母彘（豬）」、「五畝之宅」、「樹之以桑」、「斧斤（斧頭、砍刀）以時入山林」、「數罟（魚網）不入污池」：此都是尋常事（常識）。論孝弟（悌）之實只是「徐行後長（走路遇上長輩要慢行，跟在後面，不應超越）」、「疾行先長（如果走在長輩之前應該走快一點，不可阻擋了長輩）」之間，人人易能（容易做到）。及齊人築薛，則曰：大王去邠逾梁山，邑於岐山之下居焉（建立周朝的周族先王離開舊的都城邠，翻越了梁山，在岐山之下的周原建立了新的都城），未見出一奇策異謀。孔子告及門弟子只是言「忠」、「信」，行「篤」、「敬」，出門使民居處

執事（以後出仕任官要設法讓民眾安居樂業）。門弟子記孔子於鄉黨
（在家鄉）只是衣服飲食之宜（生活樸素），趨走進退之節無甚高難
行、聳人觀聽的事。今人論學不在日用尋常、平鋪實地上識取（不
講求腳踏實地，循序漸進），卻時出高論（誇誇其談），玄而又玄，
令人捉摸不得，不知所論愈（越）玄，其道愈遠（說的越是玄虛，
離真正的學問就越遠）！（《民國仁化縣志》卷5《金石》，第519頁）

　　李渭知府這篇文字通俗易懂，向書院諸生員、童生說明了儒學（或理學）
所提倡的做人應做到的父子有「親」，長幼有「序」，夫婦有「別」，朋友有「義」，
言行有「信」這「五倫」的具體內涵和要求是什麼，以及做到這五個方面有何
現實意義，並點明了讀書學習，為人處事的要點之一是要務實在而不可務玄
虛，如此才能在日後有所成就，有用於社會、國家。

參考文獻

1. （清）額哲克等修，單興詩纂：《同治韶州府志》，據清同治十三年（1874）
   刻本影印。

2. 何炯璋修，譚鳳儀纂：《民國仁化縣志》，據民國二十年（1931）修，二
   十三年（1934）鉛印本影印。

3. （清）謝崇俊等修，顏爾樞纂：《嘉慶翁源縣新志》，據清嘉慶二十五年
   （1820）刻本影印。

4. （清）張洸易纂修：《康熙乳源縣志》，據廣東省中山圖書館藏清康熙二
   十六年（1687）刻本（照相本）影印。

5. （清）熊兆師纂修：《順治陽山縣志》，據北京圖書館藏清順治十五年
   （1658）刻本影印。

6. 黃瓚等修，朱汝珍等纂：《民國陽山縣志》，據廣東省中山圖書館藏民國
   二十七年（1938）鉛印本影印。

7. 何一鷺修，臧承宣纂，凌錫華增修：《民國連山縣志》，據民國四年（1915）
   修，十七年（1928）增修鉛印本影印。

8. （清）姚柬之纂：《道光連山綏傜（瑤）廳志》，據清光緒三年（1877）
   刻本影印。

9. 吳鳳聲、余榮謀修，朱汝珍纂：《民國清遠縣志》，據民國二十六年（1937）
   鉛印本影印。

10. （清）龔耿光纂修：《道光佛岡直隸軍民廳志》，據清道光二十二年（1842）
    修，咸豐元年（1851）刻本影印。

11. （清）袁泳錫、覺羅祥瑞修，單興詩纂：《同治連州志》，據清同治九年（1870）刻本影印。

12. 陳庚虞等修，陳及時纂：《民國始興縣志》，據民國十五年（1926）石印本影印。

13. （清）張希京修，歐越華、馮翼之纂：《光緒曲江縣志》，據清光緒元年（1875）刻本影印。

14. （清）黃培爃、劉濟寬修，陸殿邦纂：《道光英德縣志》，據清道光二十三年（1843）刻本影印。

15. 鄧士芬修，黃佛頤、凌鶴書等纂：《民國英德縣續志》，據民國二十年（1931）鉛印本影印。

16. 陳運鋒修，陳宗瀛纂：《民國樂昌縣志》，據民國二十年（1931）鉛印本影印。

17. （明）胡永成修，譚大初纂：《嘉靖南雄府志》，嘉靖二十一年（1542）虛明堂刊本（複印本）。

18. 章學誠著，葉瑛校注：《文史通義校注》，北京：中華書局，1985年。

19. 方志欽、蔣祖緣主編：《廣東通史·古代下冊》，廣州：廣東高等教育出版社，2007年。